高等医学院校实验系列教材

医学形态实验学

主　审　张　忠

主　编　张　珉　王忠华

编　委（按姓名汉语拼音排序）

丛　敬（沈阳医学院）
韩　阳（中国医科大学）
郝　军（河北医科大学）
黄　涛（沈阳医学院）
刘　虹（中国医科大学）
刘佩佩（沈阳医学院）
龙　欣（华中科技大学同济医学院）
齐云飞（菏泽医学专科学校）
王旭光（沈阳医学院）
王忠华（沈阳医学院）
杨　静（锦州医科大学）
张　珉（沈阳医学院）
张　忠（沈阳医学院）
赵文婧（广西医科大学）

北京大学医学出版社

YIXUE XINGTAI SHIYANXUE

图书在版编目（CIP）数据

医学形态实验学 / 张珉，王忠华主编. —北京：北京大学医学出版社，2022.8（2024. 8 重印）
ISBN 978-7-5659-2656-3

Ⅰ. ①医… Ⅱ. ①张… ②王… Ⅲ. ①人体形态学－实验－教材 Ⅳ. ① R32-33

中国版本图书馆 CIP 数据核字（2022）第 088562 号

医学形态实验学

主　　编： 张　珉　王忠华
出版发行： 北京大学医学出版社
地　　址：（100191）北京市海淀区学院路 38 号　北京大学医学部院内
电　　话： 发行部 010-82802230；图书邮购 010-82802495
网　　址： http：//www.pumpress.com.cn
E-mail： booksale@bjmu.edu.cn
印　　刷： 北京瑞达方舟印务有限公司
经　　销： 新华书店
责任编辑： 韩忠刚　孙敬怡　**责任校对：** 靳新强　**责任印制：** 李　啸
开　　本： 787 mm × 1092 mm　1/16　**印张：** 11.25　**字数：** 254 千字
版　　次： 2022 年 8 月第 1 版　2024 年 8 月第 3 次印刷
书　　号： ISBN 978-7-5659-2656-3
定　　价： 39.00 元

前 言

组织学与胚胎学、病理学均是实践性较强的学科，在两者的实验课程中，学生既可以验证理论知识，又能够培养动手及创新思维能力。在这一过程中，一本好的实验指导教材尤为重要。为此，我们邀请多所医学院校教学经验丰富的教师，融合全新的教育教学理念，共同编写了《医学形态实验学》教材。

鉴于组织学与胚胎学、病理学的实验课程分别设置于不同学年，相隔时间较长，易使学生割裂两者间的内在联系，影响实验效果，故而在形式上将两者归于一本教材，在内容上将两者进行有机整合。本教材共分为两篇：第一篇绪论主要介绍形态学实验的基本原理、方法、步骤和常用设备的使用，开拓学生视野，有利于其提高实验课的操作能力；第二篇基础性实验分为两部分，分别介绍人体正常组织结构，即组织学与胚胎学部分，各类疾病的形态学特点，即病理学部分，并在文后配有彩色插图。本教材图文并茂，重要知识点配有归纳总结、标本图片及注释讲解，使学生的学习更加直观，有利于激发其学习兴趣。通过两门课程内容的整合、对比，有利于学生掌握人体正常状态与疾病状态下组织器官形态学改变特点、变化规律及转归，有利于增加学习的深度和广度。同时，在教材中增设了临床病理讨论内容，引导学生通过分析组织器官代谢异常、功能障碍和形态学改变，解释各类疾病不同临床表现的产生原因和机制，着力培养学生分析问题、解决问题的能力，培养学生早期接触临床的意识和临床思维，为后续专业课程学习及未来的临床工作奠定坚实的基础。

由于编写水平有限，本教材难免存在不妥之处，敬请各位同道和读者指正，预致谢意。

张 珉 王忠华

目　录

第一篇　绪论

第二篇　基础性实验

第一篇

绪 论

第一章

显微镜的结构和使用

第一节　普通光学显微镜的结构和使用方法

一、普通光学显微镜的结构

普通光学显微镜由机械装置和光学系统两部分组成（图 1-1）。

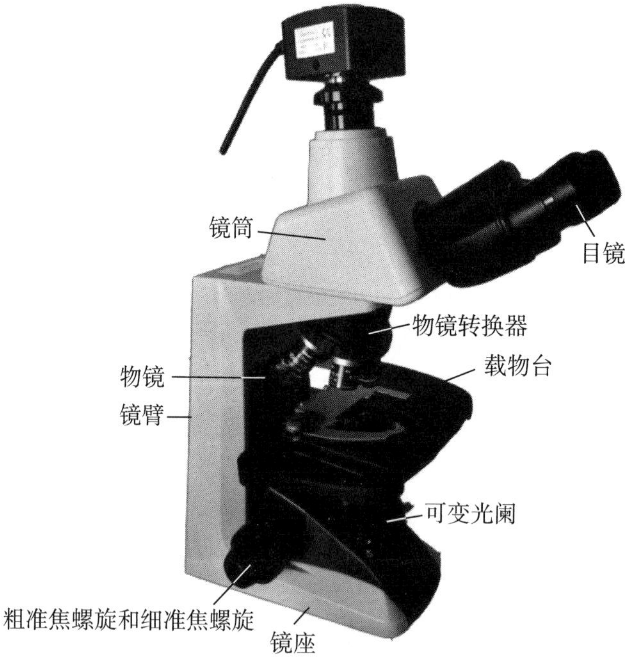

图 1-1　普通光学显微镜

（一）普通光学显微镜的机械装置

1．镜座　位于显微镜的底部，可以固定和托载整个显微镜。

2．镜臂　为镜座上方的弓形结构，适于手握。镜臂可以支撑载物台和镜筒，分为固定式和活动式 2 种。

3．载物台　是放置标本的平台，有圆形和方形 2 种，中央有通光孔，后端有标本推进器。标本推进器由游标卡尺和推片杆两部分构成。游标卡尺位于载物台上方，用于卡住标本；推片杆位于载物台右下方，垂直于载物台，旋转推片杆的上、下两个旋钮，可分别使标本向前、后或左、右移动。

4．镜筒　上端装有目镜，下端连接物镜转换器。双目显微镜两目镜之间的距离可以调节，以适应观察者的瞳距，其中一个目镜有屈光调节旋钮，便于观察者双眼看到清晰的图像。

5．物镜转换器　固定于镜筒下方，有 4 个物镜螺旋口，可安装不同放大倍数的物镜。转动物镜转换器可更换不同倍数的物镜。

6．调焦装置　包括粗准焦螺旋和细准焦螺旋，可用于升、降载物台，以调节标本与物镜之间的距离，从而得到清晰的图像。外圈为粗准焦螺旋，可使载物台较大幅度地上升或下降；内圈为细准焦螺旋，可使载物台轻微地上升或下降。

（二）普通光学显微镜的光学系统

1．物镜　是决定显微镜性能最重要的部件，安装在物镜转换器上，使被观察的标本形成一个放大的、倒置的实像。有“4×”“10×”“40×”和“100×”（油浸物镜）4 种，分别使标本放大 4 倍、10 倍、40 倍和 100 倍。其中，前 2 种物镜属于低倍镜，后 2 种物镜属于高倍镜。油浸物镜的使用方法较特殊，较少使用。

2．目镜　安装在镜筒上，使物镜所成的实像进一步放大为虚像，常用的规格为“10×”。显微镜的放大倍数是物镜与目镜二者放大倍数的乘积。

3．聚光器　安装在载物台下方的聚光器支架上，由聚光镜和可变光阑构成。聚光镜有会聚光线的作用，能提高照明亮度。可变光阑又称光圈，位于聚光镜的下方，中心部分形成圆孔，可以控制光源进入聚光器的截面面积。可通过一侧的升降螺旋使聚光器上、下移动，聚光器上升则视野亮度增强，聚光器下降则视野亮度减弱。

4．显微镜灯或反光镜　显微镜灯一般位于镜座内，其亮度调节装置一般位于镜座或镜臂一侧。反光镜位于镜座上，能将外来光线反射到显微镜中，光线强时用平面镜，光线弱时用凹面镜。

5．照明光源　可以用天然光源或人工光源。常用的人工光源有显微镜灯和日光灯。

6．滤光器　安装在聚光器的下方，可使照明光线变得较为均匀。

二、普通光学显微镜的使用方法

使用普通光学显微镜观察标本时必须按基本程序操作，以便有效、快速地完成实验。

1．显微镜的准备

（1）取镜：取显微镜时必须用一手握住镜臂，另一手托住镜座，以避免反光镜及目镜脱落。

（2）使用前的检查与准备：使用前必须检查显微镜零件有无缺损，粗、细准焦螺旋是否松紧适宜，镜头有无污点等，发现问题应及时报告。

（3）对光：观察者将显微镜放于身体正前方，端正坐好，胸宜挺直，双眼自然睁开。先将低倍镜正对下方，再旋转反光镜使外来光线反射入聚光器中，或者调节显微镜灯的亮度，此时，聚光器顶部明亮，观察者从目镜中观察视野，调节至整个视野明亮为止。如视野亮度不够，则应升高聚光器或开大光圈。

2．标本的肉眼观察　主要观察标本的大小、外形、在切片上的位置等，以便于在镜下观察。

3．低倍镜观察

（1）放置标本：从标本盒中按编号取出标本。盖玻片向上，将标本放在载物台上，用标本推进器固定好，移动标本，将有组织的部分置于物镜中心的正下方。

（2）调节焦距：慢慢转动粗准焦螺旋下降载物台，直到视野内物像清晰为止。若物像不够清晰，可调节细准焦螺旋进一步聚焦。利用标本推进器使标本向前、后、左、右移动，以观察标本全貌。

4．高倍镜观察　应先在低倍镜下把要观察的部分移至视野的中央，再直接转换高倍镜，调节细准焦螺旋使物像清晰。

5．观察完毕后的处理　观察完毕后，将标本取下，按编号放回标本盒内。移开物镜镜头，将镜体各部分擦拭干净，放回原处。

6．注意事项　为保证视野的清晰，必须保护镜头的玻璃。不得用手指或普通布片、纸片擦拭镜头，更不能擅自卸下镜头。擦拭其内表面。当镜头外表面有脏污时，必须用特制的擦镜纸蘸少许二甲苯拭净，其内表面的脏污应请相关技术人员擦拭。

第二节　电子显微镜的基本原理

电子显微镜的原理与光学显微镜相似，但它是用电子束代替光线，用电磁透镜代替光学透镜。电子束通过标本后，经过聚焦与放大物像，最后透射到荧光屏或照相底片上。

当电子束通过标本时，可因构成组织成分的密度及厚度等的不同而发生相应的散射。散射度越强的部分在荧光屏上则越暗，在电子显微镜照片上则越黑，即所谓电子致密（电子密度高）；反之，则为电子透明（电子密度低）。电子显微镜切片常用重金属（如铀、铅）浸染，因它能与组织的特定部分相结合，提高电子束的散射度，以增加物像的对比，使物像更加清晰。

第二章

基本实验方法及要求

第一节　石蜡切片制作与苏木精－伊红染色

利用显微镜观察机体的微细结构时，组织切片制作和染色为提供适合在显微镜下观察的标本，进而能有效地对微细结构进行形态、功能研究构建了基础。

一、石蜡切片制作

实验课中使用的切片大部分为石蜡切片。石蜡切片术是经典且最常用的组织切片制作技术，其基本制作过程如下。

1．取材　取新鲜组织块，避免时间拖延过久造成组织结构变化。组织块的体积一般为 0.5 ～ 1.0 cm^3。

2．固定　将组织块浸入固定液中固定，以防止细胞自溶、组织腐败，尽可能保持其生活状态下的结构、化学特性和生物活性等。固定液为蛋白质凝固剂，最常用的固定液为 10% 甲醛溶液。固定时间依据固定液和组织块的种类及大小而定。

3．脱水　洗去固定液后，组织块从 30% 或 50% 乙醇溶液开始，再依次经 70%、80%、90%、95%、100% 乙醇溶液脱出组织内所含水分。因为水与后续步骤中所用的透明剂、石蜡等均不相溶，若不脱尽水分，组织块就不能充分浸入其中。乙醇则既能与水相溶，又能与透明剂相溶。为减少组织的急剧收缩，须使用浓度递增的乙醇溶液进行脱水。

4．透明　乙醇与石蜡亦不相溶，透明剂（常用二甲苯）既能与乙醇相溶，又能与石蜡相溶，故用透明剂置换组织块中的乙醇。此外，当透明剂充分浸透组织时，组织块呈现透明状，折光系数增强。

5．浸蜡　将透明后的组织块置入已熔化的石蜡液中，用石蜡取代透明剂浸入组织内部，从而使组织具有石蜡的硬度和韧度。

6．包埋　将石蜡液倒入包埋模具中，做好标记，再放入浸蜡后的组织块，冷却、凝固成石蜡块。最终以石蜡充填组织中水分的位置，并将整个组织块包埋在石蜡块内。

7．切片　将含组织块的石蜡块修整后，用石蜡切片机切成 5 ～ 7 μm 厚的薄片，经展片、捞片，最终贴于载玻片上，干燥后即可进行染色。

8．染色　最常用的染色法为苏木精 - 伊红染色（hematoxylin and eosin staining），简称 HE 染色。配制后的苏木精为碱性染液，主要将细胞核内的染色质和细胞质内的核糖体等染为紫蓝色；伊红是酸性染液，可将细胞外基质和多数细胞的细胞质染为粉红色。组织细胞成分易于被碱性染液或酸性染液着色的性质分别称为嗜碱性和嗜酸性。若组织细胞成分与两种染液的亲和力均较差，着色很浅，则称为中性。

9．封固　染色后的标本经从低浓度到高浓度的梯度乙醇脱水和二甲苯透明后，用树胶与盖玻片封固，即可用于镜下观察和长期保存。

二、HE 染色

在普通光学显微镜下，生物样品一般无色、透明，不易辨认，因而需要对组织切片进行染色，使细胞内的不同结构及不同类型的细胞组织呈现不同的颜色，以便于观察。最常用的染色法为 HE 染色法。石蜡切片的 HE 染色步骤如下。

1．脱蜡、水化　将切片浸入二甲苯中脱去石蜡；再依次经 100%、95%、90%、80%、70% 乙醇溶液脱去二甲苯。

2．苏木精染色　切片经蒸馏水清洗后，置入苏木精染液中染色；再经 1% 盐酸乙醇溶液分色；用自来水或 0.5% ～ 1% 浓氨溶液（氨水）返蓝。

3．伊红染色　切片依次经 50%、70%、80%、90%、95%、100% 乙醇溶液脱水后，置入伊红染液中染色，再经 95% 乙醇溶液分色。

4．脱水、透明　切片经 100% 乙醇溶液脱水后，依次置入 100% 乙醇溶液和二甲苯等量混合液、二甲苯中透明。

5．封固　取出切片，拭去多余的二甲苯，滴加中性树胶，用盖玻片封固，晾干后即可观察和保存。

除 HE 染色法外，还有许多种染色方法能特异地显示出组织中的某种细胞或某些特殊结构，应根据观察要求及研究内容采用不同的染色方法。

三、观察切片的注意事项

（一）观察切片前

观察切片前应预习理论知识及实验指导内容，明确实验目的与要求，归纳、总结出将要观察内容的组织结构特征。

（二）观察切片时

1．应遵循正确的观察程序　首先用肉眼观察标本的位置、形状和颜色，明确要观察的大致部位。然后用低倍镜观察标本的全貌，明确结构层次或组织分布，选出典型结构。最后转换高倍镜进一步观察。切勿直接用高倍镜观察，此操作会使视野受限、层次混淆，以致观察结果不全面，甚至错误。

2．正确理解整体与局部、立体与平面的关系　切片标本极薄，在人的视野中成像为二维的平面结构。然而，细胞、组织、器官本身都是三维的立体结构，因此，必须学会运用空间思维能力，将看到的平面结构还原为原本的立体结构。同一结构，如直管（图 2-1）或弯管（图 2-2），由于切片所取部位或方向的不同，可呈现出不同的断面，初学者需要进行更多的思考，通过分析、综合，最终获得正确的立体图像。

3．善于运用比较分析法和综合分析法　有些细胞、组织和器官的形态相似，例如，中性粒细胞与嗜酸性粒细胞、骨骼肌与心肌组织、小肠与结肠等形态相似，应对其进行认真比较、综合分析，先找出共性，再抓住个性，以辨别相似结构。

4．理论联系实际　有时切片所见并不与理论描述完全一致，其可能原因如下。

（1）细胞、组织和器官所处的生理阶段不同：例如，腺细胞分泌前、后的形态会

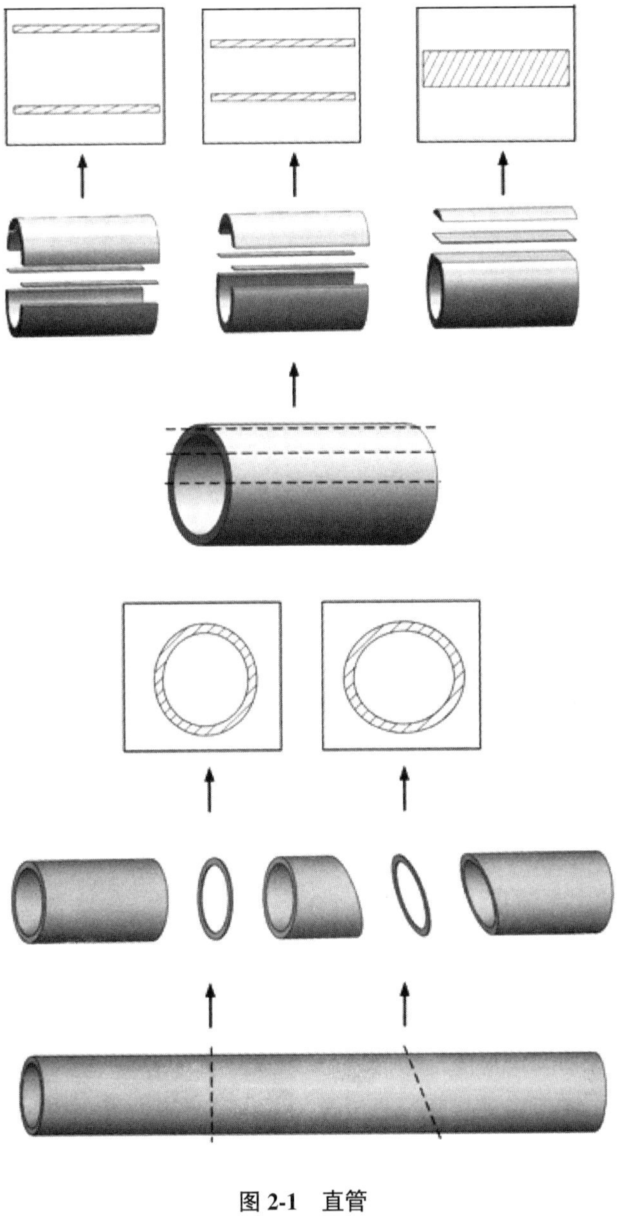

图 2-1　直管

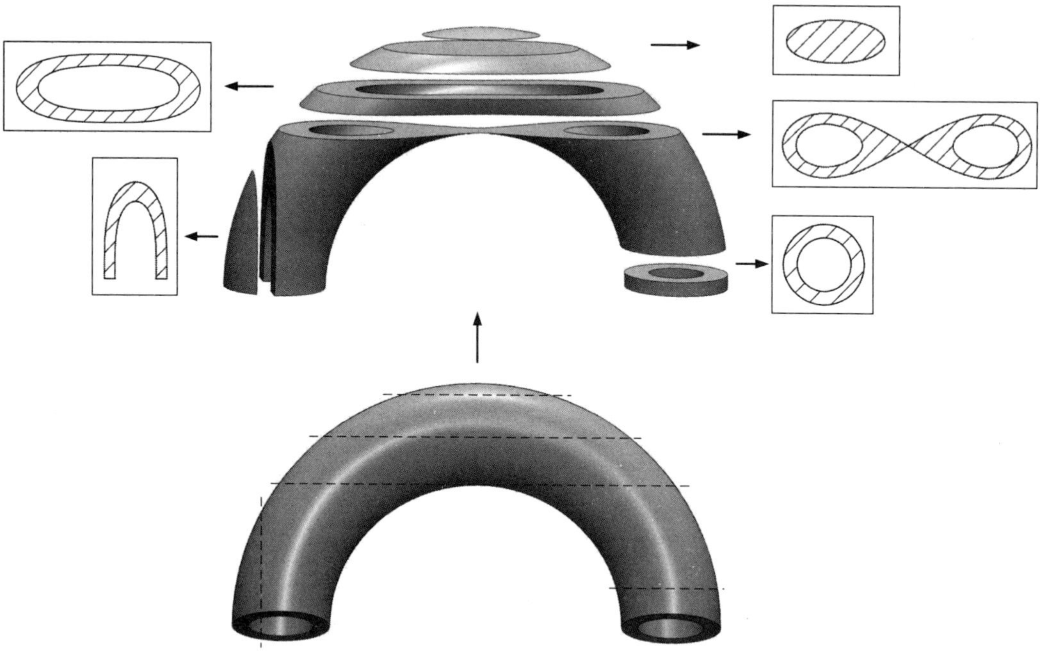

图 2-2　弯管

有不同。

（2）取材不同：动物与人的组织结构会有所差别，例如，猪的肝小叶边界比人的清晰。

（3）标本制作过程中引起的人工假象：例如，固定液致使组织变形；切片刀有缺口致使组织出现裂痕；贴片时未充分展开致使组织重叠呈深染的条索状结构等。

因此，当遇到理论与实际不一致时，要认真思考和分析。

第二节　常用电子显微镜技术

一、透射电镜术

电子束易被组织吸收或散射，所以应将组织切片制成超薄切片（厚 60 ～ 90 nm）后，再通过透射电子显微镜（transmission electron microscope，TEM）观察。超薄切片的制作过程与光学显微镜切片标本的制作过程基本相同，也须经过取材、固定、脱水、包埋、切片及染色等过程。

制作切片时取材要迅速，尽可能地将组织块固定在生活状态，大小一般不超过 1 mm^3，常用戊二醛和锇酸的缓冲液进行双重固定。固定后，用浓度梯度乙醇或丙酮脱水，脱水后常用环氧树脂包埋，再用玻璃刀或钻石刀在特制的超薄切片机上将其切成超薄切片，贴在铜网上进行电子染色。常用醋酸铀和柠檬酸铅进行双重染色，染色后即可在电子显微镜下观察和拍照。

二、扫描电镜术

扫描电子显微镜（scanning electron microscope，SEM）主要用于观察组织细胞的表面形貌。扫描电子显微镜的电磁透镜与标本之间有一扫描线圈，使电子束在组织细胞表面进行逐级扫描，再用特制的检波器收集组织细胞表面发射来的二次电子信号，经增幅器将电信号传送到显像管，在荧光屏上显示出组织细胞表面的立体像。

扫描电子显微镜的标本不需要制成超薄切片，标本经过固定、脱水干燥，表面喷镀金属膜后即可观察。样品表面喷镀处理可增加组织细胞表面二次电子信号发射率，提高图像质量。

三、电子显微镜图像的观察

观察电子显微镜图像时应着重于以下内容。

1. 细胞膜和细胞外形　细胞膜是否完整；细胞表面是否光滑；有无突起、纤毛或微绒毛等特殊结构；有无细胞膜内陷形成内褶、小管或小泡等；相邻细胞之间有无连接结构；细胞间质内有无纤维等结构。

2. 细胞质

（1）膜性细胞器，如内质网、高尔基复合体、溶酶体、微体等的形态、数量、分布、膜结构完整性、内部基质电子密度等。

（2）非膜性细胞器，如微丝、中间丝、微管、中心体等的数量及分布等。

（3）包含物，如糖原颗粒、脂滴颗粒等的数量、分布及结构。

（4）细胞质内是否含有特殊结构，如板层小体等。

3. 细胞核　细胞核的大小、形态及位置；双层核膜是否完整、清晰，核周隙的宽窄；核孔的多少及结构；异染色质及常染色质的数量及分布；核仁的数量、大小及结构。

观察扫描电子显微镜图像时应着重注意平面结构与立体结构的关系。

第三节　形态学实验须知

一、实验目的

1. 通过实验操作和观察，验证理论教学内容，加深对理论知识的理解，做到理论联系实际。

2. 通过独立观察标本，提高发现、分析和解决问题的能力。

3. 通过独立观察标本，培养正确地理解整体与局部、立体与平面关系的思维，提高空间思维能力。

4．培养正确使用显微镜的能力，学会用文字或绘图对形态结构进行准确的描述。

5．培养严谨、求实的科学态度，掌握在显微镜下识别主要器官、组织和细胞的方法，并可进一步辨识组织结构异常，进行病理诊断。

二、实验要求

1．实验课前，对照教学进度表做好课前预习，明确本次实验课的目的和具体内容。

2．上实验课时应携带本实验教材和相关教科书、实验报告纸和绘图工具（红蓝铅笔、普通 HB 铅笔、橡皮和直尺）。一律穿白大衣进入实验室。做到不迟到、不早退、不旷课。

3．按照安排好的座位就座，按指定编号使用显微镜和切片。课前清点切片是否齐全、完整，如有问题及时向老师汇报。不得擅自调换座位、挪用他人的显微镜或切片，不得擅自拆卸仪器的部件。

4．实验过程中要集中注意力，按照顺序观察标本内容。要爱护公共财物、实验标本和教具。遇到损坏或丢失的情况，应及时向老师汇报，请老师酌情处理。应保持实验室安静和整洁，不得在实验室喧哗、打闹和吸烟。不准随地吐痰、乱扔纸屑、乱写乱画。有疑问时可与邻近同学小声讨论或请求老师解答。

5．实验课结束时将实验标本和教具按顺序放回原处，不得擅自将其带离实验室。

6．值日生应协助老师整理好当日实验用具，打扫室内卫生，离开实验室时要关闭水、电和门窗。

7．课后要认真完成实验作业，按时上交。

三、绘图的基本要求

绘图是本课程的一项重要技能训练。在反复、认真观察标本的基础上，绘图注字能够加深学生对所学内容的理解与记忆，并有助于培养严谨、求实的科学态度。

1．用具　携带红蓝铅笔、普通 HB 铅笔、橡皮、直尺及实验报告纸。

2．要求　①真实性：力求反映镜下所见的真实微细结构，颜色应尽量与其保持一致；②科学性：所绘结构和标注文字应当概念清楚、正确无误；③特征性：图中应突出所观察的细胞、组织或器官的结构特征，病理切片还须进一步突出病变形态学特征。

3．方法

（1）选择结构：在全面、系统观察标本的基础上，选择具有代表性的典型结构。

（2）确定绘图位置和大小：一般绘图于实验报告纸的上 1/3 处，图幅不宜过大或过小。

（3）绘图：用铅笔勾画出细胞、组织或器官结构的轮廓，然后描绘出微细结构。注意位置、形态、大小、比例和染色性质。

（4）标注：用黑色铅笔标注主要结构名称并绘制标线，标线要平行排列于图右侧。在图下注明标本名称、病变特征（病理切片）、取材情况、染色方法、放大倍数和日期。

第三章

病理标本的观察方法

第一节　大体标本的一般观察方法和注意事项

各器官系统、各种疾病的大体标本的观察方法是不同的，有待逐一学习、掌握，这里仅对大体标本的一般观察原则进行简单介绍。

1．判定所观察的标本是什么组织或器官　这需要运用已经学过的解剖学知识，判定出标本是何组织或器官，位于哪一侧，或是该组织、器官的哪一部分。

2．判定该标本中有无病理变化　运用所学的解剖学知识观察标本有无结构异常，即是否存在病变。为避免遗漏病变，并培养科学作风，在对标本进行观察、描述时应当遵循一定的顺序。一般的观察顺序如下。

（1）首先检查组织或器官的重量、大小、形状、颜色、硬度，确定是否存在异常，然后依据诊断需求切开组织或器官，进行进一步的检查。

（2）实质性器官的检查顺序常是自外向内逐步进行，即被膜→实质→腔道及血管→其他附属结构等，如肺的检查顺序是胸膜→肺实质→气管、血管→支气管肺门淋巴结等，肝的检查顺序是被膜→肝实质→胆管、血管→肝动脉、门静脉、胆总管等。

（3）空腔器官的检查顺序常是自内向外逐步进行（自外向内亦可），如心脏的检查顺序是心腔及内容物（血）→心内膜、各瓣膜→腱索、乳头肌及肉柱→心肌→心外膜→冠状动脉等，胃肠的检查顺序是腔内容物、黏膜→黏膜下层→肌层→外膜层及肠系膜等。

在上述按顺序的观察过程中，如发现有异常之处便要进入下一步检查，判定所存在病变为何种性质及发展阶段。

3．判定病变的性质及其发展的阶段　是运用病理学知识对病变标本进行综合分析、诊断的过程，一般可按下列 3 个步骤进行。

（1）实事求是地观察和描述标本中病变的形态特点，这是正确诊断的重要基础。杜绝主观臆测、猜想，须完整地描述全部病变，不应遗漏次要的、不典型的病变。

（2）根据已观察到的病变形态特点和所学的病理学知识，初步判定病变性质，如血液循环障碍、物质代谢障碍、炎症和肿瘤等。应特别注意鉴别“生前”与“死后”的变化，如心血管内的血液凝固需要鉴别标本是生前形成的血栓还是死后形成的凝血块。

（3）初步判定病变性质后，结合标本的形态特点进一步学习病理学理论知识，并参考其他已知情况（如该病例的病史、病因、年龄、性别等）进行鉴别诊断。

此外，由于固定后的标本都处于疾病的某一特定发展阶段，可能处于疾病初期、中期或末期，因此，还须综合分析并判定病变的分期，掌握疾病的发展及转归特点。

4．学习、观察一种病变时应做到的几个联系　主动训练逻辑思维和推理能力，建立临床思维，具体如下。

（1）把片断化的、静止的标本与该病变在人体内动态的发展过程联系起来，加深对理论知识的理解与掌握。

（2）将大体标本的形态改变与切片的镜下改变联系起来，学会用微观结构的改变、代谢情况、功能障碍解释宏观结构的形态学改变、功能障碍。

（3）将局部的病变与器官整体功能障碍联系起来，将器官的病变与系统功能障碍联系起来，建立全局观念。

（4）从标本的病变出发，分析并解释患者的临床表现，增加学习深度与广度，为临床课程的学习打下坚实的理论基础。

（5）对于存在多种病变的标本，还应注意分析、判定各种病变间的关系，分析它们之间有无因果关系，是同一病理过程的病变组合，还是互无关系的不同疾病。

5．观察大体标本的注意事项

（1）固定液：大体标本是取自尸体解剖或临床手术切除部位的标本，为了长期保存，须用特定的固定液封存。最常用的固定液为10%中性甲醛（福尔马林）溶液，为无色、透明液体。由该固定液固定后的标本，组织呈灰白色，血液呈暗黑褐色。有时，为了保持标本原有的颜色会采用原色固定液（凯氏固定液），固定液为淡黄色透明液体，经它固定后的组织基本上保持原有颜色不变，所有血液或富于血液的组织或病变处仍为红色。

（2）在观察标本时要注意轻拿、轻放标本瓶，观察时应用双手握牢标本瓶，以免损坏；不准将标本瓶倾斜、放倒或倒置，也不要振荡，以免固定液流出、混浊，影响标本的保存和观察。标本如有损坏应立即报告老师。

（3）观察之后一定要将标本瓶放回原处，不要乱放。

第二节　病理组织切片标本的一般观察方法和注意事项

病理组织切片的观察、描述、诊断因器官系统或疾病的不同而存在一定差异，需要在各章节逐一学习和掌握，这里仅对观察切片的一般原则进行简要介绍。

1．肉眼观察　手持切片，先用肉眼观察以下内容。

（1）推断组织、器官来源：部分切片以肉眼观察即可判定出其组织、器官来源，如肝、肾、肺、脑等。辨识组织、器官对初学者有一定难度，需要充分复习组织学理论知识及实习内容，通过反复、大量观察积累经验。

（2）判定切片的组织结构、染色表现是否一致：如果结构、颜色一致，可能无病变，也可能有弥漫性病变；若结构、颜色有明显不一致的地方，如非正常结构上的差异，则很可能是病灶所在之处，须用显微镜进一步观察、诊断。

2．低倍镜观察　注意辨别出切片的上、下面（有极薄的盖玻片一面向上），然后将标本固定于显微镜载物台上，先采用低倍镜观察。

(1) 观察方法：实质性器官一般自外（被膜侧）向内逐步观察，空腔器官一般自内向外逐步观察。观察每层时应从一端开始连续观察，以免遗漏面积较小的病变。在低倍镜下可以稍快速粗略地观察一遍，若是弥漫性病变，可选结构较清晰处进行详细观察；若是局灶性病变，全面观察后，便可回到病灶处详细观察。

(2) 观察内容：①判定镜下为何组织、器官，验证肉眼观察、推测结果是否正确；②根据组织学和病理学知识判定标本是否存在病变；③如存在病变再进一步观察、描述，并给出初步诊断。

3．高倍镜观察 必须经低倍镜观察并找到可疑病变之后，将其移动到视野中央，才可转换高倍镜进行观察。一方面，高倍率镜头视野较小，不容易看清全局而易导致漏诊、误诊；另一方面，直接用高倍镜观察还可能在调节焦距时压坏镜头或切片。所以，学生必须掌握正确的显微镜使用方法，养成良好的使用习惯。

在观察切片时，既要运用组织学和病理学知识寻找、辨识病变，还要多动脑、勤思考，分析不同病变间是否存在因果关系，要在观察切片时将微观的代谢异常、功能障碍、结构改变与大体标本的形态学改变及患者临床表现联系起来、综合分析。

第三节 各器官的观察方法

一、心脏的观察方法

(一) 肉眼观察方法

1．外部检查 正常心脏约为死者拳的大小，外形近似前后稍扁的圆锥体。应注意观察心脏外形，测量心脏重量，检查有无肥大或萎缩，观察心外膜有无出血点及渗出物附着。

2．内部检查 注意心脏内容物性状，有无血栓形成，心腔大小是否正常，观察心肌的性状、颜色、光泽及硬度等指标，应注意有无瘢痕形成及梗死灶。测量心室壁的厚度，检查心内膜、心瓣膜及腱索、乳头肌等结构的状态，注意瓣膜有无血栓等赘生物形成，有无增厚、变形，腱索有无增粗、变短等情况。

(二) 切片观察方法

可按心内膜、心肌及心外膜的顺序逐层观察。检查心外膜表面有无渗出物附着，是否因机化而增厚，有无出血，冠状动脉有无硬化等病变。观察心肌细胞（心肌纤维）横纹是否清楚，有无变性、坏死等改变，然后观察心肌间质的改变，如血管有无充血、出血，间质内有无水肿、肉芽肿等异常改变。观测心内膜（包括心瓣膜）有无异常之处。

二、血管的观察方法

(一) 肉眼观察方法

注意观察内容物（血液）性状，有无其他异常物质，如固形物存在。检查血管壁厚度、硬度，有无扩张及狭窄，内膜光滑度及色调。检查血管外部走行及分支、粗细、颜色及硬度等。

（二）切片观察方法

可按内膜、中膜、外膜的顺序逐层观察。观察血管腔内有无血栓等异常物质存在，血管内膜有无增厚、斑块，中膜有无被破坏等异常之处，外膜营养血管有无改变，外膜有无炎性细胞浸润及其他改变。

三、肺的观察方法

（一）肉眼观察方法

1．表面检查　观察胸膜是否光滑、有光泽，检查其颜色、厚度，注意有无异常物质被覆。测量左、右两肺叶的大小（含气量等），检查肺形状有无增大或变小，称重，观察颜色。肺的颜色主要取决于含气量、含血量及炭末沉着的多少，一般小儿为红褐色，随着年龄的增加，肺由于炭末的沉着而逐渐变色，成人为灰褐色乃至灰黑色。测量硬度，正常肺质地柔软（投入水中可浮起）。

2．切面检查　观察肺实质的性状（正常肉眼可见疏松的肺泡及支气管），有无病变、实变、颜色改变。支气管参照空腔脏器的检查方法，检查内容物、管腔的大小、管壁的厚度等。检查肺血管，包括肺动脉、肺静脉，方法同空腔脏器检查法。检查支气管淋巴结大小，注意有无粘连，切面有无坏死等病变。

（二）切片观察方法

观察胸膜厚度、有无附着物，肺泡腔有无扩张或变小，有无异常内容物，如液体、细胞成分等。观察肺泡壁炎性细胞浸润情况，血管有无充血。支气管（可首先注意检查细支气管的改变）管腔有无扩张，有无异常内容物，管壁有无炎性细胞浸润、血管有无充血。注意观察肺内血管内容物的异常，血管壁有无硬化。注意肺间质有无结缔组织增生，有无其他细胞成分浸润。在观察切片的过程中，如发现与正常结构不一致的地方（即病变处），须注意检查病变发生的部位、病变范围及病变本身的结构改变。

四、肝的观察方法

（一）肉眼观察方法

观察并测量肝的大小、外形、重量及硬度。注意观察肝被膜是否平滑，厚度有无变化，有无异常物质附着，肝颜色有无改变，表面及切面有无结节、坏死，胆囊及胆管有无增厚、结石，胆管有无扩张，血管有无管壁增厚及血栓形成。

（二）切片观察方法

观测肝被膜有无增厚或渗出物附着。肝小叶的结构是否完整、正常。小叶中央静脉及肝血窦有无扩张及充血，肝细胞排列是否整齐，肝细胞有无变性、坏死，结缔组织有无增生，肝巨噬细胞（Kupffer 细胞）有无肿大与增生。门管区胆管、动脉、静脉及间质有无异常。

五、消化管的观察方法

（一）肉眼观察方法

观察消化管内容物有无异常，管腔有无狭窄、闭塞或扩张，黏膜颜色、厚度，有无肿物、渗出、坏死及溃疡，管壁厚度是否正常，浆膜有无异常物质附着等。

（二）切片观察方法

按黏膜层及黏膜下层、肌层及浆膜层的顺序依次观察，注意观察与正常结构不一致的地方，注意该处的改变。

六、脾的观察方法

（一）肉眼观察方法

1．表面检查　注意颜色是否异常（正常脾呈暗红褐色），测量脾的大小是否正常，有无肿大或缩小，称重。观察脾的形状，注意是否有脾切迹，被膜表面有无渗出物附着，测量硬度及弹性。

2．切面检查　观察红髓含血量多少、颜色是否改变（红髓呈暗红色，白髓可见白色粟粒大的斑点），脾小梁有无局限性病变，脾动脉及脾静脉有无硬化及血栓形成。

（二）切片观察方法

观察被膜是否增厚，有无渗出物附着，脾小梁血管及中央动脉有无硬化，红髓内脾窦是否扩张充血，窦内网织内皮细胞及多核白细胞是否增多，是否存在局限性病灶。

七、肾的观察方法

（一）肉眼观察方法

1．表面检查　测量肾有无萎缩或肥大，称重，观察外形有无异常，表面是否平滑、有无凹陷或呈颗粒样改变，颜色是否正常（正常肾呈红褐色），测量硬度及弹性，注意被膜剥离难易程度（正常时易剥离），寻找有无局限性病灶。

2．切面检查　观察切面颜色、光泽度。检查皮质、髓质的厚度，观察形态有无异常，有无局限性病灶，肾盂有无内容物（如结石等），内腔大小，黏膜状态，动脉有无增厚（硬化）及其他改变。

（二）切片观察方法

注意观察肾小球的大小、数量是否改变，以及血管丛形态、细胞（核）数量。观察肾小囊的内容物是否异常，囊壁有无肥厚，上皮细胞有无增多等。观察肾小管管腔的大小，有无内容物及其性状；肾小管上皮细胞的形态，有无变性及坏死，叶间动脉、细动脉、入球动脉等有无硬化或血栓形成，间质有无结缔组织增生、炎性细胞浸润，血管是否充血。

八、脑的观察方法

（一）肉眼观察方法

1．表面检查　检查重量、形态有无异常，脑膜血管是否扩张、充血，尤其注意脑回表面小血管的状态。观察脑表面有无异常物质存在，如出血及渗出物等；脑回的宽窄、脑沟的深浅等。

2．切面检查　观察皮质、髓质厚度，实质血管有无充血、出血或其他占位性病变，脑室是否扩张，注意进行双侧对比观察。

（二）切片观察方法

1．脑膜　观察血管有无充血、出血，脑膜有无异常渗出物存在。

2．脑实质　观察血管有无出血，血管周围有无渗出物存在，神经细胞有无变性及坏死，胶质细胞有无增生或结节形成，脑组织有无坏死或其他局限性病灶。

第四节　正常器官的重量和大小

下面是成人正常器官的重量和大小的平均值。

1．脑　20 ~ 60 周岁：男性为 1300 ~ 1500 g，女性为 1100 ~ 1300 g。

2．脊髓　长 40 ~ 50 cm，重 25 ~ 27 g。

3．心脏　20 ~ 60 周岁：男性为 278 ~ 293 g，女性为 248 ~ 273 g。左、右心房壁厚度为 0.1 ~ 0.2 cm，左心室厚度为 0.9 ~ 1.5 cm，右心室厚度为 0.3 ~ 0.5 cm，三尖瓣周径为 12 cm，肺动脉瓣周径为 8 cm，二尖瓣周径为 10 cm，主动脉瓣周径为 7.5 cm。

4．肺　左肺重 325 ~ 480 g，右肺重 375 ~ 550 g。

5．主动脉　升主动脉周径为 7.5 cm，胸主动脉周径为 4.5 ~ 6.0 cm，腹主动脉周径为 3.5 ~ 4.5 cm。

6．肝　重量为 1500 ~ 1800 g，大小为（25 ~ 30）cm ×（19 ~ 21）cm ×（6 ~ 9）cm。

7．脾　16 ~ 20 周岁：重量为 150 ~ 200 g，大小为（12 ~ 14）cm ×（8 ~ 9）cm ×（3 ~ 4）cm。

8．肾　重量（单侧）为 120 ~ 140 g，大小为（11 ~ 12）cm ×（5 ~ 6）cm ×（3 ~ 4）cm，皮质厚（0.6 ~ 0.7）cm。

9．胰腺　重量为 90 ~ 120 g，大小为 18 cm × 5 cm × 3.8 cm。

10．甲状腺　重量为 30 ~ 70 g，大小为（5 ~ 7）cm ×（3 ~ 4）cm ×（1.5 ~ 2.5）cm。

11．肾上腺　每个重 5 ~ 6 g，大小为（4.5 ~ 3.5）cm ×（2.5 ~ 0.5）cm。

第五节　尸体解剖

尸体解剖是一种重要的医学研究方法，可用于研究疾病的病因、转归及致死原因，还可以检验临床诊断、治疗的正确性。本节主要讲述尸体解剖方法。

一、预先研究死者的病历

在解剖之前，操作者应详细研究死者的临床病历，熟悉临床经过及临床诊断，做到心中有数、目的明确。但也应避免先入为主，应全面、系统地开展尸体解剖工作。

二、体表检查

先测量尸体体重、身长（由头顶至足跟）、发育和营养状态；然后检查尸斑、尸僵情况。尸斑为死后血液沉积于身体下方未受压的血管，并在该处出现皮肤色斑的现象。最初血液沉积于小血管内，形成小斑纹，指压能消失；时间较久后，血液渗出进入组织内，形成较大的暗紫色斑，指压也不消退。尸僵是尸体各部肌肉僵硬、关节固定的现象。在死后 1 小时即自头部开始出现尸僵，小肌群出现得早，大肌群出现得迟。尸僵常能持续 24 小时以上，后渐行消失，缓解的次序与出现次序相同。然后检查皮肤色泽，浅表淋巴结是否肿大，全身是否有畸形、肿物及水肿。下一步进行局部检查，注意口腔、鼻腔的黏膜状态、分泌物，以及牙齿性状、数目，注意检查外耳道有无分泌物，测量瞳孔大小、形状，检查外生殖器有无瘢痕及疝。

三、胸腹腔的切开及检查

从下颌正中向下，沿前正中线经脐的左侧，而止于耻骨联合，作一直线切开，待切开皮肤后，谨慎地切开腹膜，切断胸壁下缘的肌肉，进一步暴露腹腔，然后再将胸壁的皮肤连同皮下组织和胸大肌一并自胸部中线剥离，以充分暴露肋骨。切开胸廓时，用软骨刀切开肋骨与肋软骨交界处，胸锁关节处可先以手术刀切断其关节囊，而后以肋骨剪剪断第 1 肋骨。以上各处剪开后，即可剥离与下部肋骨相连的膈肌，拿开胸前三角形的胸骨、肋骨壁，充分暴露出心脏、前纵隔及胸腔。

1．胸腔的检查　注意心脏、肺的位置、大小，彼此间的关系，以及纵隔内淋巴结的外观、大小及硬度，并检查以下各部。

（1）胸膜：注意胸膜的色泽，观察有无炎性渗出物附着及粘连，胸腔有无积液及气体。

（2）心包膜：自心脏基底部开始，在心包壁层作“人”字形剪开，测量腔内液体含量（正常时不超 30 ml），注意有无炎性渗出物附着及粘连等。

（3）上纵隔：将胸腺取出，测量、记录其重量。

2．腹腔的检查　注意腹膜表面性状、色泽，检查有无渗出物附着、粘连等。检查腹腔内是否有积液及气体，大网膜的位置及与脏器是否有粘连，各脏器的位置是否正常。检查肝是否肿大，测量肝前下缘与肋弓及剑突的距离。检查脾是否肿大，以及其边缘在肋缘下的位置。检查肠系膜的同时注意其淋巴结是否肿大。测定膈肌的高度，以锁骨中线为准（应在开胸前测量），可将右手伸入膈肌下面，以示指和中指触其最高点，以左手在胸壁沿肋软骨连接线测其相应的位置。正常时，膈肌右侧最高点达第 4 肋间，左侧达第5肋。

四、脏器的取出方法

胸腹腔均已切开、检查完毕后，即可顺次取出各脏器，逐一详细检查，测量其重量、体积，及时记录。

1．心脏　以左手持心尖，将其向上提起，用刀自下而上顺次切断下腔静脉、肺静脉、上腔静脉及肺动脉。此时最好不切断主动脉而使心脏与主动脉相连，以期能保全一整套标本。切开心脏的步骤可按血流顺序操作，即首先自下腔静脉口向上切至上腔静脉口，然后转至右心耳。剖开右心室的第一刀自三尖瓣切起，沿右心室缘切开，直至右心室距心尖不远处。第二刀可自第一刀的末端起，向上切至肺动脉；亦可自第一刀的中点起，切向肺动脉而与第一刀的中点垂直。剖开左心房与右心房的方法相似，首先切开肺静脉的入口，并切至左心耳。剖开左心室也需两刀，第一刀沿左心室缘切过二尖瓣直至心尖，第二刀延续着第一刀的心尖端向上，与冠状动脉前降支平行，距此动脉约1 cm处，于肺动脉瓣和左心耳之间切开主动脉。各房室内腔均已切开之后，须将其中血液及凝血块谨慎清除干净。详细检查二尖瓣及三尖瓣，测量瓣口周径及左、右心室壁的厚度。

2．肺　自两肺肺门切断支气管及血管即可取出肺，首先称重并检查其表面。之后，将肺的内侧面置于切板上，沿肺长轴剖开，剪开各支气管并剥离，剖检肺门各个淋巴结。

3．脾　先将大网膜用剪刀分离，暴露小网膜囊，检查胰体部及胰尾部，然后提出脾并切断脾门部血管，取出整个脾，注意在脾韧带及大网膜中有时可有副脾存在。先测定重量及体积，观察质地、包膜完整度，再沿脾长轴，由凸面向脾门做一切面，然后可依次做出多个平行切面。

4．肠　取出肠后，首先找到十二指肠空肠曲，做两道结扎后从中间剪断肠管，其次紧贴小肠肠壁沿肠系膜剥离肠管，一直向下将结肠及直肠自腹后壁剥开，最后切断直肠。取出小肠后，可将肠系膜在其根部与腹后壁分离，并检查肠系膜淋巴结，用刀切开观察其切面。最好在解剖的最后阶段剪开肠管，以免污染其他脏器。因肠内病变多发生于肠系膜附着缘对侧肠黏膜处，故须用肠剪沿肠系膜附着缘切开小肠。

5．胃、十二指肠及食管　用肠剪在邻近十二指肠处剪开肠管，之后压迫胆囊，检查是否有胆汁从十二指肠乳头流出，以此检查胆道是否通畅，然后切断十二指肠悬韧带，在膈肌下方将胃及食管剥离，沿膈肌附着肋骨处剥离、切断膈肌，将胃、十二指肠和食管一同取出，以便观察食管静脉，注意是否有静脉曲张。

6．肝　取肝时可先提取肝右叶，切断其周围的软组织，直至脊柱，注意不要伤及右侧肾上腺，然后切断下腔静脉，剥离肝左叶，取出肝。可沿长轴切开肝，注意观察其切面色泽、肝小叶结构及血管结构。

7．肾和肾上腺　首先，沿肾外缘做一弓形切口切开腹后壁腹膜，将肾与肾上腺一同向上剥离，在肾门处切断肾血管，取出器官。患有泌尿、生殖系统疾病时应取出整套的标本，注意避免使肾与输尿管及膀胱等结构分离。当肾上腺自肾取下后，沿肾外侧缘切开肾直至肾盂，然后剥离被膜露出肾表面，并判定被膜与肾实质是否有粘连，而肾上腺只切一横刀以观察其切面即可。

8．盆腔脏器 可先将盆壁腹膜剥离，提起膀胱，然后沿骨盆两侧向后用力牵拉脏器向上，使之与骶骨分离，并在靠近耻骨处切断尿道及直肠。若为女性，则将尿道、阴道、子宫及输卵管等一齐切断并取出。阴道宜自前壁切开，并向上切开子宫颈直达子宫体，再由此切口上段切向两旁直至输卵管口。卵巢可顺其长轴自凸缘向卵巢门切开。若为男性，为取睾丸可在阴茎左右，于耻骨之前切开两口，然后推挤睾丸向上，并与精索一同取出，沿睾丸长轴从附睾对侧向内切开，并用镊子牵拉输精管，观察输精管是否有异常。

9．颈部脏器 可将颈部刀口延至颏下，将头部尽量向后仰，然后将软骨刀由下颌角内侧向上伸入，并沿骨内缘逐渐向前切断口底组织，一直绕至对侧该处，即可经口腔将舌牵出。将刀伸入悬雍垂上部，将其自后鼻腔骨壁分离，在两侧沿扁桃体外侧向下切开，将咽、咽后壁软组织与脊柱剥离，切断颈部诸血管，向下直抵胸腔，最后连同食管及气管一同取出。检查食管及气管黏膜时，可用剪刀首先沿其后面正中线剪开食管，然后剪开气管。检查甲状腺时，可作一纵向刀口切开观察其切面。患有甲状腺肿时，最好连同气管一同取下观察。

10．脑 先检查头皮有无外伤，然后自一侧乳突经颅顶向另一侧乳突切开头皮，用力将头皮分别向前、后翻转，同时剥离皮下软组织及骨膜，仅留颞肌及其肌膜。切开颞肌，用钝器将颞肌及肌膜稍向上、下剥离，然后用细齿锯锯开颅骨外板全层及内板外侧（不要完全锯断，以免锯入脑内）。用凿子、锤子轻轻击破与内板相连的部分，用丁字凿掀起顶骨，将硬脑膜与骨分开。剪开上矢状窦检查其内有无血栓，再沿颅顶锯缘将硬脑膜四周剪断。于大脑纵裂深处将大脑镰前端附着处切开，并向后牵拉大脑镰露出两侧大脑半球，于额叶前端下方托起脑，暴露脑神经、垂体柄及小脑幕，逐一切断，最后将刀伸入椎管内，切断颈髓及椎动脉，即可取出脑，然后用小刀将垂体周围组织分离，取出垂体。

五、标本的处理

在切割、检查各脏器之后，切取小块组织固定于10%甲醛（福尔马林）溶液中，组织块的厚度不宜超过0.5 cm，以备制作切片。

各脏器作适当切割后，即置于10%甲醛（福尔马林）溶液或卡氏固定液（为保存自然色）内固定，固定时必须周密考虑放置的位置，以免固定后脏器变形。

六、尸体的处理

行解剖检查后，将胸腹腔内液体取净，把检查后残留的脏器组织放入体腔内，然后用报纸、锯末填满体腔，再从颈部向下细密缝合皮肤，头皮也应缝合。最后拭净尸体表面，为死者穿好衣服，运往火葬场或墓地。

第二篇

基础性实验

第一部分　组织学与胚胎学

第四章

上皮组织

实验目的

1．掌握各种被覆上皮的结构特点。
2．熟悉外分泌腺的形态分类。
3．掌握微绒毛、纤毛、紧密连接、中间连接、桥粒和缝隙连接的结构。

一、单层扁平上皮（内皮）

【取材】人大动脉（横断）

【方法与染色】HE 染色

【观察切片】

肉眼：可见大动脉的横切面，壁厚，腔大。

低倍镜：大动脉管壁由内向外分为内膜、中膜和外膜 3 层，找到管腔面的内膜。

高倍镜：位于管腔内表面的一层扁平细胞即为内皮（图 4-1）。其细胞质非常薄，常不易与深面的结缔组织相区分；细胞核多呈椭圆形，略向管腔突出。

二、单层扁平上皮（间皮）

【取材】大白鼠肠系膜

【方法与染色】铺片，镀银染色

【观察切片】

肉眼：可见组织被染成棕黄色，颜色深浅不一。选择染色较浅、相对较薄的位置进行观察。

低倍镜：可见银盐沉积在细胞间质，形成波浪状黑线，每一多边形的轮廓即相当于一个上皮细胞。

高倍镜：细胞呈不规则形或多边形，细胞边缘呈锯齿状、互相嵌合，细胞核呈椭圆形，位于细胞中央（图 4-2）。

三、单层立方上皮

【取材】人肾

【方法与染色】HE 染色

【观察切片】

肉眼：深染部分为肾皮质，淡染部分为肾髓质。

低倍镜：肾髓质中可见大小不等、切面不同的管腔，管壁由单层立方上皮构成。

高倍镜：上皮细胞呈立方形，细胞界限清晰，细胞核多呈圆形、蓝紫色，位于细胞中央（图 4-3）。

【取材】狗甲状腺

【方法与染色】HE 染色

【观察切片】

肉眼：可见组织被染成粉红色。

低倍镜：实质内可见大小不等，圆形或类似圆形的泡状结构。腔内有染成粉红色的胶质，胶质周边可见一圈透明区，此是制片时胶质收缩所形成的人工假象。

高倍镜：滤泡壁为单层上皮，通常为立方形，细胞质呈弱嗜碱性，染色较浅，细胞核呈椭圆形或圆形，位于细胞中央（图 4-4）。上皮细胞的形态可随甲状腺的功能状态而改变。

四、单层柱状上皮

【取材】人小肠（纵断）

【方法与染色】HE 染色

【观察切片】

肉眼：平坦侧为小肠外表面，另一侧为肠腔面，可见若干不规则形的大突起，为横切的小肠环形皱襞。在皱襞表面又有许多细小突起，为小肠绒毛。

低倍镜：在肠腔面可见各种不同切面的绒毛，有的绒毛与其他结构相分离。绒毛表面被覆一层上皮即为单层柱状上皮（图 4-5）。

高倍镜：上皮细胞间界限多不清晰，细胞可分为 2 种（图 4-6）。

1．柱状细胞　大部分为柱状细胞，细胞游离面可见厚度均匀一致、染色较深的纹状缘，细胞质呈嗜酸性，细胞核呈椭圆形，位于细胞基底部。

2．杯状细胞　柱状细胞之间有散在的杯状细胞，形似高脚酒杯，顶部细胞质呈空泡状，细胞核呈倒三角形或不规则形，染色深，位于细胞基底部。

五、假复层纤毛柱状上皮

【取材】人气管（横断）

【方法与染色】HE 染色

【观察切片】

肉眼：可见气管的横断面，呈环形。

低倍镜：在气管壁的内表面可见染色较深的一层，即为假复层纤毛柱状上皮（图 4-7）。

高倍镜：细胞形态不同、高矮不一，细胞核的位置不在同一水平上，但细胞基底部均附着于基膜，基膜很厚，呈粉红均质状。上皮厚薄不一，选细胞层次少的部位辨认 4 种细胞（图 4-8）。

1．柱状细胞　数量最多，呈柱状，顶端达上皮游离面，并布满规则排列的纤毛，细胞核呈椭圆形，靠近细胞顶部，故该细胞排列在上皮浅层。

2．杯状细胞　位于柱状细胞之间，细胞质染色浅，细胞核呈三角形，染色深，位于细胞基底部。

3．梭形细胞　细胞呈梭形，细胞核呈椭圆形，位于细胞中央，故该细胞排列在上皮中层。

4．基细胞　细胞呈矮锥体形，靠近基膜，细胞核圆，位于细胞中央，故该细胞排列在上皮深层。

六、复层扁平上皮

【取材】人食管（横断）

【方法与染色】HE 染色

【观察切片】

肉眼：可见食管壁的部分横断面，管腔面凹凸不平形成皱襞，内表面有一层染色较深的结构即为复层扁平上皮。

低倍镜：由多层细胞组成，由浅层至深层，染色逐渐加深。上皮深部染色较浅的部分为结缔组织。上皮与深部结缔组织的连接凹凸不平（图 4-9）。

高倍镜

1．浅层　表面数层细胞呈扁平形，染色浅，细胞核呈扁平形，有脱落倾向。

2．中间层　中间数层细胞呈多边形，细胞核呈圆形或椭圆形。

3．基底层　基底部的一层细胞呈立方形或矮柱状，排列紧密，体积小，染色深（图 4-10）。

七、变移上皮

【取材】人膀胱

【方法与染色】HE 染色

【观察切片】

肉眼：切片中形成皱襞的一侧为腔面，腔面颜色较深的一层为变移上皮所在层。

低倍镜：由于膀胱处于空虚状态，故腔面高低不平，有许多皱襞，上皮细胞层次很多（图 4-11）。

高倍镜：上皮细胞界限多不清晰（图 4-12）。

1．表层　为单层，细胞较大，呈立方形，称盖细胞，细胞质呈嗜酸性，可有双细胞核。

2．中间层　有数层多边形细胞。

3．基底层　细胞较小，呈立方形或矮柱状，细胞轮廓不清。

八、腺上皮

【取材】人下颌下腺

【方法与染色】HE 染色

【观察切片】

肉眼：切片可见染色较深的下颌下腺的实质，被结缔组织分隔成许多小叶。

低倍镜：实质中可见许多大小不等的腺泡及粗细不等的导管（图 4-13）。

高倍镜

1．浆液性腺泡　数量多，由浆液性腺细胞组成，腺泡腔小。腺细胞呈锥体形，细胞核为圆形，靠近基底部，基底部细胞质呈较强嗜碱性，顶部细胞质含嗜酸性的分泌颗粒。

2．黏液性腺泡　较少，由黏液性腺细胞组成。腺细胞呈锥体形，细胞核为扁圆形，位于细胞基底部，细胞质几乎不着色，呈泡沫或空泡状。

3．混合性腺泡　由上述 2 种腺细胞组成。浆液性腺细胞常呈半月状位于腺泡一侧，称为浆半月（图 4-14）。

九、电子显微镜照片

1．微绒毛　可见细胞顶部微绒毛的纵断面呈指状突起。

2．纤毛　可见纤毛的横断面，中央可见 2 条完整的微管，周围为 9 组二联微管。

3．紧密连接　相邻细胞的顶端侧面可见紧密连接，细胞间隙极窄，甚至消失。

4．中间连接　位于紧密连接下方，细胞间隙中可见低电子密度的丝状物，细胞质内面可见薄层致密物和丝状物附着。

5．桥粒　可见相邻两细胞膜形成桥粒，细胞膜内侧高密度的致密物质为附着板，细胞质内的张力丝附于附着板上。细胞间隙明显，间隙内可见中间线和丝状物。

6．缝隙连接　可见连接处相邻细胞膜高度平行，细胞间隙极窄，上、下两端可见细胞间隙。

第五章

固有结缔组织

实验目的

1．掌握疏松结缔组织各种细胞成分的结构。
2．了解纤维的类型。
3．了解致密结缔组织和脂肪组织的基本结构。

一、疏松结缔组织

（一）铺片

【取材】大鼠肠系膜

【方法与染色】铺片，腹腔注射台盼蓝、醛复红与偶氮焰红染色

【观察切片】

肉眼：选择标本相对较薄的部位进行观察。

低倍镜：可见纤维纵横交错、排列疏松，细胞散在分布于纤维之间。粉红色、带状或波浪状的结构为胶原纤维，棕红色较弯曲的细丝为弹性纤维。纤维之间可见数量较多的成纤维细胞，还可见到肥大细胞、巨噬细胞等。

高倍镜：主要分辨 2 种纤维和 3 种细胞（图 5-1）。

1．胶原纤维　染成粉红色，粗细不等，并相互交织，折光性较弱。

2．弹性纤维　染成棕红色，细丝状，末端常卷曲，折光性较强。

3．成纤维细胞　疏松结缔组织中的主要细胞，数量较多。细胞轮廓不清，胞体难以辨认，只能分辨细胞核。细胞核呈椭圆形，染色浅，核仁明显。

4．巨噬细胞　胞体较大，形态不规则，细胞界限不清，细胞质中可见被吞噬的大小不等、分布不均的蓝色颗粒。细胞核小而圆，染色深。

5．肥大细胞　常成群排列，胞体呈圆形或卵圆形，细胞质内充满大小相等、分布均匀的紫红色异染性颗粒。细胞核小而圆，着色浅。

（二）切片

【取材】人食管

【方法与染色】HE 染色

【观察切片】

肉眼：凹凸不平的一侧为管腔面，可见染色较深的黏膜层，其外层染色较浅的部分为所要观察的黏膜下层，再外层染成粉红色的是肌层。

低倍镜：找到黏膜下层，可见大量粉红色的纤维束，纤维之间有散在的细胞。

高倍镜

1．胶原纤维 染成粉红色，粗细不等，成束存在，排列不规则。

2．成纤维细胞 常附着在胶原纤维上，细胞界限不清，细胞质难以分辨，细胞核呈椭圆形（图 5-2）。

二、致密结缔组织与脂肪组织

【取材】指皮

【方法与染色】HE 染色

【观察切片】

肉眼：标本中深色部分为表皮，其深面粉红色的区域为真皮，染色最淡的部分为皮下组织。

低倍镜：皮肤由表皮和真皮构成，真皮分为乳头层和网状层。乳头层深面的网状层为致密结缔组织，皮下组织中可见疏松结缔组织和脂肪组织（图 5-3）。

高倍镜

1．真皮的致密结缔组织 可见不同断面的粗大的胶原纤维束密集排列，交织成网状，其间散在分布纤维细胞和成纤维细胞，仅能分辨细胞核的形态（图 5-4）。

2．皮下的脂肪组织 由多边形脂肪细胞聚集而成。脂肪细胞细胞质中的脂滴被溶解，故呈空泡状，细胞核呈弯月形，位于细胞一侧（图 5-5）。

三、电子显微镜照片

1．成纤维细胞 可见细胞膜、线粒体、高尔基复合体、粗面内质网、细胞核。

2．浆细胞 细胞质内可见大量呈环形平行排列的粗面内质网、发达的高尔基复合体及线粒体等。细胞核呈圆形或卵圆形，偏于一侧。

3．巨噬细胞 形态不规则，周围有不规则的突起和微绒毛，细胞质内可见较多的溶酶体和吞噬体。

4．肥大细胞 细胞核居中，细胞质内可见大量颗粒。

第六章

软骨和骨

实验目的

1．掌握透明软骨的结构特点。
2．了解纤维软骨和弹性软骨的结构特点。
3．掌握骨组织和长骨的结构。
4．了解骨的形成过程。

一、透明软骨

【取材】人气管（横断）
【方法与染色】HE 染色
【观察切片】

肉眼：标本中染成紫蓝色的“C”形结构为透明软骨。

低倍镜：软骨表面有致密结缔组织构成的软骨膜，染成粉红色。软骨膜内侧为软骨组织，其中，软骨基质呈均质状、嗜碱性，看不到纤维成分，软骨细胞散在分布于软骨基质中。软骨组织周边的软骨细胞体积较小，呈扁圆形，单个分布；越靠近软骨中部，细胞体积越大，呈椭圆形或圆形，成群存在（图 6-1）。

高倍镜（图 6-2）

1．软骨细胞　位于软骨陷窝内。多数软骨细胞在制片过程中收缩而呈多突起状，细胞核浓缩深染，细胞质呈弱嗜碱性。中央部的软骨细胞多 2 ～ 8 个成群存在，称同源细胞群。

2．软骨基质　位于软骨细胞之间，呈均质状、弱嗜碱性，染成淡蓝色。软骨陷窝周围的软骨基质嗜碱性较强，染色较深，形似囊状包围软骨细胞，称软骨囊。

二、纤维软骨

【取材】人椎间盘
【方法与染色】HE 染色

【观察切片】

肉眼：切片的周围部，染为粉红色处即为由纤维软骨构成的纤维环，中央染为蓝色的部分为髓核。

低倍镜：软骨基质内可见大量胶原纤维束，软骨细胞散在或成行排列于胶原纤维束之间。

高倍镜：胶原纤维束多平行或交错排列。软骨细胞较小而少，呈椭圆形，细胞核多呈梭形或杆状，细胞界限不清，软骨囊不明显（图 6-3）。

三、弹性软骨

【取材】人耳郭

【方法与染色】地依红染色

【观察切片】

肉眼：标本中央染为棕红色的部分为弹性软骨，周边色浅的部分为皮肤。

低倍镜：软骨表面有致密结缔组织构成的软骨膜，软骨基质中可见弹性纤维交织成网，软骨细胞位于软骨陷窝内。

高倍镜（图 6-4）

1．弹性纤维 软骨基质中可见大量棕红色的弹性纤维交织成网，在软骨细胞周围排列致密。

2．软骨细胞 形态与透明软骨中的软骨细胞类似。

四、骨

【取材】人长骨（横断）

【方法与染色】磨片，硫堇染色

【观察切片】

肉眼：可见人长骨的部分横断面被染成棕黄色。

低倍镜（图 6-5）

1．外环骨板 位于骨干的外侧，由数层骨板构成，较整齐地环绕骨干排列。

2．内环骨板 位于骨干的内侧，较薄，不规则。

3．骨单位（哈弗斯系统） 位于内、外环骨板之间，由多层同心圆排列的骨单位骨板（哈弗斯骨板）围绕中央管构成。

4．间骨板 位于骨单位之间或骨单位与内、外环骨板之间，为大小不等的不规则骨板，多呈弧形。

5．穿通管 在内、外环骨板之间，为斜向或横向贯通骨板的管道，与中央管相连。

高倍镜（图 6-6）

1．骨陷窝 骨板间可见许多小腔隙，呈梭形，充满黑色染料，此即为骨陷窝，是骨细胞的胞体所在的空间。

2．骨细胞 位于骨陷窝内，形态多难以辨认。

3．骨小管 骨陷窝向周围发出许多极细的小管，也被黑色染料填充，是骨细胞的突起所在的空间。同一骨单位内相邻骨板的骨小管之间相互通连。

五、软骨性骨发生

【取材】新生儿指骨（纵断）

【方法与染色】HE 染色

【观察切片】

肉眼：切片呈条状，周围染成粉红色的是皮肤，中央可见指骨，指骨两端膨大部分染成蓝紫色处为骨骺，中央的空腔为骨髓腔。在骺端染为蓝色的最宽部位为软骨区，为重点观察部位。

低倍镜：从骺端向骨干的骨髓腔方向观察骺板软骨（图 6-7）。

1．软骨储备区 为透明软骨，淡蓝色的软骨基质中有许多不规则排列的胞体较小的软骨细胞。

2．软骨增生区 软骨细胞增大，呈扁平形，排列成行，形成大量细胞柱。

3．软骨钙化区 软骨细胞进一步增大，细胞质呈空泡状，细胞核固缩。软骨基质变薄，呈强嗜碱性。

4．成骨区（骨化区） 此区钙化的软骨基质已被破骨细胞破坏，形成许多小隧道，并有血管侵入。成骨细胞在残留的软骨基质表面排列成行，紧贴着染为粉红色的骨小梁。

5．骨髓腔 位于骨干中央，充满造血组织和血窦，有的脱落形成空腔，其中充满红骨髓。

高倍镜

1．成骨细胞 位于骨组织的表面，整齐排列成一层，细胞呈矮柱状或立方形，细胞质呈嗜碱性。

2．破骨细胞 多位于钙化的软骨基质及骨小梁的凹陷处，单个存在，细胞体积大，形态不规则，有多个细胞核，细胞质呈强嗜酸性。

六、电子显微镜照片

1．软骨细胞 细胞质内可见较多粗面内质网和高尔基复合体，细胞核近似圆形。

2．骨细胞 可见骨细胞位于钙化的骨基质内，细胞质内可见粗面内质网（图 6-8）。

3．成骨细胞 细胞质内可见发达的粗面内质网和高尔基复合体。

4．破骨细胞 紧贴骨组织的一侧可见许多皱褶缘，细胞质内可见丰富的线粒体、溶酶体和质膜小泡（吞饮小泡）。

第七章

血　液

实验目的

1．掌握各种血细胞的光学显微镜结构。

2．熟悉各种血细胞的电子显微镜结构。

一、血涂片

【取材】人血液

【方法与染色】涂片，吉姆萨染色（Giemsa 染色）

【观察切片】

肉眼：可见血涂片整体呈现粉红色。

低倍镜：找涂片较薄的区域进行观察，可见大量无核、淡红色的红细胞及少量有核的白细胞。

高倍镜

1．红细胞　呈圆盘状，无核，细胞质中央染色浅、周边染色深。

2．白细胞（图 7-1、图 7-2、图 7-3）

（1）中性粒细胞：白细胞中数量最多的细胞，呈圆形，细胞核呈蓝紫色，一般分为 2 ~ 5 个叶，细胞质呈淡粉色，细胞质中有细小淡染的颗粒，不易辨认。

（2）嗜酸性粒细胞：较少，细胞核多分为 2 叶，呈“八”字形，细胞质中充满粗大均匀的橘红色颗粒。

（3）嗜碱性粒细胞：数量极少，通常在标本上找不到。细胞质中含大小不等、分布不均的蓝紫色颗粒，细胞核形状不规则，着色浅，常被细胞质中的颗粒掩盖。

（4）淋巴细胞：数量较多，外周血中以小淋巴细胞数量最多，细胞体积与红细胞相似，细胞核呈圆形，一侧常有小凹陷，染色深，细胞质很少，呈蔚蓝色。有时可见少量细小的紫红色嗜天青颗粒。

（5）单核细胞：为体积最大的白细胞，细胞呈圆形或椭圆形，细胞核呈卵圆形、肾形或马蹄铁形，染色浅。细胞质较多，呈浅灰蓝色。

3．血小板　最小，常成群存在，形态不规则。其周围细胞质呈淡蓝色或近于透明，中央含许多紫红色血小板颗粒。

二、电子显微镜照片

1．红细胞　呈双凹圆盘状，中央较薄，周边较厚（图 7-4）。

2．中性粒细胞　可见体积大、圆形或椭圆形的嗜天青颗粒和体积小、椭圆形的特殊颗粒。

3．嗜酸性粒细胞　细胞内充满颗粒，颗粒多呈椭圆形，有单位膜包被，内含颗粒状基质和方形或长方形的结晶体。

4．嗜碱性粒细胞　细胞内可见颗粒，颗粒内充满细小微粒，呈均匀或螺纹状分布。

5．淋巴细胞　细胞质内可见大量游离核糖体、小的溶酶体、粗面内质网、高尔基复合体和线粒体。

6．单核细胞　细胞表面有少许短的微绒毛，细胞质内含有许多吞噬泡、线粒体和粗面内质网。

第八章

肌 组 织

实验目的

1．掌握骨骼肌、心肌和平滑肌的光学显微镜结构。
2．掌握骨骼肌与心肌的电子显微镜结构。
3．了解平滑肌的电子显微镜结构。

一、骨骼肌

【取材】人骨骼肌

【方法与染色】HE 染色

【观察切片】

肉眼：长条形的标本为骨骼肌纵断，圆形的标本为骨骼肌横断。

低倍镜：纵断面标本中可见长带状的骨骼肌细胞（骨骼肌纤维）平行排列，横断面的骨骼肌细胞呈圆形或多边形。肌纤维的细胞质呈嗜酸性，染成粉红色。

高倍镜（图 8-1）

1．纵断面　可见每条肌纤维都具有明暗相间的横纹，有多个细胞核，呈扁椭圆形，分布在肌膜的内侧。

2．横断面　肌纤维横断面呈圆形或多边形，细胞质内肌原纤维呈点状分布，肌纤维周边可见 1 个或多个细胞核。肌纤维之间可见少量的结缔组织及血管。

【取材】人膈肌

【方法与染色】铁苏木精染色

【观察切片】

肉眼：可见标本呈长条形，染成蓝黑色。

低倍镜：可见骨骼肌细胞的纵断面，肌纤维被染成蓝黑色。

高倍镜：肌纤维上可看到清楚的横纹，色深的为暗带，色浅的为明带；细胞核呈扁椭圆形，位于周边（图 8-2）。

二、心肌

【取材】人心脏（纵断）
【方法与染色】HE 染色
【观察切片】

肉眼：标本为心脏壁的一部分，心脏壁主要由心肌构成。

低倍镜：可见心肌细胞的纵断、横断、斜断等各种断面。

1．纵断面　心肌细胞肌纤维呈短圆柱状，有分支，互相连接成网。细胞质呈嗜酸性，细胞核呈卵圆形，位于细胞中央。

2．横断面　形态不规则，可见位于肌纤维中央的圆形细胞核。

高倍镜

1．纵断面　可见肌纤维有明、暗相间的横纹，但不如骨骼肌明显。在肌纤维连接处可见短细线状、染色较深的闰盘。肌纤维间有少量结缔组织，内含丰富的血管（图 8-3）。

2．横断面　肌纤维呈圆形或不规则形，有的可见位于细胞中央的细胞核，有的没有切到细胞核。核周细胞质淡染，可含有棕黄色的脂褐素颗粒，周边细胞质染色较深（图 8-4）。

三、平滑肌

【取材】人小肠
【方法与染色】HE 染色
【观察切片】

肉眼：平坦侧为小肠外膜面，有突起的一侧为黏膜面，平滑肌主要位于外膜的深面。

低倍镜：外侧可见纵断的平滑肌束，肌纤维呈细长梭形，其内侧为平滑肌的横断面，呈大小不等的圆点状。

高倍镜（图 8-5）

1．纵断面　平滑肌细胞呈长梭形，界限多不清。细胞核呈长杆状或椭圆形，位于细胞中央。细胞质为粉红色。肌纤维间可见少量结缔组织和血管。

2．横断面　平滑肌细胞呈大小不等的圆形或多边形，较大的纤维断面中央可见圆形的细胞核，多数未切到细胞核。

四、电子显微镜照片

1．骨骼肌细胞　可见肌原纤维、Z 线、M 线、明带、暗带、H 带、横小管和终池。

2．心肌细胞　可见闰盘（图 8-6）。

3．平滑肌细胞　可见密体、密区和小凹。

第九章

神经组织

实验目的

1. 掌握神经元的结构特点。
2. 熟悉突触的光学显微镜结构。
3. 掌握周围神经系统有髓神经纤维的结构特点。
4. 熟悉触觉小体、环层小体和运动终板的结构特点。

一、神经元

【取材】人脊髓（横断）

【方法与染色】HE 染色

【观察切片】

肉眼：脊髓横断面为椭圆形，在其中央有一“H”形（或蝴蝶形）、染色较深的结构，此为脊髓的灰质，周围染色较浅处为白质。灰质有 4 个突起，2 个较粗短者为前角，2 个较细长者为后角。运动神经元在前角易观察到。

低倍镜：找到前角，可见许多体积较大的多角形细胞，单个或成群排列，为前角运动神经元。大多数神经元的突起是可见的，少数神经元的突起是不可见的。从中选取体积大、结构完整的神经元，用高倍镜进一步观察（图 9-1）。

高倍镜

1．胞体　运动神经元胞体呈多角形，其中可见细胞核和尼氏体。

（1）细胞核：多位于胞体的中央，大而圆，染色淡，呈空泡状，核仁明显。

（2）尼氏体：细胞质内充满紫蓝色、大小不等的斑块状或颗粒状结构，即尼氏体。

2．突起　从胞体发出多个突起，切片中仅见突起根部。树突为多个，其细胞质中可见尼氏体。轴突内没有尼氏体，轴突的起始部位呈圆锥形，染色浅，称为轴丘，轴丘内亦没有尼氏体（图 9-2）。在神经元的周围可见一些圆形或椭圆形的细胞核，为神经胶质细胞的细胞核。

【取材】兔脊髓（横断）

【方法与染色】镀银染色（此法可特异性地显示神经元细胞质中的神经原纤维）

【观察切片】

高倍镜： 在脊髓灰质中，神经元细胞质被染为黄色，棕色的细丝状结构为神经原纤维，其在胞体中交织成网，在突起中排列成束（图 9-3）。

二、神经纤维

【取材】人坐骨神经（纵断、横断）

【方法与染色】HE 染色

【观察切片】

肉眼： 可见坐骨神经的纵断面、横断面，长形的为纵断面，圆形的为横断面。

低倍镜： 平行排列的粉红色结构为神经纤维束，多由粗细不等的有髓神经纤维构成。

高倍镜（图 9-4）

1．轴突　为神经纤维中央染色较深的线样结构。

2．髓鞘　为轴突两侧的淡粉色网状结构。

3．神经膜　为髓鞘外侧粉红色细线样结构，在此部位可见施万细胞长椭圆形的细胞核。

4．郎飞结　在神经纤维的一定距离上可见粉色线条向内凹陷，即为郎飞结。

三、突触

【取材】兔脊髓（横断）

【方法与染色】镀银染色

【观察切片】

低倍镜： 在脊髓灰质的前角处，可见较大的染成棕黄色或棕黑色的神经元（图 9-5）。

高倍镜： 在神经元胞体或突起的表面，可见许多棕黑色的圆形颗粒，为突触扣结（图 9-6）。

四、神经末梢

（一）触觉小体

【取材】人指皮

【方法与染色】HE 染色

【观察切片】

肉眼： 标本中染色深的部分为表皮，紧邻表皮染色较浅的部分为真皮。

低倍镜： 染为深粉红色（厚）及紫蓝色（薄）的一面为表皮，其下方粉色部分为真皮，染色最浅的部分为皮下组织。真皮主要为致密结缔组织，结缔组织呈乳头状伸入表皮深层，形成真皮乳头。真皮乳头内可见到椭圆形的触觉小体，其长轴与皮肤表面垂直

(图 9-7)。

高倍镜：触觉小体外有薄层结缔组织包裹，内由扁平细胞叠摞而成。轴突末端分支盘绕在扁平细胞上，但是在 HE 染色切片中难以辨认（图 9-8）。

（二）环层小体

【取材】人足底皮

【方法与染色】HE 染色

【观察切片】

肉眼：标本中色深的部分为表皮，紧邻表皮染色较浅的部分为真皮。

低倍镜：染为深粉红色（厚）及紫蓝色（薄）的一面为表皮，其下方淡红色部分为真皮，染色最浅的部分为皮下组织。在真皮深部可见体积较大的圆形或椭圆形的环层小体。其周围可见多层扁平细胞呈同心圆状排列，中央为红色均质状结构，内有一条裸露的轴突穿行其中，但是在 HE 染色切片中难以分辨（图 9-9）。

注意：在真皮深部尚有大量神经束，请勿与环层小体相混淆。

（三）运动终板

【取材】兔骨骼肌

【方法与染色】铺片，氯化金染色（该法能将神经纤维及其末梢染为黑色）

【观察切片】

低倍镜：骨骼肌细胞呈淡紫蓝色，细胞核未着染，横纹清楚。黑色线状的神经纤维成束存在（图 9-10）。

高倍镜：单根神经纤维末端分支膨大呈爪状或葡萄状，附着在骨骼肌细胞表面，形成运动终板。

五、电子显微镜照片

突触前成分中含有许多突触小泡，神经元的胞体内可见细胞核，突触间隙处的突触前膜和突触后膜较一般细胞膜略厚（图 9-11）。

第十章

循环系统

实验目的

1．掌握心脏壁及大、中、小动脉的组织结构。

2．掌握毛细血管的组织结构。

3．了解动脉与静脉的结构区别。

一、大动脉与大静脉

（一）大动脉

【取材】人主动脉（横断）

【方法与染色】HE 染色

【观察切片】

肉眼：腔大而规则，管壁厚。

低倍镜：由内向外依次观察各层（图 10-1）。

1．内膜

（1）内皮：为单层扁平上皮。

（2）内皮下层：较厚，其内可见胶原纤维及平滑肌细胞。

（3）内弹性膜：因与中膜的弹性膜相延续，故内膜与中膜分界不清晰。

2．中膜　最厚，由数十层弹性膜组成。弹性膜呈亮红色、波浪状，其间夹有平滑肌细胞、胶原纤维和弹性纤维。

3．外膜　外弹性膜与中膜分界不清，故外弹性膜不明显。结缔组织内可见营养血管、神经束和脂肪细胞。

（二）大静脉

【取材】人下腔静脉（横断）

【方法与染色】HE 染色

【观察切片】

低倍镜：静脉 3 层膜分界不明显（图 10-2）。

1．内膜　较薄，可见内皮。

2．中膜　不发达，由几层稀疏的平滑肌组成。

3．外膜 较厚，在结缔组织中有大量被横断的纵行平滑肌束。有的切片中可见内膜向管腔内突入折叠形成静脉瓣。

二、中动脉与中静脉

【取材】人中动脉与中静脉（横断）

【方法与染色】HE 染色

【观察切片】

肉眼：腔规则且管壁厚者为动脉，腔不规则且管壁略薄者为静脉。

（一）中动脉

低倍镜：管壁由腔面向外可分为 3 层膜。可先找到内弹性膜和外弹性膜作为 3 层膜的分界线（图 10-3）。

1．内弹性膜 内膜与中膜的分界线，为一亮粉色、折光性强、波浪状的弹性膜。

2．外弹性膜 中膜与外膜的分界线，由亮粉色、折光性强的弹性纤维组成。

高倍镜

1．内膜

（1）内皮：位于管腔的最内面，为单层扁平上皮，可见蓝色细胞核略突向管腔。

（2）内皮下层：较薄，可见较细密的胶原纤维、弹性纤维和少量的平滑肌。

（3）内弹性膜：为一亮粉色、波浪状的条带。

2．中膜 由数十层环行平滑肌构成，肌细胞间有少量胶原纤维和弹性纤维。

3．外膜

（1）外弹性膜：可见于外膜与中膜相连处，呈亮粉色，常呈断续状，其外可见被切成不规则形的弹性纤维。

（2）结缔组织：位于外弹性膜的外侧，其内可见营养血管和神经的切面。

（二）中静脉

低倍镜：注意与中动脉进行对比观察（图 10-4）。

1．内膜 较薄，由内皮和结缔组织构成，内弹性膜不明显，与中膜分界不清。

2．中膜 可见稀疏的环行平滑肌束，其间分布有胶原纤维等。

3．外膜 无外弹性膜，故与中膜分界不清。由结缔组织构成，可见被横断的纵行平滑肌束、小血管和小神经束。

三、小动脉与小静脉

【取材】人中动脉、大动脉或心脏的外膜

【方法与染色】HE 染色

【观察切片】

低倍镜：伴行的小动脉和小静脉可在中动脉、大动脉或心脏的外膜结缔组织中找到。小动脉管腔规则，壁厚；小静脉管腔不规则，壁薄。有时管腔内可见血细胞（图 10-5）。

高倍镜

（一）小动脉

1．内膜　由于平滑肌收缩，内皮细胞核突向管腔。内弹性膜紧贴内皮（较小的小动脉内弹性膜薄而不明显）。

2．中膜　主要由 2 ～ 3 层环行平滑肌组成，故管壁相对较厚。

3．外膜　由结缔组织构成，与周围结缔组织相延续，无明显分界。一般无外弹性膜。

（二）小静脉

内皮外有 1 ～ 2 层较完整的平滑肌，外膜由少量结缔组织构成。

四、心脏

【取材】人心脏

【方法与染色】HE 染色

【观察切片】

肉眼：可区分心房壁、心室壁和心瓣膜。壁厚者为心室壁，壁薄者为心房壁，心瓣膜呈枝杈状凸向心腔。

低倍镜：心室壁与心房壁结构相同，由内向外分为 3 层膜（图 10-6）。

1．心内膜

（1）内皮：为最内面的单层扁平上皮，紧邻心腔。

（2）内皮下层：为一层薄且较细密的结缔组织。

（3）心内膜下层：由疏松结缔组织构成，其内可见小血管及浦肯野纤维（图 10-7）。

2．心肌膜　较厚，可见不同断面的心肌细胞。心肌细胞间有少量结缔组织和丰富的毛细血管。

3．心外膜　由浆膜构成。外表面被覆一层间皮，间皮下为薄层结缔组织。结缔组织内含有小血管、小神经束和大量脂肪细胞。

此外，还可见心瓣膜，为心内膜向心腔内折叠的部分，其表面被覆内皮，中间为致密的结缔组织。

高倍镜：浦肯野纤维位于心内膜下层，此型细胞比心肌细胞短而粗，有 1 ～ 2 个细胞核位于细胞中央，肌原纤维少，且多分布于细胞周边，故细胞质染色浅。

五、电子显微镜照片

1．连续毛细血管　可见内皮细胞、质膜小泡、紧密连接、基膜和周细胞。

2．有孔毛细血管　可见内皮细胞、内皮窗孔、窗孔隔膜、质膜小泡、基膜和周细胞。

第十一章

免疫系统

实验目的

1. 掌握胸腺、淋巴结和脾的组织结构。
2. 了解腭扁桃体的结构。

一、胸腺

【取材】幼儿胸腺

【方法与染色】HE 染色

【观察切片】

肉眼：被膜的结缔组织向实质内伸入，将实质分隔成许多的小叶。小叶的周边染色深者为皮质，中央染色浅者为髓质。相邻的小叶髓质之间彼此相连。

低倍镜（图 11-1）

1．被膜　位于胸腺表面，由薄层结缔组织构成。被膜结缔组织向实质伸入形成小叶间隔，将实质分隔成许多大小不等、不完全分隔的小叶。

2．小叶　由周边染色深的皮质和中央染色浅的髓质构成。

（1）皮质：主要由胸腺细胞和胸腺上皮细胞组成。胸腺细胞数量较多且排列紧密，染色深。胸腺上皮细胞数量较少且分散，染色浅。故皮质染色较深。

（2）髓质：由较多的胸腺上皮细胞和较少的胸腺细胞构成，故髓质染色浅。髓质内可见椭圆形或不规则形、嗜酸性的胸腺小体。

高倍镜

1．胸腺上皮细胞　皮质和髓质均可见胸腺上皮细胞，细胞核较大，呈椭圆形，染色浅，核仁清楚，细胞质着浅红色。

2．胸腺小体　呈椭圆形或不规则形，大小不等，由数层扁平的、呈同心圆排列的胸腺上皮细胞围成。胸腺小体中央的细胞已变性，细胞核消失，细胞质完全角质化，呈红色均质状，或者崩解成碎片，结构不清；胸腺小体外层的细胞染色较浅，细胞核清楚，呈新月形（图 11-2）。

二、淋巴结

【取材】人淋巴结

【方法与染色】HE 染色

【观察切片】

肉眼：淋巴结的纵断面呈椭圆形，表面覆有被膜，被膜下染色深者为皮质，中央染色浅者为髓质。在标本一侧有凹陷，为淋巴结门（有的标本未切到）。

低倍镜

1．被膜和小梁　被膜由薄层致密结缔组织构成，其内可见输入淋巴管，有的可见瓣膜。被膜向淋巴结实质伸入，形成粉红色的小梁。有的标本可见淋巴结门，其内有结缔组织、小血管和输出淋巴管的断面。

2．皮质　逐一观察各层结构（图 11-3）。

（1）浅层皮质：位于被膜下方，主要含淋巴小结和淋巴小结间弥散的淋巴组织。淋巴小结呈圆形或椭圆形，其数量因功能状态而异，由淋巴组织密集而成，着色深。有的淋巴小结中央部着色较浅，为生发中心。正中断面上的淋巴小结由内向外可区分出暗区、明区和小结帽 3 部分。

暗区：位于生发中心的内侧部。

明区：位于生发中心的外侧部。

小结帽：朝向被膜侧，呈新月形，由密集的小淋巴细胞构成，着色深。

（2）副皮质区（深层皮质）：位于皮质的深层，由弥散的淋巴组织构成。

（3）皮质淋巴窦：分为被膜下窦和小梁周窦，分布于被膜与淋巴组织之间，以及小梁与淋巴组织之间。皮质淋巴窦较窄小，结构疏松，着色浅。

3．髓质（图 11-4）

（1）髓索：淋巴组织呈条索状排列，互相吻合成网。

（2）髓质淋巴窦（髓窦）：分布于髓索与髓索之间，以及髓索与小梁之间。髓质淋巴窦较大，着色浅，容易分辨。

高倍镜

1．生发中心　位于淋巴小结的中央，着色浅。此处的细胞体积较大，细胞核大且染色质较少，着色浅。主要由大、中淋巴细胞和巨噬细胞组成。

2．毛细血管后微静脉（高内皮微静脉）　位于副皮质区内，特点是内皮细胞为立方形或矮柱状，染色浅（图 11-5）。

3．淋巴窦　窦壁由单层扁平的内皮细胞衬里，细胞核扁，细胞质少。窦腔内有星形内皮细胞、巨噬细胞及淋巴细胞。星形内皮细胞有突起，互相连接，细胞核呈卵圆形，染色浅，核仁明显。巨噬细胞呈圆形或不规则形，细胞核较小，染色较深，细胞质呈嗜酸性。

三、脾

【取材】人脾

【方法与染色】HE 染色

【观察切片】

肉眼：标本的一侧粉红色的外缘为被膜。脾实质中大部分染成紫红色的结构为红髓，其中散在分布的染成紫蓝色的点块状结构为白髓。

低倍镜：由外向内进行观察（图 11-6）。

1．被膜与小梁　被膜较厚，由致密结缔组织构成，内含平滑肌细胞，其表面覆有间皮。脾实质内可见与被膜结构相同、呈不同断面的小梁。有些小梁内可见小梁动脉和静脉。

2．白髓　主要由密集的淋巴细胞组成，故被染成紫蓝色。

（1）动脉周围淋巴鞘：是围绕在中央动脉周围的弥散淋巴组织，在切片中多为横断。

（2）脾小体：位于动脉周围淋巴鞘的一侧，与淋巴结中的淋巴小结相似。

3．边缘区　位于白髓与红髓交界处。淋巴细胞排列较白髓稀疏，但较红髓密集，除淋巴细胞外还可见较多的巨噬细胞和少量的血细胞。

4．红髓　分布于小梁、白髓和边缘区的周围，因含有丰富的血细胞，故呈红色。由脾索和脾窦构成。

（1）脾索：是脾窦之间富含血细胞的淋巴组织条索，并互相连接成网，其内含有大量的血细胞、巨噬细胞和浆细胞等。

（2）脾窦：是大小不等的不规则间隙。

高倍镜（图 11-7、图 11-8）

1．动脉周围淋巴鞘　以淋巴细胞为主，排列密集，淋巴鞘中央有中央动脉。

2．脾索　特点是淋巴组织内可见许多血细胞。巨噬细胞在镜下不易分辨。

3．脾窦　窦壁由长杆状内皮细胞围成，因其多被横断，故细胞核呈圆形且凸向窦腔。

四、扁桃体

【取材】人腭扁桃体

【方法与染色】HE 染色

【观察切片】

肉眼：标本一侧染色深者为扁桃体的表面，对侧为扁桃体的深面。

低倍镜（图 11-9）

1．上皮　为未角化的复层扁平上皮，上皮内可见少量染色深的淋巴细胞。

2．隐窝　上皮向固有层内深陷而成。隐窝深部的复层扁平上皮内可见大量淋巴细胞及少量巨噬细胞。

3．固有层　在上皮下及隐窝周围的固有层内有许多生发中心明显的淋巴小结和弥散淋巴组织。

五、电子显微镜照片

1．毛细血管后微静脉（透射电镜像）　管腔明显，内皮细胞呈立方形。可见周细胞核、穿入内皮壁的淋巴细胞和腔内的红细胞（图 11-10）。

2．脾窦（扫描电镜像）　长杆状内皮细胞沿其长轴排列形成窦壁内表面。内皮细胞间有较宽间隙。可见巨噬细胞和淋巴细胞（图 11-11）。

第十二章

皮　肤

实验目的

1．掌握皮肤各层的光学显微镜结构。
2．掌握皮肤附属器的种类和形态结构。

一、指皮

【取材】人指皮

【方法与染色】HE 染色

【观察切片】

肉眼：标本染色较深的一侧为表皮，其下方分别为真皮和皮下组织，染色较浅。

低倍镜：依次观察指皮各层结构（图 12-1）。

1．表皮　较厚，基底部凹凸不平，与真皮分界清晰。为角化的复层扁平上皮，有 5 层，从基底部到表面依次如下。

（1）基底层：位于基膜上，由一层矮柱状或立方形细胞组成，细胞核呈圆形或椭圆形，细胞质嗜碱性较强，被染成紫蓝色。

（2）棘层：由 5 ~ 10 层体积较大的多边形细胞组成，细胞核呈圆形，位于细胞中央，细胞质呈弱嗜碱性。

（3）颗粒层：由 3 ~ 5 层梭形细胞组成，细胞核和细胞器渐趋退化，细胞质内含有强嗜碱性的透明角质颗粒。

（4）透明层：由 2 ~ 3 层扁平细胞组成，细胞核和细胞器已消失，细胞质呈强嗜酸性，为透明均质状。

（5）角质层：为表皮最浅层，较厚，由多层扁平的角质细胞组成，细胞完全角化，细胞质呈嗜酸性。浅表部位的角质细胞连接松散或脱落。

2．真皮　位于表皮下方，分为乳头层和网织层，两者无明显分界。

（1）乳头层：较薄，为紧靠表皮的较致密结缔组织，局部向表皮突入形成真皮乳头，有的真皮乳头内可见触觉小体。

（2）网织层：较厚，为乳头层下方的致密结缔组织，粗大的胶原纤维束交织成网，可见血管和神经纤维束的断面。深层还可见环层小体和成团分布的汗腺分泌部的断面，汗腺导管的断面则从真皮深层到浅层，断断续续地向上延伸分布。

3．皮下组织　与真皮分界不明显，由疏松结缔组织和较多的脂肪组织构成，富含血管和神经。

高倍镜

1．表皮　基底层细胞界限不清，细胞核呈圆形，排列紧密；棘层细胞间可见许多短小的棘状突起，相邻细胞间的棘状突起镶嵌连接；颗粒层细胞的细胞质中含有大小不等、形状不一的强嗜碱性透明角质颗粒；透明层和角质层细胞界限不清，细胞内细胞核和细胞器均退化消失。

2．汗腺　为局泌汗腺，又称外泌汗腺。

（1）分泌部：位于真皮和皮下组织中，盘曲成团，腺腔小，由单层矮柱状的腺细胞围成，细胞核呈圆形，位于细胞近基底部，细胞质染色较浅。腺细胞与基膜之间可见肌上皮细胞。

（2）导管：较细，由 2 层较小的立方形细胞围成，细胞质呈嗜碱性。

二、头皮

【取材】人头皮

【方法与染色】HE 染色

【观察切片】

肉眼：标本一侧染色较深的薄层结构为表皮，可见露在表皮外的毛干；表皮深部染色较浅者为真皮和皮下组织，可见毛根。

低倍镜：依次观察头皮各层结构（图 12-2）。

1．表皮　为角化的复层扁平上皮，与指皮相比，头皮的表皮各层均较薄，透明层和颗粒层不明显。

2．真皮　乳头层不明显，可见皮肤附属器。

3．皮肤附属器

（1）毛

毛干：为毛露出在表皮之上的部分。

毛根：为毛埋在皮肤内的部分，呈长带状，染成棕黄色。

毛干和毛根均由排列规则的角化上皮细胞组成。

毛囊：为包绕在毛根外的组织，分内、外 2 层。内层为上皮根鞘，即上皮性毛囊，由上皮组织构成，与表皮深层连接；外层为结缔组织鞘，即结缔组织性毛囊，由结缔组织构成。

毛球：为毛根与毛囊下端延续融合为一体并膨大的结构。

毛乳头：为毛球底部向内凹陷，伴有结缔组织突入形成的结构，其内富含血管和神经。

毛母质：为围绕毛乳头的上皮，细胞呈立方形或柱状，细胞质内可见黑素颗粒。

（2）皮脂腺：位于毛囊与立毛肌之间的泡状腺，分泌部呈囊泡状，染色浅，导管短而粗，开口于毛囊。

（3）立毛肌：位于毛根与皮肤表面呈钝角的一侧，为一束斜行的平滑肌；一端连于真皮浅层，另一端与毛囊结缔组织鞘相连。

（4）汗腺：与指皮中所见的结构相同。

高倍镜：观察皮脂腺的结构。

1．分泌部　周边为一层较小的立方形细胞，细胞核染色浅，细胞质呈嗜碱性。分泌部越向中心，细胞体积越大，细胞质染色越浅，呈多边形，因含有的大量脂滴被溶解而呈空泡状。

2．导管部　粗短，由复层扁平上皮围成，开口于毛囊上部。

第十三章

消 化 管

实验目的

1．掌握消化管壁的基本结构。
2．掌握食管、胃、空肠和结肠的结构特点。
3．熟悉十二指肠、回肠和阑尾的结构特点。

一、食管

【取材】人食管（横断）

【方法与染色】HE染色

【观察切片】

肉眼：管腔呈星形，近管腔处深蓝色的结构为上皮，上皮外侧粉红色的结构为黏膜肌层，其外侧染色较浅的部分为黏膜下层，再向外侧可见较厚的粉红色层为肌层。

低倍镜：由内向外观察4层结构（图13-1）。

1．黏膜

（1）上皮：是管腔最内层染色深的部分，为未角化的复层扁平上皮。

（2）固有层：位于上皮外方，较薄，由致密结缔组织构成，其内可见淋巴组织、小血管及食管腺的导管。

（3）黏膜肌层：位于固有层的深层，较厚，由纵行的平滑肌束构成。

2．黏膜下层　由疏松结缔组织构成，染色浅，其内可见血管、黏膜下神经丛和黏液性的食管腺，其导管穿过黏膜肌层与固有层，开口于食管腔。

3．肌层　分为内环肌、外纵肌2层。因取材部位不同，肌组织可分为骨骼肌、平滑肌，或者二者同时存在（通过观察，能否判断出所持标本取自食管的哪一段？）。

4．外膜　为纤维膜，由疏松结缔组织构成。

二、胃

【取材】人胃底（横断）

【方法与染色】HE染色

【观察切片】

肉眼： 标本一侧的表面可见多个皱襞，此为黏膜面，另一侧平坦处为外膜。

低倍镜： 由内向外区分胃壁的 4 层结构（图 13-2）。

1．黏膜　呈紫红色。

（1）上皮：为单层柱状上皮。上皮下陷形成许多胃小凹，因切面不同可见各种断面，胃小凹底部为胃底腺的开口。

（2）固有层：可见不同断面的胃底腺。腺体之间仅有少量的结缔组织、淋巴组织和少许的平滑肌细胞。选择一个典型的纵断面的胃底腺，区分出腺体的颈部、体部和底部。

（3）黏膜肌层：为薄层平滑肌，由内环、外纵 2 层平滑肌组成。

2．黏膜下层　由结缔组织构成，其内可见较大的血管和黏膜下神经丛。

3．肌层　较厚，平滑肌细胞的走行方向不易区分。肌间神经丛位于肌层之间。

4．外膜　为浆膜，由结缔组织和间皮构成。

高倍镜： 重点观察黏膜的结构。

1．上皮　为单层柱状上皮。柱状细胞核呈椭圆形，位于细胞的基底部，顶部细胞质内充满黏原颗粒，在 HE 染色切片中着色浅，故细胞核上区呈透明状。

2．胃底腺（图 13-3）

（1）壁细胞：主要分布在腺体的颈部和体部。细胞较大，呈圆形或锥体形；细胞核呈圆形，居中，偶见双核；细胞质呈嗜酸性。

（2）主细胞：主要分布在腺体的体部和底部，数量较多。细胞呈柱状或锥体形；细胞核呈圆形，位于细胞的基底部；基底部细胞质嗜碱性较强，顶部细胞质染色浅。

（3）颈黏液细胞：分布在腺体的颈部，数量较少。细胞常呈楔形夹于其他细胞之间；细胞核呈扁平形，位于细胞的基底部；细胞质染色浅。

三、小肠

（一）空肠

【取材】人空肠（纵断）

【方法与染色】HE 染色

【观察切片】

肉眼： 标本一侧可见数个较高的突起，为小肠的环行皱襞。在皱襞表面及皱襞之间有许多细小的突起为肠绒毛。

低倍镜： 区分小肠壁的 4 层结构（图 13-4）。

1．黏膜　可见不同断面的肠绒毛。固有层的结缔组织中可见许多不同断面的肠腺，偶见孤立淋巴小结。黏膜肌层由薄层平滑肌构成。

2．黏膜下层　由结缔组织构成，含有丰富的血管和黏膜下神经丛。

3．肌层　由内环和外纵 2 层平滑肌组成。2 层平滑肌之间的淡染区可见肌间神经丛。

4．外膜　为浆膜。

高倍镜

1．肠绒毛　表面被覆有单层柱状上皮。肠绒毛中轴为固有层的结缔组织（图 13-5）。

（1）上皮：以柱状细胞为主，其游离面可见一层深粉红色的纹状缘。柱状细胞之间夹有少量的杯状细胞，杯状细胞顶部的黏原颗粒在制片时被溶解而呈空泡状。

（2）肠绒毛中轴：为固有层的结缔组织，其内有丰富的毛细血管和散在的平滑肌细胞。中央乳糜管因管腔塌陷而不易辨认。

2．小肠腺　为单管状腺，由上皮向固有层下陷形成（图 13-6）。

（1）吸收细胞和杯状细胞：结构与肠绒毛上皮细胞相同。

（2）帕内特细胞（潘氏细胞）：常三五成群位于腺基底部。细胞呈锥体形，细胞核上方的细胞质内充满粗大的嗜酸性分泌颗粒。

3．肌间神经丛　呈卵圆形，周围有结缔组织包裹。

（1）神经元：胞体较大，细胞核大而圆，染色浅，核仁大而清晰，细胞质呈弱嗜碱性。

（2）神经胶质细胞：位于神经元周围，细胞界限不清，可见染色深的细胞核。

（3）神经纤维。

（二）十二指肠

【取材】人十二指肠（纵断）

【方法与染色】HE 染色

【观察切片】

低倍镜：管壁的结构与空肠基本相同。十二指肠的绒毛高而宽，绒毛之间的间隙较窄。特点是黏膜下层中有十二指肠腺（图 13-7）。

高倍镜：十二指肠腺为黏液腺，腺细胞呈矮柱状，细胞核呈扁圆形，位于细胞基底部，细胞质染色浅。偶见腺导管开口于小肠腺的底部。

（三）回肠

【取材】人回肠（纵断）

【方法与染色】HE 染色

【观察切片】

低倍镜：管壁的结构与空肠基本相同。回肠的绒毛逐渐变为短锥体形。特点是固有层内有发达的集合淋巴小结，可穿过黏膜肌层侵入到黏膜下层（图 13-8）。

四、大肠

（一）结肠

【取材】人结肠（纵断）

【方法与染色】HE 染色

【观察切片】

肉眼：结肠壁较小肠壁厚，一侧可见几处皱襞，但无绒毛结构。

低倍镜：区分结肠壁的 4 层结构（图 13-9）。

1．黏膜

（1）上皮：为单层柱状上皮，柱状细胞之间夹有大量杯状细胞。

（2）固有层：结肠腺排列密集，可见不同断面。腺上皮内有较多杯状细胞。该层内偶见孤立淋巴小结。

（3）黏膜肌层：由内环、外纵 2 层较薄的平滑肌组成。

2．黏膜下层　由疏松结缔组织构成，内有血管、神经丛及成群的脂肪细胞。

3．肌层　由内环、外纵 2 层平滑肌组成。因该切片为纵断，故外纵肌局部增厚形成的结肠带不明显。

4．外膜　除升结肠与降结肠后壁为纤维膜外，其余各部均为浆膜。偶有间皮脱落。

（二）阑尾

【取材】人阑尾（横断）

【方法与染色】HE 染色

【观察切片】

肉眼：管腔小而不规则。

低倍镜：阑尾管壁的结构类似于结肠。特点是固有层内肠腺短而稀少。固有层中大量排列密集的集合淋巴小结突入黏膜下层，使黏膜肌层不完整（图 13-10）。

第十四章

消 化 腺

实验目的

1．了解3种唾液腺的光学显微镜结构与区别。

2．掌握胰腺的光学显微镜结构。

3．掌握肝的光学显微镜结构，以及肝血窦与胆小管的超微结构；了解肝血循环特点和胆汁排出途径。

一、腮腺

【取材】人腮腺

【方法与染色】HE染色

【观察切片】

肉眼：标本表面有薄层的被膜，腺实质被分成许多团块，即腺小叶。

低倍镜：腮腺为浆液性腺（图14-1）。被膜为薄层结缔组织。小叶内可见浆液性腺泡、脂肪细胞、闰管及纹状管。小叶之间的结缔组织内可见小叶间导管、血管及神经。

高倍镜

1．腺泡　由浆液性细胞组成，腺腔很小。腺细胞呈锥体形，细胞核呈圆形，位于细胞近基底部；基底部细胞质呈强嗜碱性，顶部细胞质中的酶原颗粒由于在制片过程中被溶解多不明显。

2．导管

（1）闰管：起始于腺泡，较长，管径细，管壁由单层扁平上皮或单层立方上皮构成。

（2）纹状管：位于腺泡之间，较发达，管径较粗，管壁为单层柱状上皮，细胞核呈卵圆形，位于细胞顶部，细胞质呈嗜酸性，细胞基底部可见垂直纵纹。

（3）小叶间导管：位于小叶间结缔组织内，管径粗，管壁由单层柱状上皮或假复层柱状上皮构成。

二、下颌下腺

【取材】人下颌下腺

【方法与染色】HE 染色

【观察切片】

肉眼：同腮腺。

低倍镜：下颌下腺为混合腺，浆液性腺泡多，黏液性腺泡和混合性腺泡少（图 14-2）。闰管短，切片中不易见到；纹状管发达。

高倍镜

1．浆液性腺泡　数量多，结构与腮腺内的腺泡相同。

2．黏液性腺泡　较少，由黏液性细胞组成，腺腔稍大；腺细胞呈锥体形，细胞核呈扁圆形，位于细胞基底部；细胞质内的黏原颗粒多于制片过程中溶解，故细胞质染色浅，呈泡沫或空泡状。

3．混合性腺泡　较少，由黏液性腺泡及附着于其一侧的数个浆液性细胞组成。浆液性细胞呈半月状排列，称浆半月。

三、舌下腺

【取材】人舌下腺

【方法与染色】HE 染色

【观察切片】

肉眼：同腮腺。

低倍镜：舌下腺为混合腺，黏液性腺泡和混合性腺泡多，浆液性腺泡少（图 14-3）。无闰管，纹状管较短。

四、胰腺

【取材】人胰腺

【方法与染色】HE 染色

【观察切片】

肉眼：同腮腺。

低倍镜：被膜为薄层结缔组织。腺实质被结缔组织分成不明显的小叶。胰腺小叶由外分泌部和内分泌部构成（图 14-4）。

1．外分泌部

（1）腺泡：为浆液性腺泡，占小叶的大部分。

（2）导管：闰管较长，位于腺泡之间。无纹状管，可见小叶内导管，管壁由单层立方上皮组成。小叶间导管位于小叶间的结缔组织内，管腔较大，管壁上皮为单层高柱状上皮。

2．内分泌部（胰岛）　分散于外分泌部之间，为大小不等的浅染球形细胞团，与外分泌部区分明显。

高倍镜（图 14-5）

1．浆液性腺泡　由浆液性细胞组成，具有典型的浆液性细胞的形态特点。腺腔中央可见泡心细胞，体积较小，界限不清，细胞核为圆形或椭圆形，细胞质少、染色浅。

2．胰岛　胰岛内的细胞种类不易区分。细胞界限不清，排列成团索状。细胞核呈圆形或椭圆形，细胞质染色浅。细胞之间有丰富的毛细血管。

五、肝

（一）人肝

【取材】人肝

【方法与染色】HE 染色

【观察切片】

肉眼：标本一侧边缘光滑，为被膜；实质中的肝小叶不明显。

低倍镜

1．被膜　为浆膜，由致密结缔组织及其表面的间皮构成。

2．肝小叶　为多边形，大小不等，小叶间的结缔组织很少，故分界不清（图 14-6）。肝小叶的中央是中央静脉；其周围呈放射状排列的细胞索为肝索；肝索相互吻合成网，肝索之间的狭窄腔隙为肝血窦。

3．门管区　为相邻肝小叶之间的结缔组织区，呈三角形或椭圆形，其内有小叶间动脉、小叶间静脉和小叶间胆管。

4．小叶下静脉　单独走行于肝小叶之间非门管区的结缔组织内，管腔比中央静脉大，管壁完整。

高倍镜

1．肝小叶

（1）中央静脉：位于肝小叶中央。管壁薄，由一层内皮细胞及少量结缔组织构成；管壁不完整，可见肝血窦的开口（图 14-7）。

（2）肝索：由单行肝细胞排列而成的条索状结构。肝细胞呈多边形；细胞核呈圆形，位于细胞中央，偶见双核，核仁清楚；细胞质呈嗜酸性，可见嗜碱性颗粒或团块。

（3）肝血窦：是位于肝索之间的不规则腔隙。窦壁由内皮细胞围成，腔内可见血细胞与肝巨噬细胞（Kupffer 细胞）。肝巨噬细胞胞体较大，呈不规则形，细胞核圆、染色深，细胞质呈嗜酸性。

2．门管区（图 14-8）

（1）小叶间动脉：管腔小而圆，管壁较厚，内皮外有少量平滑肌。

（2）小叶间静脉：管腔大而不规则，管壁较薄。

（3）小叶间胆管：管腔较小，管壁由单层立方上皮或矮柱状上皮围成，上皮细胞核呈圆形，细胞质染色浅。

（二）猪肝

【取材】猪肝

【方法与染色】HE 染色

【观察切片】

肉眼：标本一侧边缘为被膜；实质中可见界限清晰的多边形肝小叶。

低倍镜：被膜较薄，因肝小叶间结缔组织较多，故肝小叶的界限比人肝清晰（图14-9）。相邻肝小叶间可见门管区。

（三）肝糖原

【取材】鸭肝

【方法与染色】卡红 - 苏木精染色（系用卡红将肝糖原特异地染为红色）

【观察切片】

高倍镜：肝细胞呈多边形，细胞质内含有数量不等的染成紫色的颗粒，即为肝糖原（图 14-10）。

（四）胆小管

【取材】兔肝

【方法与染色】硝酸银浸染

【观察切片】

高倍镜：肝细胞呈淡黄色，界限不清。肝细胞间被染成棕黑色的细丝状结构即为胆小管，胆小管在肝索内互相连接成网（图 14-11）。

（五）肝网状纤维

【取材】人肝

【方法与染色】镀银染色

【观察切片】

高倍镜：肝小叶内的肝细胞被染成粉红色，肝细胞索与肝血窦之间（即窦周隙）可见许多被染成黑褐色的网状纤维。

（六）肝血管

【取材】兔肝

【方法与染色】卡红明胶血管注射

从兔的肝门静脉注入卡红明胶温液，当明胶充满肝内血管后，结扎肝静脉，并使肝冷却，明胶凝固后取材、固定、制作切片。

【观察切片】

低倍镜：肝内的多数血管被卡红明胶液充填而呈红色。可见肝小叶内的肝血窦互相吻合成网状，与中央静脉相连。也可见小叶间动脉、小叶间静脉与小叶下静脉。

（七）肝巨噬细胞

【取材】兔肝

【方法与染色】台盼蓝注射，HE 染色

经兔耳静脉将含 0.5% 台盼蓝的生理盐水注入兔体内，24 ～ 30 小时后取材，制作切片并染色。

【观察切片】

高倍镜：肝血窦腔内可见肝巨噬细胞，胞体呈不规则形，细胞核染色深；细胞质呈嗜酸性，其内可见大量蓝色色素颗粒，即为吞噬的台盼蓝颗粒（图 14-12）。

六、电子显微镜照片

1．肝血窦（扫描电镜像）　窦壁由一层内皮细胞围成，肝血窦内皮细胞有孔，窦腔内可见肝巨噬细胞（图 14-13）。

2．贮脂细胞（透射电镜像）　细胞形态不规则，细胞质可见许多脂滴（图 14-14）。

3．胆小管　胆小管壁的腔面可见许多肝细胞形成的微绒毛（图 14-15A）；胆小管周围的相邻肝细胞膜之间可见紧密连接（图 14-15B）。

第十五章

呼吸系统

实验目的

1. 掌握气管的光学显微镜结构和气管上皮的超微结构。
2. 掌握肺的光学显微镜结构和肺内各级支气管的结构变化规律。
3. 掌握Ⅱ型肺泡上皮细胞和气血屏障的超微结构。

一、气管

【取材】 人气管（横断）

【方法与染色】 HE 染色

【观察切片】

肉眼： 标本的凹面为气管腔面，染成紫蓝色的部分为透明软骨。

低倍镜： 管壁由内向外分为黏膜、黏膜下层和外膜 3 层（图 15-1）。

1．黏膜　由上皮和固有层构成。

（1）上皮：为假复层纤毛柱状上皮。

（2）固有层：为基膜下方的致密结缔组织。

2．黏膜下层　由疏松结缔组织构成，与固有层和外膜无明显界限，除血管、淋巴和神经外，可见混合性气管腺及其导管。

3．外膜　由“C”字形的透明软骨环和结缔组织构成。软骨环缺口处可见结缔组织、平滑肌束及气管腺。

高倍镜

1．上皮　为假复层纤毛柱状上皮。纤毛细胞呈柱状，其游离面可见排列规则的纤毛。杯状细胞位于纤毛细胞之间，形态与肠黏膜杯状细胞相同。基膜明显，呈粉红色带状。

2．固有层　由薄层的致密结缔组织构成，含有较多的弹性纤维和淋巴组织，还可见气管腺导管、血管和神经。

二、肺

【取材】 狗肺

【方法与染色】HE 染色

【观察切片】

肉眼：标本结构疏松，呈蜂窝状，一侧表面光滑，为被膜。

低倍镜：被膜即胸膜脏层，为由间皮和少量结缔组织组成的浆膜。肺实质由肺导气部和肺呼吸部组成。

1．肺导气部

（1）肺小支气管：管径最大，管壁较厚，由黏膜、黏膜下层和外膜构成（图 15-2）。

黏膜：上皮为假复层纤毛柱状上皮，含有数量不等的杯状细胞，固有层深部有不连续的平滑肌束。

黏膜下层：由疏松结缔组织构成，可见少量的混合性腺。

外膜：透明软骨呈大小不等的碎片状，结缔组织中可见支气管动、静脉的分支和神经。

（2）细支气管：管腔较小，管壁较薄，黏膜形成皱襞突向管腔，上皮逐渐变为单层纤毛柱状上皮，上皮内的杯状细胞、黏膜下层的混合性腺及外膜的软骨片明显减少乃至消失，管壁的环行平滑肌逐渐增多。

（3）终末细支气管：管腔小，黏膜皱襞更明显，上皮为单层纤毛柱状上皮，杯状细胞、混合性腺及软骨片完全消失。可见一层完整的环行平滑肌。

2．肺呼吸部（图 15-3）

（1）呼吸性细支气管：管壁结构与终末细支气管相似，但管壁上出现少量肺泡开口，因而管壁不完整。上皮为单层立方上皮，其深面有少量平滑肌。

（2）肺泡管：管壁上有大量肺泡的开口。自身的管壁结构很少，呈现为相邻肺泡开口之间的结节状膨大，表面覆有单层立方上皮或单层扁平上皮，其下有少量的平滑肌。

（3）肺泡囊：是许多肺泡共同开口而围成的囊腔，相邻肺泡开口之间无平滑肌，故无结节状膨大。

（4）肺泡：为半球形薄壁囊状结构，相邻肺泡之间的薄层结缔组织为肺泡隔。

高倍镜：肺泡壁 2 种上皮细胞不易区分。肺泡隔内有丰富的毛细血管，有时可见尘细胞。尘细胞为肺巨噬细胞，胞体较大，细胞质内含有被吞噬的棕黑色颗粒，也可见于肺泡腔内。

三、肺的弹性纤维

【取材】人肺

【方法与染色】弹性纤维染色

【观察切片】

低倍镜：在支气管管壁和肺泡隔中所见到的棕黑色的细丝状结构均为弹性纤维。

高倍镜：肺泡隔内弹性纤维交织成网，肺泡开口的周围也可见较多弹性纤维，呈环状分布。

四、电子显微镜照片

1．气管上皮表面观（扫描电镜像）　气管上皮为假复层纤毛柱状上皮，纤毛细胞表面有纤毛，刷细胞表面可见微绒毛（图 15-4）。

2．肺泡上皮（透射电镜像）　由Ⅰ型和Ⅱ型 2 种肺泡上皮细胞组成，基底部可见基膜。Ⅱ型肺泡上皮细胞游离面可见短小的微绒毛，细胞质内含有嗜锇板层小体；肺泡隔位于相邻肺泡之间，可见连续毛细血管（图 15-5）。

第十六章

泌尿系统

实验目的

1. 熟悉肾的一般结构。
2. 掌握肾单位的光学显微镜结构和滤过屏障的超微结构；熟悉集合小管的光学显微镜结构。
3. 了解输尿管和膀胱的光学显微镜结构。

一、肾

【取材】人肾

【方法与染色】HE 染色

【观察切片】

肉眼：标本呈三角形，约为一个肾叶的纵断面。较宽一侧染成深红色的部分为肾皮质，其余染色浅的部分为肾髓质。

低倍镜

1．被膜　为纤维膜，是包在肾表面的一薄层致密结缔组织。

2．皮质　位于肾实质的外周，包括皮质迷路和髓放线（图 16-1）。

（1）皮质迷路：由圆球形的肾小体及其周围的近端小管曲部和远端小管曲部构成。

（2）髓放线：位于皮质迷路之间，可见平行排列的纵切或斜切的直行小管，包括近端小管直部、远端小管直部、细段和集合管。

3．髓质　以弓形动、静脉为界区分皮质和髓质。髓质位于皮质的深层，主要由纵行的肾小管和集合小管构成。

高倍镜

1．肾小体　由血管球和肾小囊构成（图 16-2）。

（1）血管球：血管球内可见大量毛细血管的断面和一些蓝色的细胞核。这些细胞核中的一部分为血管内皮细胞的细胞核，位于血管壁上；其余为球内系膜细胞的细胞核和足细胞的细胞核，位于毛细血管之间，不易区分。

（2）肾小囊：为双层囊，包绕在血管球外的是肾小囊壁层，由单层扁平上皮构成；肾小囊脏层包绕在血管球毛细血管表面，由足细胞构成。肾小囊壁层与脏层之间的腔隙为肾小囊腔。

2．肾小管

(1) 近端小管曲部：又称近曲小管，分布在肾小体附近，数目较多。管腔小而不规则，管壁上皮细胞较大，呈锥体形或立方形，界限不清，细胞核呈圆形，位于细胞基底部，细胞质嗜酸性较强，游离面的刷状缘多被溶解、破坏，故毛糙、不齐。

(2) 远端小管曲部：又称远曲小管，分布于肾小体附近，管腔大而规则，管壁薄，管壁上皮细胞为立方形，界限较清晰，细胞核呈圆形，位于细胞中央，细胞质呈弱嗜酸性。

(3) 近端小管直部及远端小管直部：位于髓放线内和髓质的近皮质处，其结构特点分别与近曲小管和远曲小管相似。

(4) 细段：多位于髓质，管腔较小，管壁为单层扁平上皮，比毛细血管的内皮稍厚，上皮细胞的细胞核常突向管腔。

3．致密斑 可见于部分肾小体血管极附近，为远端小管靠近肾小体侧的上皮细胞形成的椭圆形斑。此处上皮细胞排列紧密，细胞呈柱状，细胞核呈椭圆形且排列密集。

4．集合小管 位于髓放线和髓质内，管腔大而规则。管壁由单层立方上皮或单层柱状上皮围成，细胞界限清晰，细胞核呈圆形，位于细胞中央，细胞质色淡而明亮（图16-3）。

二、肾内血管

【取材】兔肾

【方法与染色】卡红明胶肾动脉灌注

【观察切片】

肉眼：该标本相当于一个肾叶，锥体底部较宽、染色为浅红的部分为皮质，锥体尖端染色为深红的部分为髓质。

低倍镜：标本中呈红色的结构为血管，在皮质迷路内可见红色的球团，即肾小体的血管球（图16-4），在肾小体周围可见丰富的毛细血管网，即球后毛细血管网。皮质、髓质交界处可见几个较大的血管，为弓形动脉、静脉。在髓质内可见许多平行排列的直小血管，即直小动脉、静脉。

三、膀胱

【取材】人膀胱

【方法与染色】HE染色

【观察切片】

肉眼：标本中染色较深的一侧为黏膜，黏膜突起形成许多皱襞。

低倍镜：膀胱壁由内向外分成黏膜、肌层和外膜（图16-5）。

1．黏膜 由变移上皮和固有层构成。

2．肌层　厚，由内纵、中环和外纵 3 层平滑肌组成，肌纤维相互交错，分层不清。

3．外膜　膀胱顶部为浆膜，其余部分为纤维膜。

四、输尿管

【取材】人输尿管（横断）

【方法与染色】HE 染色

【观察切片】

肉眼：管腔小而不规则，呈星形；管壁厚。

低倍镜：管壁由内向外分 3 层（图 16-6）。

1．黏膜　形成许多皱襞突向管腔，由上皮和固有层构成。上皮为变移上皮，固有层为结缔组织。

2．肌层　为平滑肌，上 2/3 段为内纵、外环 2 层平滑肌，下 1/3 段为内纵、中环、外纵 3 层平滑肌。由于肌纤维走行方向不一致，有时不易区分层次。

3．外膜　为纤维膜，可见血管和神经。

五、电子显微镜照片

1．血管球（扫描电镜像）　盘曲的毛细血管外可见足细胞，观察其胞体、初级突起和次级突起（图 16-7）。

2．滤过屏障（透射电镜像）　由有孔内皮、基膜、足细胞的裂孔膜构成。还可见足细胞的次级突起（图 16-8）。

第十七章

内分泌系统

实验目的

1. 掌握甲状腺、肾上腺和垂体的组织结构。
2. 熟悉垂体各部的位置。

一、甲状腺

【取材】狗甲状腺

【方法与染色】HE 染色

【观察切片】

肉眼： 标本呈粉红色，其中散在有深红色颗粒，为滤泡腔内的胶质。

低倍镜： 甲状腺表面被覆被膜，被膜的结缔组织伸入腺实质，将其分成许多大小不等、界限不清的小叶。小叶内可见大小不等的滤泡。滤泡腔内有染成粉红色均质状的胶质。滤泡间有少量结缔组织和丰富的毛细血管（图 17-1）。

高倍镜（图 17-2）

1. 滤泡　滤泡壁多由单层立方上皮围成。细胞核呈圆形，位于细胞中央，细胞质呈弱嗜碱性，染色较浅。

2. 滤泡旁细胞　常成群分布于滤泡间的结缔组织内或单个散在于滤泡上皮细胞之间。细胞较大，细胞质染色浅。

二、肾上腺

【取材】人肾上腺

【方法与染色】HE 染色

此标本用含重铬酸钾的 Zenker 固定液固定，可显示髓质细胞中的嗜铬颗粒。

【观察切片】

肉眼： 标本呈三角形，周围大部分为皮质，中央为髓质。

低倍镜： 由外向内进行观察（图 17-3）。

1. 被膜　为结缔组织，包绕在腺体的表面。

2．实质

（1）皮质：位于被膜下，由外向内依次分为 3 层。

球状带：位于皮质外周，此层较薄，细胞排列成球团状。

束状带：位于球状带深部，此层最厚，细胞排列成束。

网状带：位于束状带深部，细胞排列成网状。

（2）髓质：位于肾上腺的中央，细胞排列成团索状，并相互连接成网。可见管腔较大的中央静脉或其分支。

高倍镜

1．皮质

（1）球状带：细胞层较薄，细胞呈矮柱状或多边形，细胞核小、染色深，细胞质较少，内含细小空泡（脂滴被溶解所致）。细胞团间有窦状毛细血管。

（2）束状带：是皮质中最厚的一层，细胞较大，呈多边形，核圆，细胞质呈泡沫状。细胞索之间有丰富的窦状毛细血管。

（3）网状带：细胞较小，细胞核小，染色较深，细胞质内含较多脂褐素，故染色深。

2．髓质　主要由排列成团状或索状的髓质细胞组成。

（1）嗜铬细胞：髓质细胞较大，呈多边形，细胞核呈圆或椭圆形，位于细胞中央，通过含铬盐的固定液固定标本后，可见细胞质内有许多黄褐色嗜铬颗粒，因而将髓质细胞称为嗜铬细胞。

（2）交感神经节细胞：数量少，散在分布于髓质内，其胞体较大，细胞核大而圆，染色浅，核仁明显。其周围可见小的蓝色细胞核，为神经胶质细胞的细胞核。

三、垂体

【取材】人脑垂体

【方法与染色】HE 染色

【观察切片】

肉眼：标本大致呈椭圆形，染色较深的部分为远侧部，染色较浅的部分为神经部，两者之间为中间部。

低倍镜：表面有结缔组织被膜。被膜下实质主要有 3 部分（图 17-4）。

1．远侧部　细胞密集排列成团、索状。细胞团索之间有丰富的血窦。

2．中间部　位于远侧部与神经部之间，狭长，可见少量大小不等的滤泡，滤泡腔内含有胶质。

3．神经部　染色最浅，细胞成分少，主要由无髓神经纤维和神经胶质细胞构成。

高倍镜

1．远侧部　主要由 3 种腺细胞和血窦组成（图 17-5）。

（1）嗜酸性细胞：数量较多，胞体较大，呈圆形或椭圆形，细胞质含有嗜酸性颗粒，细胞界限清晰，细胞核呈圆形。

（2）嗜碱性细胞：数量较少，胞体较大，呈椭圆形或多边形，细胞质含有嗜碱性颗粒，细胞界限清晰，细胞核呈圆形。

（3）嫌色细胞：数量最多，细胞较小，细胞质染色浅，界限不清，细胞核呈圆形。

2．中间部　滤泡上皮细胞为单层立方上皮或矮柱状上皮。滤泡腔内含粉红色胶质。滤泡间散在一些嫌色细胞和嗜碱性细胞。

3．神经部　主要由神经胶质细胞和无髓神经纤维组成。

（1）无髓神经纤维：数量多，可见不同断面，被染成淡粉色。

（2）垂体细胞：即神经胶质细胞，分布于无髓神经纤维之间，形状和大小不一，细胞质内常含有棕褐色的色素颗粒。

（3）赫林体：呈嗜酸性，为大小不等的均质状团块（图 17-6）。

第十八章

眼 与 耳

实验目的

1. 掌握眼球壁的结构层次。
2. 掌握螺旋器的光学显微镜结构。
3. 了解巩膜、脉络膜、晶状体及玻璃体的光学显微镜结构。

一、眼球

【取材】人眼球

【方法与染色】HE 染色

【观察切片】

肉眼：标本为眼球的矢状切面，辨认角膜、巩膜、虹膜、睫状体和晶状体，确认前房、后房和瞳孔的位置。

低倍镜：眼球由眼球壁和眼内容物组成（图 18-1、图 18-2）。

1．眼球壁　由外至内依次为纤维膜、血管膜和视网膜 3 层。

（1）纤维膜：主要由致密结缔组织构成。前 1/6 为角膜，后 5/6 为巩膜，两者交界处为角膜缘。

（2）血管膜：由富含血管和色素细胞的疏松结缔组织构成，从前向后依次为虹膜、睫状体和脉络膜。

（3）视网膜：位于眼球壁最内层，分为盲部与视部，盲部包括虹膜上皮和睫状体上皮，视部即视网膜。

2．眼内容物　包括房水、晶状体和玻璃体。

（1）晶状体：是虹膜后面的椭圆形体，被染成深红色。

（2）玻璃体：位于晶状体、睫状体和视网膜之间，由无色透明的胶状物质构成，制片时胶状物质已流失，故不易观察到。

高倍镜

1．角膜　可分为 5 层，从前向后依次如下。

（1）角膜上皮：为未角化的复层扁平上皮，其基部平坦，表面平整、光滑，由 5 ~ 6 层排列整齐的细胞构成，无色素细胞。

（2）前界层：为一层被染成粉红色的均质膜。

（3）角膜基质：较厚，由许多与表面平行排列的胶原纤维组成，胶原纤维之间散在少量的成纤维细胞。无血管。

（4）后界层：与前界层相似，也是一层被染成粉红色的均质膜，但更薄。

（5）角膜内皮：为单层扁平上皮。

2．巩膜　为致密结缔组织，细胞较少。

3．角膜缘　为巩膜与角膜交界的移行处。

（1）巩膜静脉窦：在角膜缘内侧的巩膜结缔组织中有内皮性管道，为巩膜静脉窦。断面上呈圆形或椭圆形小腔，窦壁衬贴扁平的上皮细胞。

（2）小梁网：在巩膜静脉窦内侧，断面呈网状。

4．虹膜　为环行的膜，自前向后分为 3 层。

（1）前缘层：为一层不连续的成纤维细胞和色素细胞。

（2）虹膜基质：较厚，为富含血管和色素细胞的疏松结缔组织。在靠近瞳孔缘的虹膜基质中有呈环行排列的平滑肌被横断，为瞳孔括约肌。

（3）虹膜上皮：由前、后 2 层细胞组成。前层细胞为肌上皮细胞，分化为瞳孔开大肌，切片上被染成粉红色，肌纤维呈放射状走行。后层为色素上皮层，细胞较大，呈立方形，细胞质内充满色素颗粒。

5．睫状体　位于虹膜基部，切片中呈三角形。由外向内分 3 层。

（1）睫状肌：为平滑肌，有环行、放射状和纵行 3 种走向。

（2）基质：为富含血管和色素细胞的结缔组织。

（3）上皮：由 2 层细胞组成。外层是色素上皮，呈棕黑色；内层是非色素上皮，呈粉红色。

6．脉络膜　血管膜的后 2/3 部分为疏松结缔组织，含有丰富的血管及大量的色素细胞，呈棕黑色。最内层为玻璃膜。

7．视网膜（图 18-3）　自外向内由 4 层细胞组成，分别是色素上皮细胞层、感光细胞（视细胞）层、双极细胞层和节细胞层。视网膜后极部有一浅黄色区域，正对视轴处，为黄斑。黄斑中央有一浅凹，称中央凹。

（1）色素上皮细胞层：位于玻璃膜内面，细胞呈立方形、排成单层，细胞内含有棕黄色色素颗粒，与脉络膜紧贴。

（2）感光细胞层：位于色素上皮细胞层的内侧，可见较厚的一层密集的细胞核，为视锥细胞和视杆细胞的细胞核，光镜下不易区分 2 种细胞。

（3）双极细胞层：位于感光细胞层的内侧，由双极细胞和水平细胞组成，细胞界限不清。细胞核排列密集，突起在光学显微镜下不易分辨。

（4）节细胞层：位于视网膜最内层，胞体较大，细胞核排列稀疏，其轴突沿眼球壁内层向眼球后极汇合成视神经。

8．晶状体　表面有透明均质的薄膜，为晶状体囊，前方为单层立方上皮组成的晶状体上皮，上皮细胞在晶状体的赤道附近变为晶状体纤维，赤道部的纤维有细胞核，靠近晶状体中心，细胞核逐渐消失不见。

二、内耳

【取材】豚鼠内耳

【方法与染色】HE 染色

【观察切片】

肉眼：在切片上找到耳蜗，可见中央粉红色的蜗轴及两侧骨蜗管的圆形横断面。

低倍镜

1．蜗轴　由松质骨构成，内有血管和蜗神经穿行。蜗轴的松质骨突入骨蜗管内形成骨螺旋板，近蜗轴处有成群的双极神经元，即螺旋神经节。

2．骨蜗管　位于蜗轴两侧，断面呈圆形或椭圆形，周围的壁均为骨质。注意分辨骨蜗管内的 3 部分：前庭阶、鼓室阶和耳蜗管（膜蜗管）。耳蜗管的断面呈三角形，其上壁为前庭膜，外侧壁为血管纹，下壁由骨螺旋板和基底膜组成。

高倍镜（图 18-4）

1．耳蜗管　分为上壁、外壁和下壁。

（1）上壁：即前庭膜，很薄，两侧覆盖单层扁平上皮，中间有少量结缔组织。

（2）外壁：即血管纹，为复层柱状上皮，上皮内可见毛细血管，其外方为螺旋韧带。

（3）下壁：由骨螺旋板和基底膜组成。基底膜含胶原纤维，其上方有由支持细胞和毛细胞组成的螺旋器。

2．螺旋器

（1）柱细胞：内柱细胞和外柱细胞并列位于基膜上，基部较宽，中部细长，彼此分离，顶部相互嵌合，围成三角形的内隧道，细胞核呈圆形，位于基部，细胞质染色深。

（2）指细胞：位于柱细胞的两侧，切片上有一个内指细胞，位于内柱细胞的内侧，有 3 ~ 4 个外指细胞，位于外柱细胞的外侧。细胞呈长柱形，轮廓不清，基部位于基膜上，上端有指状突起。

（3）毛细胞：内毛细胞位于内指细胞的上方，外毛细胞位于外指细胞的上方，毛细胞顶端可见静纤毛，细胞核圆，位于基部。

（4）盖膜：为均质状的嗜酸性胶质膜，末端游离，覆盖于螺旋器的上方。

第十九章

男性生殖系统

实验目的

1. 熟悉睾丸的一般结构。
2. 掌握生精小管和睾丸间质细胞的组织结构。
3. 了解附睾、输精管和前列腺的光学显微镜结构。

一、睾丸与附睾

【取材】人睾丸与附睾

【方法与染色】HE 染色

【观察切片】

肉眼：标本一侧较大，呈椭圆形或半圆形的部分为睾丸；另一侧较小的为附睾。

（一）睾丸

低倍镜

1．白膜和纵隔　睾丸表面被有间皮，即睾丸鞘膜脏层；下方为由致密结缔组织构成的白膜，其内侧血管较多；白膜在睾丸后缘增厚为睾丸纵隔。

2．睾丸实质　可见大量生精小管的不同断面（图 19-1）。生精小管的管径较粗，管壁较厚，由数层细胞围成。靠近睾丸纵隔处可见少量直精小管的断面。睾丸纵隔内可见睾丸网。

3．睾丸间质　生精小管之间的疏松结缔组织，可见睾丸间质细胞。

高倍镜

1．生精小管（图 19-2）　管壁由生精上皮围成，基膜明显，基膜外侧可见梭形的肌样细胞。生精上皮由支持细胞与多层生精细胞组成。由于两类细胞胞质染色均浅，故细胞轮廓不清。可根据细胞核的形态与位置区分各类细胞。

（1）生精细胞：从基膜至腔面，细胞依次排列。

精原细胞：位于基膜上。细胞较小，呈圆形或椭圆形；细胞核圆，染色较深。

初级精母细胞：位于精原细胞的近腔侧。胞体最大，呈圆形；细胞核大而圆，染色体粗细不一，交织呈丝球状。

次级精母细胞：在初级精母细胞的近腔侧，形态与初级精母细胞相似，但略小。因存在时间较短，在切片中不易见到。

精子细胞：成群聚集于近管腔面。细胞体积小，细胞核小而圆，染色较深。

精子：靠近管腔。形似蝌蚪，头部很小，呈梨形，染色很深；尾部细长，游离于腔内，多被切断。

（2）支持细胞：散在于各级生精细胞之间，细胞轮廓不清。细胞核呈三角形或不规则形，位于细胞基部，染色较浅，核仁明显。

2．睾丸间质细胞　成群分布于生精小管间的睾丸间质中。细胞呈圆形或椭圆形，细胞核圆，核仁清楚，细胞质嗜酸性较强。

（二）附睾

低倍镜

1．被膜　为一薄层结缔组织。

2．输出小管　聚集于附睾头部，管壁上皮由高柱状纤毛细胞和矮柱状无纤毛细胞相间排列而成，故腔面高低不平，基膜外有少量环行平滑肌（图 19-3）。

3．附睾管　位于附睾体和尾部，管壁为假复层柱状上皮，管腔大而规则，腔内常可见成团的精子。管壁上皮由高柱状细胞和基细胞构成，高柱状细胞游离面有静纤毛（图 19-4）。上皮基膜外有平滑肌环绕。

二、精子

【取材】人精液

【方法与染色】硫堇染色

【观察切片】

低倍镜：找到涂得较薄的地方，可见蝌蚪状精子的全貌。精子头呈椭圆形，细胞核染色深，尾部呈细线状，染色浅（图 19-5）。

三、输精管

【取材】人输精管（横断）

【方法与染色】HE 染色

【观察切片】

肉眼：管腔窄小而不规则，管壁厚。

低倍镜：管壁由内向外可分为 3 层（图 19-6）。

1．黏膜　形成皱襞突入腔内。上皮为假复层柱状上皮，固有层为薄层结缔组织。

2．肌层　发达，由内纵、中环、外纵 3 层平滑肌组成。

3．外膜　为疏松结缔组织构成的纤维膜。

四、前列腺

【取材】人前列腺

【方法与染色】HE 染色

【观察切片】

低倍镜

1．被膜及间质　被膜由结缔组织和丰富的平滑肌构成，伸入腺实质形成支架组织，即为间质。

2．腺实质　由腺泡和导管构成。腺泡大小不等，形态不一，由单层立方上皮、单层柱状上皮或假复层柱状上皮构成。腺泡腔较大，上皮和结缔组织形成许多皱襞突入腺泡腔，故腔面不规则，有的腔内可见有圆形或椭圆形的嗜酸性板层小体，即前列腺凝固体（图 19-7）。导管由单层柱状上皮或单层立方上皮构成，常不易与腺泡进行区别。

第二十章

女性生殖系统

实验目的

1. 熟悉卵巢的一般结构。
2. 掌握卵泡的光学显微镜结构及其生长、发育的结构变化；了解间质腺的光学显微镜结构。
3. 掌握子宫的光学显微镜结构。
4. 了解输卵管、乳腺的光学显微镜结构。

一、卵巢

【取材】兔卵巢

【方法与染色】HE 染色

【观察切片】

肉眼：标本为卵巢的纵断面，呈椭圆形，其周边部为皮质，中央部为髓质。

低倍镜

1. 被膜　卵巢表面覆有表面上皮，由单层扁平上皮或单层立方上皮构成；其下方是白膜，由薄层致密结缔组织构成。

2. 皮质　可见不同发育阶段的各级卵泡和结缔组织（图 20-1）。

3. 髓质　由疏松结缔组织构成，其中含有丰富的血管、淋巴管和神经。

高倍镜

1. 原始卵泡　位于白膜下方，数量多，体积小，由中央的一个初级卵母细胞和周围单层扁平的卵泡细胞组成。初级卵母细胞呈圆形，细胞核大而圆，染色浅，核仁大而明显，细胞质呈嗜酸性。

2. 初级卵泡　与原始卵泡相较体积增大。

（1）初级卵母细胞：居于卵泡中央，体积增大，表面有红色均质的透明带，周围的卵泡细胞增多。

（2）透明带：位于初级卵母细胞和最内层的卵泡细胞之间，为一层均质、折光性强、嗜酸性的膜结构。

（3）卵泡细胞：一层或多层，细胞呈立方形或柱状。

3．次级卵泡　卵泡体积进一步增大，出现下列结构。

（1）卵泡腔：卵泡细胞间出现一些大小不等的液腔，有的已融合成一个新月形的大腔，为卵泡腔，腔内可见卵泡液。

（2）卵丘：一个突入卵泡腔的丘状隆起，由初级卵母细胞、透明带及其周围部分卵泡细胞组成。

（3）放射冠：紧贴透明带的一层呈放射状排列的高柱状卵泡细胞。

（4）颗粒层：为构成卵泡壁的数层排列密集的卵泡细胞。

（5）卵泡膜：颗粒层外周的结缔组织，分内、外 2 层。内层有较多的毛细血管和膜细胞。膜细胞呈多边形，细胞核圆，细胞质较多，呈弱嗜酸性。外层血管少、细胞少、胶原纤维较多，还可见少量平滑肌。

4．成熟卵泡　体积很大，向卵巢表面突出。卵泡腔很大，颗粒层变薄。切片中不易见到。

5．闭锁卵泡　因在卵泡发育的不同阶段闭锁，以及处于闭锁过程的不同时期，故不同切片的形态差异很大。有的可见初级卵母细胞的细胞核固缩、浓染，卵泡内有大量中性粒细胞和巨噬细胞进入；有的可见卵母细胞已消失，透明带扭曲变形。

6．间质腺　在猫、兔的卵巢切片中间质腺极其发达，无典型黄体，由大量间质细胞构成。间质细胞排列成团或呈条索状，细胞较大，呈多边形，核圆，细胞质染色浅，呈空泡状。

二、输卵管

【取材】人输卵管

【方法与染色】HE 染色

【观察切片】

肉眼：管腔内可见很多皱襞，腔面染成紫蓝色的部分为黏膜，周围染成红色的部分为管壁其他部分。

低倍镜

1．黏膜　形成许多纵行、有分支的皱襞突入管腔，由上皮和固有层构成（图 20-2）。上皮为单层柱状上皮，由有纤毛的纤毛细胞和无纤毛的分泌细胞组成。固有层为薄层结缔组织。

2．肌层　由内环、外纵 2 层平滑肌构成。

3．浆膜　由间皮和疏松结缔组织构成。

三、子宫

【取材】人子宫体（增生期）

【方法与染色】HE 染色

【观察切片】

肉眼：标本上染成紫蓝色的一层为内膜，染成粉红色很厚的部分为肌层。

低倍镜：子宫壁很厚，由内至外分为内膜、肌层和外膜3层（图20-3）。

1．内膜　即子宫黏膜，由上皮和固有层构成。上皮为单层柱状上皮；固有层为较厚的结缔组织，其内可见较多的基质细胞、单管状的子宫腺及螺旋动脉。

2．肌层　较厚，由平滑肌组成，血管较丰富。

3．外膜　为浆膜，较薄。有的标本因取材表浅，可见不到外膜。

高倍镜

1．内膜

（1）上皮：为单层柱状上皮，由大量的分泌细胞和散在的纤毛细胞构成。

（2）固有层：基质细胞较多，体积较大，呈梭形或星形，细胞核呈椭圆形，细胞质着色浅；子宫腺直或略弯曲，腺腔窄且规则，无分泌物，上皮为单层柱状上皮；螺旋动脉位于子宫内膜的深部。

2．肌层　较厚，平滑肌细胞成束排列，肌束间有结缔组织分隔，肌层分界不明显。

3．浆膜　由间皮和结缔组织构成。

【取材】人子宫体（分泌期）

【方法与染色】HE染色

【观察切片】

低倍镜：与增生期子宫内膜进行对比，分泌期的子宫内膜有如下改变。

1．内膜　增厚，呈海绵状。

2．子宫腺　更加弯曲，腺腔扩大，腔内充满嗜酸性的分泌物。腺细胞增高、变大，染色较浅。

3．血管　螺旋动脉更长、更弯曲，常有连续的几个微动脉横切面。此外，还可见内膜浅层的血窦充血扩张。

四、乳腺

【取材】人乳腺（静止期）

【方法与染色】HE染色

【观察切片】

低倍镜：可见大量结缔组织和脂肪组织，其中有少量腺组织（图20-4）。

高倍镜

1．腺泡　腺泡腔小，腺泡上皮为单层立方或单层柱状上皮。

2．导管　小叶内导管与腺泡很难区分，小叶间导管和总导管管腔较大，由单层柱状上皮或复层柱状上皮组成。

【取材】人乳腺（分泌期）

【方法与染色】HE染色

【观察切片】

低倍镜：腺体发达，结缔组织少，小叶界限清晰（图 20-5）。

高倍镜

1. 腺泡　腺泡腔明显，有的腺泡腔内可见较多分泌物，腺泡上皮为单层扁平或单层立方上皮；有的腺泡腔内不含或含少量分泌物，腺泡上皮为单层柱状上皮。

2. 导管　小导管与腺泡不易区分，大导管为单层柱状上皮或复层柱状上皮。

第二十一章

胚胎学总论

实验目的

1．掌握卵裂和胚泡形成过程。
2．掌握内细胞群的演变及二胚层胚盘的形成。
3．掌握三胚层的早期分化。

一、受精至胚泡形成（第 1 周）

【观察模型】

1．受精卵　可见 1 个大的受精卵，3 个小的细胞为极体。

2．卵裂

（1）受精卵开始卵裂为 2 个卵裂球，称 2 细胞期。

（2）受精卵继续卵裂，形成 4 个卵裂球。

3．桑葚胚　受精第 3 天，卵裂球达到 12 ～ 16 个，共同组成一个实心胚，外观如桑葚，称桑葚胚。

4．胚泡　卵裂球数目增多达到 100 个左右时，细胞出现分化并重新排列。

（1）胚泡腔：细胞间出现若干小的腔隙，逐渐汇合成一个腔，称胚泡腔。

（2）滋养层：胚泡腔周围的细胞排列成单层，称滋养层。

（3）内细胞群：胚泡腔内侧的一群细胞称为内细胞群。

（4）极端滋养层：与内细胞群相连的滋养层细胞称为极端滋养层。

二、二胚层期（第 2 周）

【观察模型】

重点观察二胚层胚盘及相关结构的形成。

1．下胚层　内细胞群中朝向胚泡腔的细胞分化为一层立方形细胞，即下胚层。

2．上胚层　位于下胚层的背侧，为一层柱状细胞。

3．羊膜腔　与细胞滋养层相贴的为羊膜，羊膜的周缘与上胚层相连，羊膜与上胚层之间的腔为羊膜腔。上胚层构成羊膜腔的底。

4．卵黄囊　下胚层周缘的细胞向腹侧生长、延伸，形成由单层扁平上皮细胞围成的一个囊，即卵黄囊。下胚层构成卵黄囊的顶。

5．胚外中胚层　分为壁层和脏层 2 部分。

6．胚外体腔　胚外中胚层内形成的一个大腔。

7．体蒂　羊膜腔背侧的胚外中胚层，后移至胚体尾端，称为体蒂。

三、三胚层期（第 3 周）

【观察模型】

重点观察三胚层胚盘的形成及变化。

1．3 周初人胚　从外形可见羊膜、卵黄囊和体蒂。拿掉部分羊膜和卵黄囊后，暴露出羊膜腔底壁的胚盘，观察胚盘。

（1）背面观：可见神经板、原结、原窝（原凹）和原条。

（2）腹面观：可见内胚层。

（3）胚体正中矢状断面：可见外胚层的神经板、原结、原条；中胚层和脊索；内胚层。脊索的头端可见口咽膜；原条的尾侧可见泄殖腔膜。

2．3 周末人胚　模型显示胚盘、体蒂、胚盘边缘保留的部分羊膜和卵黄囊的壁。

（1）背面观：可见神经褶、神经沟和尾端的原条。

（2）腹面观：可见原始消化管。

（3）胚体中部横断面

外胚层：可见体表的外胚层、神经沟和神经褶。

中胚层：可见脊索两侧的体节、间介中胚层、体壁中胚层和脏壁中胚层。

内胚层。

3．三胚层胚盘　呈圆盘状，由不同颜色的外、中、内胚层紧密相贴形成。

四、体节期（第 4 周）

（一）观察模型

1．4 周初人胚　胚体呈圆柱状，神经沟两侧的神经褶已愈合形成神经管，此时前、后神经孔未闭；可见体节，腹侧出现心膨大，中肠缩小。胚体正中矢状断面可见神经管、脊索、原始消化管、口咽膜、泄殖腔膜、尿囊及心脏。

2．4 周末人胚　前、后神经孔均闭合，卵黄囊变细，口凹周围出现 3 对鳃弓，体节明显，约 25 对，心膨大明显。

（二）镜下观察

【取材】孵化 48 小时鸡胚（整装片）

【方法与染色】胭脂红染色

【观察切片】

镜下：在胚盘部分可见以下结构。

（1）体节：在胚盘中央可以很明显地看到有两排方块状的细胞团即为体节。特点是三面游离，仅外侧与周围组织相连。

（2）间介中胚层：为体节外侧一浅色窄条状结构，因此处细胞少些，故染色较浅。

（3）中胚层：在间介中胚层的外侧染成深粉色的一条结构为中胚层，其外侧淡染的一宽条结构为胚内体腔。

（4）神经管：处于两排体节之间，其管壁染色深，左右呈两深紫色条，而中央是管腔，染色浅些，在神经管的前端可看到数个膨大的脑泡及一对视泡；神经管后端尚未闭合，仍然敞开，两侧染色深处为神经褶，而中央染色浅处为神经沟。

（5）原条与原结：已退缩到胚的尾端，原结明显可见。

（6）心管：在脑泡腹侧尚可见有屈曲且膨出的心管，其尾端与左右卵黄囊静脉相连。

（7）前肠：可见于心管与神经管之间，较宽且长的囊状结构即是前肠。

（8）胚外体域部分：已发生血岛与血管，并连接成网。

五、胚胎完成期（第5～8周）

【观察模型】

胚胎完成期主要特征为胚体呈“C”字形，躯干变直，头部逐渐抬起，眼、耳、鼻、颜面逐渐形成，出现上、下肢芽，尾突渐不明显，直至消失；脐带明显；心、肝隆起明显；头颈部渐分明；外生殖器已发生，但不能分辨性别。

六、胎儿期（第9周至出生）

1．观察各月正常胎儿的实体标本，注意其外形特征的变化，包括胎儿外形、大小及所见器官的演变。

2．观察多胎、各种联体、无脑儿，以及脊髓、脊柱裂等常见先天畸形的实体标本或照片。

（1）联体：包括胸部联体、臀部联体、颅部联体和寄生胎。

（2）无脑儿：呈现特殊面容，头颅顶部只覆盖薄层脑膜，无肌肉、骨骼、皮肤和毛发覆盖。

（3）脊髓、脊柱裂：表现为脊髓或椎骨缺损，在背侧出现裂沟，体表无皮肤覆盖。

七、胎膜与胎盘

（一）胎膜

观察模型，在模型上找到胎膜：羊膜、卵黄囊、尿囊、脐带、绒毛膜。观察实体标本，注意羊膜、胎盘、脐带及胎儿之间的关系。

（二）胎盘

1．观察胎盘模型和实物标本　观察足月胎盘的形态大小及构造。胎盘呈圆盘状，中央厚、边缘薄，直径为 15 ～ 20 cm，厚 2 ～ 3 cm。胎儿面光滑，表面覆盖羊膜，中央连有脐带，透过羊膜，从脐带附着处向周围呈放射状蜿蜒走行的脐血管清晰可见。母体面粗糙，可见 15 ～ 30 个胎盘小叶及其间的胎盘隔。

2．于镜下观察胎盘结构。

【取材】成熟胎儿的胎盘

【方法与染色】HE 染色

【观察切片】

肉眼：标本的光滑面为胎盘的胎儿面，另一侧为胎盘的母体面。

低倍镜：从胎儿面开始依次可见如下结构。

（1）羊膜：覆盖胎儿面，由单层立方上皮或单层柱状上皮构成。

（2）绒毛膜板：为羊膜下方较厚的组织，其中含有较大的血管。

（3）绒毛：外周为滋养层细胞，中央为胚性结缔组织，可见 2 ～ 3 个血管断面。绒毛之间的空隙为绒毛间隙，可见血细胞。

（4）基蜕膜：覆盖胎盘的母体面，含有较多的蜕膜细胞，细胞呈多角形或椭圆形，核圆，细胞质明亮。

高倍镜：观察绒毛结构。

（1）合体滋养层：位于绒毛最外面，细胞核小，染色较深，排列疏密不均，无细胞界限。

（2）细胞滋养层：几乎都退化，难以见到。

（3）绒毛中轴组织：细胞呈梭形，胶原纤维细小，毛细血管丰富。

第二部分　病 理 学

第二十二章

细胞与组织的适应、损伤与修复

实验目的

1．掌握细胞与组织的适应，以及损伤的常见分类、概念及形态特征。
2．掌握修复的分类，肉芽组织的形态特征、作用及结局。
3．掌握病理学标本的观察方法，分析组织学改变与大体形态改变之间的联系。
4．分析临床病理联系，培养临床思维能力。

一、大体标本

1．肾压迫性萎缩（pressure atrophy of kidney）

【观察要点】萎缩是指发育正常的细胞、组织或器官体积缩小，分为生理性萎缩与病理性萎缩两类。此标本肾体积增大，切面肾盂扩张，皮质、髓质变薄，皮髓界限模糊（图 22-1）。注意结合临床分析导致该病变的病因。

2．脑萎缩（atrophy of brain）

【观察要点】此标本大脑体积呈对称性缩小，重量减轻，脑回变窄，脑沟变深、变宽（图 22-2）。常由脑动脉硬化导致，注意与其他原因导致的萎缩进行鉴别。

3．肝细胞水肿（cellular swelling of liver）

【观察要点】细胞水肿常见于缺血、缺氧、感染、中毒时的实质器官。以肝为例，肝细胞水肿可以引起器官体积增大，被膜紧张，边缘钝圆饱满，表面及切面呈暗灰色、无光泽，切面隆起，切缘外翻，形似开水煮过一般（图 22-3）。

4．肝脂肪变性（fatty degeneration of liver）

【观察要点】三酰甘油蓄积于非脂肪细胞的细胞质中称为脂肪变性。多发生于肝细胞、心肌细胞等处。此标本肝体积增大，被膜紧张，边缘钝圆饱满，表面及切面呈黄色、无光泽，切面隆起，切缘外翻，触之有油腻感（图 22-4）。

5．胸膜玻璃样变性（pleural hyaline degeneration）

【观察要点】玻璃样变性（透明变性）为一组形态学上物理性状相同，但化学成分与发生机制各异的病变。此标本为肺之一部分，可见胸膜粘连增厚、质韧、弹性下降，切面色灰白，呈毛玻璃状，为结缔组织玻璃样变性。因局部胸膜挛缩、粘连，肺体积受压迫而缩小、变实（图 22-5）。

6．脾凝固性坏死（coagulation necrosis of spleen）

【观察要点】蛋白凝固变性而酶水解作用较弱时常发生凝固性坏死，坏死区呈灰黄色，质实、干燥。此标本在脾的切面见一凝固性坏死区，色灰白，较干燥，边界清楚，并见出血带，出血经甲醛（福尔马林）固定后呈黑色（图 22-6）。

7．脑液化性坏死（liquefactive necrosis of brain）

【观察要点】坏死组织中可凝固蛋白较少，或者细胞释放大量水解酶，或者组织富含水分及磷脂，即容易发生液化。此标本脑组织切面可见一不规则带状液化坏死灶，边缘不整齐，与周围组织界限清楚，灶内坏死物已流出（图 22-7）。

8．肾干酪样坏死（caseous necrosis of kidney）

【观察要点】干酪样坏死区因脂质含量多而呈黄色，质地似奶酪。此标本肾体积明显增大，表面凸凹不平，切面见绝大部分肾实质已被破坏，被干酪样坏死占据，质地均匀、细腻，变实，色淡黄、似奶酪（图 22-8）。本病变最常见的病因为结核，偶尔也可见于梗死、肿瘤等疾病。

9．手干性坏疽（dry gangrene of finger）

【观察要点】干性坏疽好发于动脉阻塞但静脉回流尚通畅的四肢末端。此标本左手各手指自掌指关节至远端坏死，坏死区呈黑褐色，质地干燥，与周围组织界限清晰（图 22-9）。观察此标本时应注意对不同类型坏疽的鉴别。

二、切片标本

1．肾细胞水肿（cellular swelling of kidney）

【观察要点】细胞水肿早期表现为细胞器水肿，进而出现细胞肿大，胞浆疏松，严重者可发生细胞质空泡化（气球样变）。此标本病变主要位于肾近曲小管上皮细胞，细胞水肿致使管腔变小，胞浆内可见粉染的微细颗粒，管腔内也见有粉染物质存在，细胞核一般无明显改变或着色较浅（图 22-10）。

2．肝细胞脂肪变性（fatty degeneration hepatocyte）

【观察要点】光学显微镜下脂肪变性的细胞质中可出现大小不等的脂滴，大者充满细胞并将细胞核挤压至一侧，石蜡切片 HE 染色，脂滴因被有机溶剂溶解而呈空泡状。此标本肝小叶大部分肝细胞胞浆中可见大小不一的空泡，个别肝细胞胞浆中仅见一个较大空泡，细胞核被挤压至一侧，似脂肪细胞（图 22-11）。

3．肉芽组织（granulation tissue）

【观察要点】

低倍镜：此标本视野右侧为新鲜肉芽组织，由新生的薄壁毛细血管、炎细胞及成纤维细胞构成，视野左侧为相对成熟的肉芽组织，毛细血管、炎细胞及成纤维细胞成分减少，胶原纤维增多（图 22-12）。

高倍镜：可见新鲜肉芽组织，由新生薄壁毛细血管、炎细胞及成纤维细胞构成（图 22-13）。

4．脾小体中央动脉玻璃样变性（hyaline degeneration of central artery of splenic nodule）

【观察要点】细小动脉玻璃样变性又称细小动脉硬化，常见于高血压、糖尿病患者的肾、脾、脑细小动脉壁。此标本脾小体中央动脉管壁增厚，呈红染、半透明、毛玻璃状，部分血管管腔变窄（图 22-14）。病变动脉易继发扩张、破裂出血。

第二十三章

局部血液循环障碍

实验目的

1．掌握淤血的病理变化；了解出血对机体的影响。
2．掌握血栓的形态学特点、形成条件和形成过程，以及血栓对机体的影响。
3．掌握梗死的形态学特点及对机体的影响。
4．了解血栓形成、栓塞和梗死的关系。
5．分析临床病理联系，培养整合临床思维能力。

一、大体标本

1．慢性肺淤血（chronic congestion of lung）

【观察要点】慢性肺淤血多由左心衰竭引起，可见双肺体积增大，重量增加，有膨满感，被膜紧张，表面呈暗红色，切面可见泡沫状红色血性液体（图 23-1）。

2．慢性肝淤血（chronic congestion of liver）

【观察要点】肝体积增大，被膜紧张，质地变实，呈暗红色，切面呈现红（淤血区）、黄（肝脂肪变性区）相间的网状条纹，状似中药槟榔（图 23-2）。观察时注意思考肝出现槟榔样改变的原因。

3．深静脉血栓形成（deep venous thrombosis）

【观察要点】此标本为纵向剖开的下肢深静脉，管腔中可见一粗大圆柱形血栓形成，已完全阻塞血管。血栓呈暗红色、表面湿润，有一定弹性，与血管壁无粘连，与死后血凝块相似。经过一定时间后，血栓内的水分被吸收而变得干燥、无弹性，且质脆易碎，可脱落并形成栓塞（图 23-3）。观察时注意思考此种血栓的类型。

4．脾贫血性梗死（anemic infarct of spleen）

【观察要点】脾切面左侧可见一梗死灶，颜色灰白，呈三角形，尖端指向脾门，底部接近脾表面，界限清楚，梗死灶与正常组织交界处可见一暗红色充血出血反应带（图 23-4）。观察时注意思考梗死区的形状特点及成因。

5．肾贫血性梗死（anemic infarct of kidney）

【观察要点】肾切面可见一处灰白色梗死灶，呈锥形，尖端指向肾门，底部靠近肾表面，边界清晰，周边可见一褐色充血出血反应带（图 23-5）。

6．肺出血性梗死（hemorrhagic infarct of lung）

【观察要点】此标本为肺的一部分，切面的一端可见一处呈楔形的暗红色梗死灶，略向表面隆起，尖端朝向肺门部，底部紧靠胸膜。梗死灶质地变实，与周围分界明显，且交界处可见充血、水肿及出血。近梗死灶的尖端处见有一横断的小血管，管腔内有一血栓阻塞管腔（图 23-6）。观察时思考肺出血性梗死发生的条件及原因。

7．脑出血（hemorrhage of brain）

【观察要点】此标本为大脑的冠状切面，一侧脑组织内囊处可见一较大出血灶，呈深褐色，形状不规则，与周围界限清晰。出血灶周围的脑组织受压、水肿、坏死，可见淤点状出血性软化带。出血侧半球肿胀，如血肿较大，可引起脑组织和脑室移位、变形或脑疝形成。出血区常发生在内囊（图 23-7）。

二、切片标本

1．慢性肺淤血（chronic congestion of lung）

【观察要点】可见肺泡壁毛细血管扩张充血，纤维组织轻度增生致肺泡壁增厚。肺泡腔内有少量浆液及红细胞，并有大量巨噬细胞（图 23-8）；高倍镜下可见巨噬细胞胞浆内含大量黄褐色或棕褐色颗粒，即为含铁血黄素颗粒，此种细胞被称为心衰细胞（图 23-9）。

2．慢性肝淤血（chronic congestion of liver）

【观察要点】肝小叶中央静脉和周围肝窦均可见明显扩张充血、出血，呈暗红色。肝小叶中央部的肝细胞有萎缩、变性，甚至坏死、消失等改变，而肝小叶周边区的肝细胞常只发生脂肪变性（图 23-10）。

3．白色血栓（white thrombus）

【观察要点】此切片为白色血栓的纵切面，可见血栓附着于瓣膜上，呈球形，附着部已开始发生机化（图 23-11）。高倍镜可见血栓内有血小板团块或小梁，为均匀粉染的细颗粒样物质。在血小板团块或小梁之间分布有少量纤维蛋白，呈网状结构（图 23-12）。

4．混合血栓（mixed thrombus）

【观察要点】此切片为血管横断面，管腔内可见红色小梁状条纹和粉染区交织的血栓，血栓内可见干裂，再通（图 23-13）。高倍镜下可见血栓由粉红色的血小板粘集而成的小梁及小梁间的纤维蛋白网，并网罗大量红细胞和少量白细胞构成。故肉眼观察为红、白相间的颜色（图 23-14）。

三、家兔空气栓塞试验

【目的】通过空气栓塞试验，进一步熟悉空气栓子的运行途径，理解栓塞的机制及其对机体的危害。

【方法】经家兔耳缘静脉注射 10 ~ 20 ml 空气，观察家兔的呼吸频率、末梢组织颜色、瞳孔大小及猝死前的表现等，并做死后解剖，观察家兔心肺的肉眼改变，最后讨论空气栓塞的部位及致死机制。

四、临床病理讨论

【病例摘要】

孙某，男性，24 岁，建筑工人。

现病史：早年于工地施工中，不慎左脚被钉子刺伤。当时局部感染、化脓，下肢红肿，约 2 周后逐渐恢复，此后左小腿又有数次疼痛和肿胀。2 个月前，小腿再次疼痛、肿胀，并伴发冷、发热，昨日开始咳嗽、咳痰，今晨痰中带少量血液，无胸痛。

查体：除发现左小腿肿胀外，未见其他明显异常。3 月 20 日午后，患者在由卫生间回病房的途中大叫一声倒在地上，医务人员赶到时见患者四肢痉挛、颜面青紫、口吐白沫、瞳孔散大。患者抢救无效，于当日午后死亡。

临床诊断：猝死，死因不明。

解剖记录摘要：身长 174 cm，体重 60.5 kg，左下肢肿胀，膝关节以下显著，左脚面有一外伤愈合的小瘢痕。剖开左腿见左股动脉及其分支无明显异常改变。左股静脉大部分变粗、变硬，自腘窝上至卵圆孔的一段静脉完全被凝固的血液成分堵塞，该血液凝固物长 40 cm，与血管壁连接的比较紧密，大部分呈暗红色，表面粗糙，质较脆，余处呈灰白色（机化）。镜下主要见红色血栓结构，即在纤维素网内充满大量红细胞。有少数为混合血栓结构，可见少量血小板梁，靠血管壁处已开始发生机化。

肺动脉主干及两大分支内可见凝血块样团块堵塞，该团块呈暗红色、无光泽，表面较粗糙，质脆，与肺动脉无粘连。镜下见大部分团块由纤维素网及红细胞构成，其间可见少量血小板梁。左肺较小的动脉分支内亦有上述的凝血块样物质堵塞，镜下结构相似，但靠近血管壁处已有成纤维细胞和毛细血管向凝血块样物质内长入（开始机化）。

【讨论题】

1．左股静脉内有什么病变？该病变是怎样形成的？为什么股动脉无此病变？

2．各级肺动脉内血凝块样物质是什么？

3．左肺较小动脉内凝血块样物质已开始机化说明什么？为什么没有发生相应部位的肺梗死？

4．以上各病变间有何联系？

5．患者的死亡原因是什么？

第二十四章

炎　症

实验目的

1．掌握炎症的基本病理特点、急性炎症和慢性炎症的分类及特点。
2．掌握炎症的结局。
3．掌握化脓性阑尾炎和纤维蛋白性胸膜炎的镜下特点。
4．掌握化脓性阑尾炎、绒毛心、肝脓肿、化脓性脑膜炎的大体特点。
5．分析临床病理联系，培养临床思维能力。

一、大体标本

1．皮肤浆液性炎（serous inflammation of skin）

【观察要点】浆液性炎以浆液渗出为主，渗出的液体主要来自血浆，含有 3% ~ 5% 的蛋白质，以及少量中性粒细胞和纤维素。浆液性炎主要发生于黏膜、浆膜、滑膜、皮肤和疏松结缔组织。此标本可见皮肤的表面有多处散在的疱疹，内含浆液，有的已破溃、浆液已流出，有的干枯皱缩（图 24-1）。

2．纤维蛋白性心包炎（fibrinous pericarditis）

【观察要点】纤维蛋白性炎（纤维素性炎）以纤维蛋白原渗出为主，进一步形成纤维蛋白，即纤维素，主要发生于黏膜、浆膜和肺。

此标本为心脏浆膜发生的纤维蛋白性炎，心包壁层已被剖开，暴露出壁层及脏层，在其表面有呈灰白色的绒毛状物附着，即称“绒毛心（cor villosum）”（图 24-2）。观察标本时注意分析此类绒毛为何物，以及是如何形成的。

3．结肠纤维蛋白性炎（假膜性结肠炎，pseudomembranous colitis）

【观察要点】此标本显示的是发生在肠道黏膜的纤维蛋白性炎。标本所示为已剖开的一段结肠，暴露肠黏膜，见整个肠壁增厚，肠黏膜失去正常结构，黏膜粗糙，几乎整个黏膜表面被覆有灰黄色糠皮样物，称为假膜或伪膜，假膜（伪膜）脱落可形成溃疡，偶见出血点（图 24-3）。另一种假膜性炎常见于白喉，但由于局部的结构不同，发生在咽部的白喉形成的假膜牢固附着于深部组织不易脱落，发生在支气管的白喉与黏膜结合松散，容易脱落，脱落后易堵塞支气管而引起窒息。注意分析假膜为何物组成，以及是如何形成的。

4．细菌性肝脓肿（pyogenic liver abscess）

【观察要点】细菌性肝脓肿是化脓性炎的一种。化脓性炎是以中性粒细胞渗出为主，同时伴有不同程度的组织坏死和脓液形成。脓肿是器官或组织内的局限性化脓性炎，主要由金黄色葡萄球菌引起，该菌可产生毒素使局部组织坏死，继而导致大量中性粒细胞浸润，中性粒细胞坏死后形成脓细胞，并释放蛋白溶解酶使坏死组织液化形成含有脓液的空腔，炎症与周围组织界限清晰。

此标本在肝切面可见数个大小不等的脓肿腔，其中的脓性渗出物已流出，有处脓肿壁不整齐，与周围组织分界不清，标本的下角有两个圆形脓肿腔，其壁较厚（图 24-4）。

5．脑脓肿（abscess of brain）

【观察要点】在脑白质中可见一处 3 cm × 3 cm 的脓肿，可见较厚的脓肿壁，脓性渗出物已流出，留有一个不规则的空腔（图 24-5）。

6．化脓性阑尾炎（suppurative appendicitis）

【观察要点】阑尾炎分为急性和慢性两种，急性阑尾炎又可分为急性单纯性阑尾炎、急性蜂窝织炎性阑尾炎和急性坏疽性阑尾炎。急性蜂窝织炎性阑尾炎也称为急性化脓性阑尾炎。蜂窝织炎是指疏松结缔组织的弥漫性化脓性炎，常发生于皮肤、肌肉和阑尾。蜂窝织炎常由溶血性链球菌引起，该菌分泌的透明质酸酶能降解疏松结缔组织中的透明质酸，分泌的链激酶能溶解纤维素，炎症弥漫浸润到组织各层，与周围界限不清晰。

此图显示手术切除的阑尾变粗，表面粗糙，失去光泽，并附有污白色脓性渗出物，有处呈灰褐色（图 24-6）。如剖开阑尾，可见整个阑尾壁增厚，黏膜有出血，腔内充有脓性渗出物。注意分析阑尾穿孔的原因及对机体的影响。

7．化脓性脑膜炎（purulent meningitis）

【观察要点】化脓性脑膜炎归为化脓性炎中的表面化脓和积脓。发生于黏膜或浆膜表面的化脓性炎称为表面化脓，黏膜的化脓性炎又称为脓性卡他。此标本可见大脑的蛛网膜下腔血管明显扩张充血，沿脑沟方向血管的两侧有黄白色脓性渗出物（图 24-7）。

二、切片标本

1．肝脓肿（liver abscess）

【观察要点】肝组织中可见一个局限性化脓性病灶，病灶处肝组织已坏死消失，代之以大量的中性粒细胞及脓细胞，早期无脓肿壁形成，病灶周围的肝细胞有萎缩的改变，并有炎细胞浸润，迁延较久的脓肿病灶周围有结缔组织增生，形成肉芽组织包裹，其周围肝细胞索受压而发生萎缩（图 24-8）。

2．急性蜂窝织炎性阑尾炎（acute phlegmonous appendicitis）

【观察要点】阑尾壁分为黏膜层、黏膜下层、肌层和浆膜层。切片可见阑尾各层均有明显渗出和充血、高度水肿和弥漫性嗜中性粒细胞浸润，阑尾腔内积有脓性渗出物，黏膜层及黏膜下层有不同程度的坏死，坏死物脱落形成溃疡，浆膜及阑尾系膜同样有炎性渗出物（图 24-9）。

3．子宫颈息肉（cervical polyp）

【观察要点】此标本显示子宫颈息肉表面有柱状上皮覆盖，其内有扩张的宫颈腺体，其腺上皮细胞呈柱状，间质疏松、水肿，血管较丰富，并有明显的炎性细胞浸润（图 24-10）。

4．结核结节（tubercle）

【观察要点】结核病的典型病变特点是增生性改变，形成结核性肉芽肿，即结核结节。此切片为肺粟粒性结核，低倍镜下正常肺结构消失，取而代之的是结核结节（图 24-11）。高倍镜下结核结节多为圆形或椭圆形，边界清晰，中央为少量的干酪样坏死，周围为上皮样细胞（也称类上皮细胞）及朗汉斯巨细胞，周边区或有较多淋巴细胞和成纤维细胞（图 24-12）。

上皮样细胞：体积大，呈椭圆形，胞浆丰富，边界不清，细胞核呈圆形或卵圆形，着色浅，有时可呈空泡状。

郎汉斯巨细胞：体积很大，胞浆丰富，多细胞核排列于胞浆周边部，呈花环或马蹄铁形。

5．纤维蛋白性胸膜炎（fibrinous pleurisy）

【观察要点】此切片胸膜有显著的增厚（图 24-13），其表面有纤维蛋白性渗出物，肺组织有压迫性萎缩改变（图 24-14）。

第二十五章

肿　瘤

实验目的

1. 掌握肿瘤相关的基本概念，肿瘤的播散特性。
2. 熟悉常见肿瘤的类型、好发部位、形态结构特点和生物学特性。
3. 分析临床病理联系，培养临床思维能力。

一、大体标本

1. 乳头状瘤（papilloma）

【观察要点】乳头状瘤是上皮组织的良性肿瘤，常发生于鳞状上皮和尿路上皮被覆的部位。乳头状瘤呈外生性向体表和腔面生长，形成指状或乳头状突起，也可呈菜花状或绒毛状，肿瘤的根部有蒂与正常组织相连。此标本所示为阴道的乳头状瘤（图 25-1）。

2. 肠壁息肉状腺瘤（polypoid adenoma of intestinal）

【观察要点】腺瘤是腺上皮的良性肿瘤，多发生于结肠和直肠黏膜，常呈息肉状。此标本所示在肠黏膜表面可见多处突出于黏膜的椭圆形肿物，肿物与肠黏膜颜色相似，表面平滑，与黏膜间有蒂相连（图 25-2）。

3. 卵巢黏液性囊腺瘤（mucinous cystadenoma of ovary）

【观察要点】此标本为卵巢上一肿物，正常卵巢组织已消失不见，肿瘤呈巨大椭圆形，表面灰白色、有光泽，具有明显的由结缔组织构成的被膜，与四周分界清晰，切面可见多数大小不等的囊腔，腔之间也有结缔组织相隔，腔内含有半透明黏液（图 25-3）。

4. 阴茎癌（carcinoma of penis）

【观察要点】上皮组织来源的恶性肿瘤称为癌，如标本所示，在阴茎龟头处可见呈灰白色、菜花状生长的癌组织，龟头正常组织已消失，切面见灰白色的癌组织向深部呈浸润性生长，故与正常组织分界不清，无包膜，有处可见出血和坏死（图 25-4）。

5. 溃疡型胃癌（gastric cancer，ulcerative type）

【观察要点】为进展期胃癌的一种类型，注意和良性溃疡的鉴别。如标本所示，胃已沿胃大弯纵行剖开，在近幽门处有一直径约为 2 cm 的溃疡，呈火山口状，伴有出血（图 25-5）。

6．脂肪瘤（lipoma）

【观察要点】脂肪瘤主要发生于成年人，是最常见的良性软组织肿瘤。脂肪瘤好发于背、肩、颈部及四肢近端皮下组织。外观可呈球形或分叶状，有被膜，质地柔软，切面呈黄色，似正常的脂肪组织。直径通常为数厘米，也可达数十厘米，可单发，也可多发。如标本所示，肿瘤呈分叶状、淡黄色，单发，有明显的被膜，切面淡黄（图 25-6）。

7．结肠腺癌（adenocarcinoma of colon）

【观察要点】腺癌是腺上皮的恶性肿瘤。腺癌多发生于胃肠道、肺、乳腺、女性生殖系统等。此标本为结肠的一段，其一端被癌组织占据，形状不规则，表面有溃疡，边界不清，颜色灰白，正常组织亦有不同程度损坏（图 25-7）。

8．纤维瘤（fibroma）

【观察要点】纤维瘤是来源于纤维结缔组织的良性肿瘤。常见于四肢及躯干的皮下，肿瘤呈结节状，四周有明显的被膜，与周围界限清晰，切面呈灰白色，可见有呈编织状的条纹，质地韧硬，坏死不明显（图 25-8）。

9．肝海绵状血管瘤（hepatic cavernous hemangioma）

【观察要点】脉管瘤分为血管瘤和淋巴管瘤，以血管瘤最为常见，多为先天性，常见于儿童头、面部皮肤，而内脏血管瘤以肝血管瘤最为多见。血管瘤又分为毛细血管瘤、海绵状血管瘤及混合型血管瘤等类型。

此标本所示为肝内的海绵状血管瘤，见肝切面近边缘处有约 10 cm × 15 cm 的黑褐色肿瘤，无被膜，与周围组织分界不清（图 25-9）。

10．子宫平滑肌瘤（leiomyoma of the uterus）

【观察要点】平滑肌瘤最多见于子宫，其次是胃肠道和支气管壁。子宫平滑肌瘤多发生于子宫肌层，一部分可位于浆膜下，一部分可位于黏膜下，脱垂于子宫腔或子宫颈口。肌瘤小者仅镜下可见，大者直径可超过 30 cm，可单发，也可多发。

此标本即为切除之子宫，其体积明显增大。切面见子宫肌层有多个圆形肿物，分别位于黏膜下、肌层及浆膜下，光滑，无包膜，与四周组织分界非常清晰，色灰白，质韧，并见有呈编织状的条纹，子宫平滑肌及子宫腔有受压现象（图 25-10）。

11．纤维肉瘤（fibrosarcoma）

【观察要点】纤维肉瘤是纤维组织的恶性肿瘤，多见于四肢皮下组织，肿瘤无包膜，呈浸润性生长。此标本为皮下纤维肉瘤，于皮下见有大约 6 cm × 8 cm × 6 cm 的肿物，切面为鱼肉样，细腻、湿润，并有坏死、出血，与周围组织分界不清（图 25-11）。

12．骨肉瘤（osteosarcoma）

【观察要点】骨肉瘤是最常见的骨恶性肿瘤，多见于青少年，好发于四肢长骨干骺端，尤其是股骨下端和胫骨上端。切面呈灰白色、鱼肉状，出血、坏死多见，肿瘤破坏骨皮质，两端的骨皮质与掀起的骨外膜之间形成三角形隆起，构成 X 线检查所见的 Codman 三角，其间堆积由骨外膜产生的新生骨。由于骨外膜被掀起，在骨外膜和骨皮质之间形成与骨表面垂直的放射状反应性新生骨小梁，在 X 线中表现为日光放射状阴影。

如标本所示，在股骨的上端，骨干正常结构被破坏，腔内充满了瘤组织，瘤组织向下浸润生长，导致部分骨骺线被破坏，并破坏骨皮质。肿瘤与周围分界不清，中间出现明显坏死（图 25-12）。

13．恶性黑色素瘤（malignant melanoma）

【观察要点】恶性黑色素瘤多见于皮肤和黏膜，偶见于内脏，大多数发生于 30 岁以上的成年人。皮肤恶性黑色素瘤多由交界痣发展而来。此标本为皮肤的黑色素瘤，可见皮肤有一处黑色的肿瘤区域，呈不规则片状（图 25-13）。

14．畸胎瘤（teratoma）

【观察要点】畸胎瘤是来源于性腺或胚胎剩件中全能细胞的肿瘤，多含有两个或两个以上胚层的多种组织成分，可分为成熟畸胎瘤（又称为良性畸胎瘤）和不成熟畸胎瘤（又称为恶性畸胎瘤）。

此标本为切除的卵巢标本，成熟畸胎瘤位于卵巢上，含有不同胚层来源的分化成熟组织。肿瘤为球形、呈囊状，表面光滑，切面为囊腔，腔内有由皮脂腺分泌的黄色脂类物质，质软，触之有油腻感，还可见牙齿（图 25-14）。

15．多形性胶质母细胞瘤（glioblastoma multiforme）

【观察要点】多形性胶质母细胞瘤是高度恶性的星形胶质细胞瘤，多见于 40 ～ 60 岁的人群，术后复发率高。肿瘤主要位于大脑半球的白质内，常侵犯额叶、颞叶白质，浸润范围广，常可穿过胼胝体到对侧，呈蝴蝶状生长。

此标本于大脑冠状切面右上方白质内有一瘤组织，与周围脑组织分界模糊，瘤组织内有散在的出血点及坏死区（图 25-15）。

16．肺转移癌（lung metastasis）

【观察要点】此标本为子宫平滑肌肉瘤通过血道转移到肺，标本之切面可见多个散在的、边界清晰的、大小不等的圆形瘤结节，呈灰白色，有的结节有出血（图 25-16）。

二、切片标本

1．乳头状瘤（papilloma）

【观察要点】肿瘤呈分枝乳头状生长，乳头表面为增生的瘤细胞，肿瘤细胞分化成熟，与正常鳞状上皮相似，构成肿瘤的实质；乳头的中心为纤维组织及血管，构成肿瘤的间质（图 25-17）。高倍镜下可见肿瘤细胞的层次和结构与正常鳞状上皮相似，间质中有淋巴细胞浸润（图 25-18）。

2．鳞状细胞癌（squamous cell carcinoma）

【观察要点】在低倍镜下（图 25-19），癌细胞分化不成熟，向深部浸润形成不规则的团块或条索状癌巢，癌巢内可见粉红色、呈同心圆状排列的角化珠。在高倍镜下（图 25-20），癌细胞大小、形态不一致，大多呈圆形或椭圆形，核膜清晰，核浆比例增大，染色质清楚，可见病理性核分裂象，间质内可见淋巴细胞和浆细胞浸润。此标本为高分化鳞状细胞癌，预后较好。

3．原位癌（carcinoma in situ）

【观察要点】切片为子宫颈组织，癌变累及黏膜上皮全层，癌细胞大小不等，深染，排列紊乱，可见细胞核分裂，但基底膜完整，未侵及黏膜下层（图 25-21）。

4．结肠腺癌（adenocarcinoma of colon）

【观察要点】低倍镜下可看到肠壁失去正常的结构，癌细胞排列呈腺管状，腺体形状不规则，可见共壁现象，有的腺腔呈条索状或巢状排列（图 25-22）。在高倍镜下，癌细胞多呈立方形或柱状，细胞大小不等，可见较多的核分裂象（图 25-23），间质为结缔组织，癌细胞向深部浸润性生长，已侵及黏膜下层及肌层。

5．乳腺纤维腺瘤（fibroadenoma of breast）

【观察要点】瘤组织由增生的乳腺腺管及增生纤维组织构成，腺腔大小不等、排列不规则。纤维组织明显增生，有处呈团块状或息肉状向腺管内突入，使腺腔受压变形，形成分枝裂隙状（图 25-24）。

6．纤维瘤（fibroma）

【观察要点】瘤细胞分化较为成熟，与正常的纤维细胞相似，多呈梭形，细胞核狭长，一般不见核分裂象，细胞排列紊乱、纵横交替，间质内胶原可发生玻璃样变性（图 25-25、图 25-26）。

7．霍奇金病（Hodgkin’s disease，又名何杰金病）

【观察要点】淋巴结的正常结构被破坏而消失，被瘤细胞代替。瘤细胞主要由淋巴样细胞和网状细胞组成，其中有较多的单核 Reed-Sternberg 细胞（简称 R-S 细胞），这种细胞体积较大，胞浆丰富，细胞核大、呈空泡状，核膜厚，染色质沿核膜堆积，细胞核中央有一个大而圆的核仁，核仁周围有一圈透亮区。典型的 R-S 细胞为双核细胞，两个相向的细胞核彼此相对，犹如镜影，故称“镜影细胞”，是诊断霍奇金病的必要依据（图 25-27）。

8．淋巴结转移癌（lymph node metastasis）

【观察要点】淋巴结结构已被破坏，代之以团块或条索状的癌组织，部分癌组织呈腺体样结构（图 25-28）。

第二十六章

循环系统疾病

实验目的

1. 掌握动脉粥样硬化的病理变化及结局。
2. 掌握高血压相关疾病的基本特点及其对心、脑、肾的影响。
3. 掌握风湿病的基本病变特点和风湿性心内膜炎的病理变化。
4. 熟悉感染性心内膜炎的病变特点。
5. 分析临床病理联系，培养临床思维能力。

一、大体标本

1．主动脉粥样硬化（atherosclerosis of aorta）

【观察要点】左侧为纵向剖开的胸主动脉，于内膜表面可见多个细长的脂纹，呈亮黄色；还可见散在的纤维斑块，斑块呈浅黄或黄白色，大小不一，形状不规则，略隆起于内膜表面。右侧可见内膜表面布满灰黄色粥样斑块，部分斑块破溃形成溃疡，有些溃疡面已被附壁血栓覆盖（图 26-1）。观察标本时思考这些变化与组织学改变的关系及对机体的影响。

2．心肌梗死（myocardial infarction）

【观察要点】此标本中心室间隔被切开，可见心壁内有广泛分布的梗死灶，颜色棕黄，呈不规则地图状，大小不一，与周围组织交界处可见深褐色充血出血带，并且梗死区心壁变薄（图 26-2）。

3．风湿性心内膜炎（rheumatic endocarditis）

【观察要点】病变主要累及二尖瓣闭锁缘，也可使二尖瓣和主动脉瓣同时受累。标本中受累瓣膜肿胀，闭锁缘上可见单行排列的疣状赘生物，直径为 1 ~ 2 mm，呈灰白色半透明状，附着牢固，不易脱落。病变后期，瓣膜增厚、变硬、短缩，腱索增粗，可形成慢性心瓣膜病（图 26-3）。

4．二尖瓣狭窄及关闭不全（mitral stenosis and insufficiency）

【观察要点】此标本经心房侧观察二尖瓣的改变，二尖瓣膜纤维性增厚、硬化、无光泽、无弹性，联合处相互粘连，导致二尖瓣口明显狭窄，呈鱼口状或裂隙状。正常二尖瓣口面积约为 5 cm^2，狭窄时可缩小到 1.0 ~ 2.0 cm^2，狭窄严重时可达 0.5 cm^2。此外，由于瓣叶缩短变形、边缘不整，当心室收缩时，二尖瓣不能完全关闭，导致二尖瓣关闭不全（图 26-4）。

5．亚急性细菌性心内膜炎（subacute bacterial endocarditis）

【观察要点】本病常在风湿性心脏病的基础上，因合并草绿色链球菌感染而发生，好发部位亦在二尖瓣上。可见瓣膜增厚并部分遭破坏，其上有较大的黄白色赘生物，呈息肉状或菜花状，表面粗糙，凹凸不平，质地松脆，易破碎、脱落。受累瓣膜变形，可导致溃疡和穿孔（图 26-5）。

6．高血压心脏病（hypertensive heart disease）

【观察要点】此标本来自高血压患者，可见心脏体积增大，左心室肌壁明显增厚，可达 1.5 ~ 2.0 cm（正常≤ 1.0 cm）。乳头肌及肉柱、腱索等组织结构明显增粗、变大，心腔扩张不明显，称为向心性肥大（图 26-6）。观察时思考长期高血压时心脏出现以上变化的原因。

7．原发性颗粒性固缩肾（primary granular atrophy of the kidney）

【观察要点】肾体积明显缩小，质地变硬，表面凹凸不平，呈细颗粒状，颜色暗红，单侧肾可小于 100 g（正常成年人约为 150 g），称为“原发性颗粒性固缩肾（细动脉硬化肾）”。切面可见肾皮质变薄（厚度≤ 0.2 cm，正常厚度为 0.3 ~ 0.6 cm）。皮质、髓质分界不清，肾盂和肾周围脂肪组织增多，叶间动脉及弓形动脉切口呈哆开状（图 26-7）。

二、切片标本

1．主动脉粥样硬化——粥样斑块（atherosclerosis of aorta，atheromatous plaque）

【观察要点】低倍镜可见主动脉内膜局部增厚，呈半月形向管腔内突出，增厚的内膜表面纤维结缔组织增生，并有玻璃样变性，此为纤维帽。纤维帽下可见粉染无定形结构的坏死物质，其中散在胆固醇结晶，呈菱形或针形裂隙，系制作切片时胆固醇被乙醇、二甲苯等溶剂溶解后留下的空隙，中膜受压萎缩变薄（图 26-8）。在高倍镜下，内膜深层可见大量泡沫细胞，细胞质丰富，并可见蓝紫色钙盐颗粒和少量淋巴细胞（图 26-9）。

2．风湿性心肌炎（rheumatic myocarditis）

【观察要点】在心肌间质小血管附近可见特征性的肉芽肿性病变，即风湿小体，又名阿绍夫小体（aschoff body），主要由聚集于纤维素样坏死灶内的风湿细胞及少量浸润的淋巴细胞和浆细胞构成（图 26-10）。高倍镜下可见风湿细胞体积大，为圆形、椭圆形或多角形的单核或多核巨细胞，胞浆丰富，略呈嗜碱性。细胞核大，呈空泡状，有时可见核仁，周围有透亮区，核膜清楚，核染色质常集于中心，呈细丝状向核膜伸出，在横切面上似猫头鹰的眼睛，称枭眼状；纵切面上呈毛虫状（图 26-11）。

三、临床病理讨论

【病例摘要】

谢某，女性，28 岁，某村农民，近日因心悸、气促 7 个月，下肢水肿 20 余天入院。患者于 7 个月前步行山路或过劳时即感心悸、气促，经休息后症状逐渐消失，尚能从事轻度家务劳动。23 天前因受寒，咽痛、发热 3 天后，心悸、气促加剧，同时双下肢踝部水肿，尿量明显减少，右上腹部胀痛，食欲缺乏，恶心，不能平卧，随即入院治疗。

既往史：10 年前常有咽痛，有时伴发热，曾出现 6 ～ 7 次关节痛，服用多种抗风湿药后缓解。

查体：体温、血压正常，呼吸 25 次 / 分，脉搏 92 次 / 分，脉律不齐，端坐呼吸，呈慢性病面容，神志清醒。四肢指（趾）及口唇发绀。两侧扁桃体肿大，颈静脉怒张。心浊音界向两侧扩大，心率 110 次 / 分，心律不齐，心尖部可闻及雷鸣样舒张期杂音及粗糙吹风样收缩期杂音，肺动脉瓣区第二心音亢进，双肺散在干啰音，肺底少量水泡音，肝右叶于肋缘下 4 cm、剑突下 6 cm 可触及，轻度压痛。脾未触及，膝反射正常。尿常规示尿蛋白（+），红细胞镜检 1 ～ 2 个 / 高倍视野，透明管型 1 ～ 2 个 / 低倍视野。

【讨论题】

1．患者的初步临床诊断是什么?

2．试分析患者出现以上症状及临床表现的机制和原因。

第二十七章

呼吸系统疾病

实验目的

1．掌握大叶性肺炎和小叶性肺炎的病理学特点。
2．掌握慢性阻塞性肺疾病及慢性肺源性心脏病的病变特点。
3．掌握肺癌的病变特征。
4．熟悉硅沉着病的镜下病理特点。
5．分析临床病理联系，培养临床思维能力。

一、大体标本

1．大叶性肺炎——灰色肝样变期（lobar pneumonia，gray hepatization）

【观察要点】标本取自灰色肝样变期，切面见右肺中叶和下叶肿大、变实，与上叶分界明显，呈灰白色、颗粒状，干燥，质实如肝，脏层胸膜有少许纤维素并发生机化粘连（图 27-1）。

2．小叶性肺炎（lobular pneumonia）

【观察要点】肺表面可见散在、呈灶状分布的灰黄色实变病灶，病灶形状不规则、大小不一，直径多为 0.5 ～ 1 cm，中央常可见病变细支气管的横断面，中叶有处融合成大片，但一般不累及胸膜（图 27-2）。观察时注意区别大叶性肺炎和小叶性肺炎大体所见的不同点。

3．肺脓肿（lung abscess）

【观察要点】肺尖部切面可见一较大脓肿灶，脓腔内脓液已流出，腔壁不规则，与周围界限清晰，周围肺组织变实，可见纤维化。另有一处稍小脓肿灶位于中叶，灶内见黄色脓性渗出物（图 27-3）。

4．肺气肿（emphysema）

【观察要点】此标本为部分肺组织，可见肺组织显著膨大，边缘钝圆，呈灰白色，质地柔软但缺乏弹性，指压后压痕不易消退，切面质地疏松，似海绵状。边缘可见有若干较大囊泡，呈半透明状，直径大于 2 cm，称为“肺大疱”（图 27-4）。

5．支气管扩张（bronchiectasis）

【观察要点】在肺切面上可见多个支气管管壁增厚，呈灰白色，管腔呈囊状或筒状扩张，程度不一，有些连续延伸至胸膜下，并可见叶间胸膜增厚。扩张的管腔内可见黏液脓性或血性渗出物（图 27-5）。观察时注意思考患者可能出现的临床表现。

6. 肺源性心脏病（cor pulmonale）

【观察要点】心脏体积明显增大，以右心室为甚，重量增加，可达 850 g 。切面可见右心室前壁肺动脉圆锥显著膨隆，腱索、乳头肌和肉柱显著增粗，室上嵴增厚。心室腔扩大，扩大的右心室占据心尖部，外观钝圆。通常以肺动脉瓣下 2 cm 处右心室前壁肌层厚度超过 5 mm（正常为 3 ～ 4 mm）作为诊断肺源性心脏病的病理形态标准（图 27-6）。

7. 中央型肺癌（lung carcinoma，central type）

【观察要点】中央型肺癌最为常见，占肺癌总数的 60% ～ 70%，发生于主支气管或叶支气管。标本切面于肺门处可见一巨大灰白色肿物，与周围组织界限清晰，无包膜。周边支气管壁被癌组织侵袭、破坏，使管腔狭窄或闭塞。肺门淋巴结肿大，已与肿块融合（图 27-7）。

8. 周围型肺癌（lung carcinoma，peripheral type）

【观察要点】周围型肺癌起源于肺段或其远端支气管。本例在肺尖周边靠近肺膜部可见一巨大结节状肿块，颜色灰白，直径通常为 2 ～ 8 cm，与周围肺组织界限清晰，无包膜，质地较实，与支气管的关系不明显。该型占肺癌总数的 30% ～ 40%，发生淋巴结转移常较中央型晚，但可侵犯胸膜（图 27-8）。

9. 弥漫型肺癌（lung carcinoma，diffuse type）

【观察要点】本型肺癌起源于末梢肺组织，沿肺泡管及肺泡弥漫性浸润生长，切面可见多个大小不等的癌结节，色灰白，散布于全肺各处，部分癌结节已相互融合，彼此边界不清，易与肺转移癌混淆（图 27-9）。

二、切片标本

1. 大叶性肺炎（lobar pneumonia）

（1）红色肝样变期（red hepatization）

【观察要点】肺泡间隔内毛细血管仍处于扩张充血状态，肺泡腔内充满大量红细胞及粉染纤维素，其间夹杂少量中性粒细胞和巨噬细胞（图 27-10）。

（2）灰色肝样变期（gray hepatization）

【观察要点】低倍镜下可见肺泡壁变窄，壁内毛细血管受压出现狭窄或闭塞。肺泡腔内充满大量中性粒细胞及巨噬细胞（图 27-11）。在高倍镜下，肺泡腔内可见大量粉红色细丝状纤维素，并见其穿越肺泡间孔现象，局部可见部分中性粒细胞崩解，纤维素已溶解消失（图 27-12）。

2. 小叶性肺炎（lobular pneumonia）

【观察要点】低倍镜下可见一处以细支气管为中心的灶状病变，细支气管管壁受到破坏，残留管腔及周围肺组织内可见大量炎性或脓性渗出物。病灶周围可见部分肺泡呈代偿性扩张，部分肺泡腔内充满大量水肿液及炎性渗出物（图 27-13）。在高倍镜下，受累残留的细支气管管腔内可见大量脓性渗出物，包括坏死脱落的上皮细胞、中性粒细胞、脓细胞，并伴有一些巨噬细胞、红细胞、纤维蛋白等（图 27-14）。

3．间质性肺炎（interstitial pneumonia）

【观察要点】病变主要分布于小支气管周围、血管周围、小叶间和肺泡间隔的结缔组织内，可见小血管明显扩张充血、间质水肿，并伴有淋巴细胞、巨噬细胞及少量中性粒细胞浸润，导致肺泡壁明显增厚，肺泡腔内一般无渗出物或仅有少量浆液。严重时，肺泡腔内可出现由浆液、少量纤维素、红细胞及巨噬细胞混合而成的渗出物，甚至可见肺组织的坏死物（图 27-15）。

4．硅沉着病（silicosis）

【观察要点】硅沉着病的基本病变是硅结节的形成，按其发展过程可分为细胞性结节、纤维性结节及玻璃样结节。切片正中圆形结节即为硅结节，边界清晰，其内可见玻璃样变性的胶原纤维呈同心圆或旋涡状排列，似洋葱的切面。结节内有棕黑色炭末沉着，周边可见少量成纤维细胞及淋巴细胞（图 27-16）。

5．支气管扩张（bronchiectasis）

【观察要点】此切片为支气管的横断面，可见支气管壁明显增厚，黏膜上皮增生、水肿，有时可见鳞状上皮化生，一处可见糜烂及小溃疡形成，上皮脱落，有处增生呈乳头状。黏膜下血管扩张充血，有淋巴细胞、浆细胞或中性粒细胞浸润，管壁腺体、平滑肌、弹力纤维和软骨受到不同程度破坏，萎缩或消失，代之以肉芽组织或纤维组织增生（图 27-17）。

6．肺脓肿（lung abscess）

【观察要点】切片标本为肺脓肿区，肺组织已受到严重破坏，结构不清，其中有大量脓细胞及坏死组织，并可见部分红细胞。残留的肺泡腔中有大量粉染浆液，间质中小血管扩张充血，并有大量炎细胞浸润（图 27-18）。

三、临床病理讨论

【病例摘要】

田某，男性，26 岁，出租车司机。

主诉：发热、寒战，右胸痛 4 天，咳铁锈色痰 2 天入院。

现病史：患者于 5 天前外出，受寒，过劳，次日感到全身不适，发热，寒战，右上胸痛。曾去诊所服用解热镇痛剂及磺胺类药物，未见明显好转。入院前两天患者症状加重，咳嗽，咳少量铁锈色痰。近来食欲缺乏，便秘，尿液也黄赤而量少。

既往史：一向健康。

查体：体温 39 ℃，呼吸 30 次 / 分，脉搏 104 次 / 分，血压 116/80 mmHg，急性热病面容，神志清楚，唇两侧有疱疹，咽轻度充血。右上胸呼吸运动稍受限，右侧第 4 肋前部触觉语颤增强，叩诊呈浊音，可闻及湿啰音。心界正常，心率 104 次 / 分。腹部平坦，无压痛，肝脾未触及。

血常规：白细胞计数 25×10^9/L，中性粒细胞比例 0.90，嗜酸性粒细胞比例 0.10，淋巴细胞比例 0.18。

X 线胸透：右上肺大片密度均匀的致密阴影。

【讨论题】

1．患者的初步临床诊断是什么？

2．如何解释患者的症状、体征及临床表现？

第二十八章

消化系统疾病

实验目的

1．掌握慢性胃炎、胃溃疡、病毒性肝炎和肝硬化的基本病理特点。
2．掌握食管癌、胃癌、大肠癌、肝癌的病理特点。
3．了解慢性胃炎与胃溃疡的发病机制，以及消化系统肿瘤的病因。
4．掌握慢性萎缩性胃炎、胃溃疡、溃疡型胃癌、肝硬化的大体特点。
5．掌握胃溃疡和门脉性肝硬化的镜下特点。
6．分析临床病理联系，培养临床思维能力。

一、大体标本

1．慢性胃溃疡（chronic gastric ulcer）

【观察要点】此为切除的部分胃，沿胃大弯纵行剖开，上为贲门侧，下为幽门侧，两端为胃大弯，中间为胃小弯。胃溃疡多位于胃小弯近幽门侧，尤多见于胃窦部，溃疡多为一个，呈圆形或椭圆形，直径多在 2 cm 以内。溃疡边缘整齐、状如刀割，底部平坦、洁净，通常可穿过黏膜肌层，深达肌层甚至浆膜层。切面贲门侧呈潜掘状，幽门侧呈阶梯状。溃疡周围黏膜向溃疡中心聚集（图 28-1）。

2．门脉性肝硬化（portal cirrhosis）

【观察要点】肝硬化早期体积正常或稍增大，重量增加，质地正常或稍硬。晚期肝硬化如此标本所示，肝体积缩小，质地变硬，表面凹凸不平，小结节弥漫分布，大小不等，但较均匀（最大者不超过 0.5 cm），切面见有同等大小及分布均匀的小结节，周围绕以灰白色的、较窄的结缔组织带，每个小结节界限均清晰（图 28-2）。

3．食管静脉曲张（esophageal varices）

【观察要点】食管静脉曲张多见于门脉性肝硬化，此标本可见食管下段及部分胃底黏膜面，食管黏膜纵行皱襞部分消失，黏膜下静脉曲张（图 28-3）。

4．食管癌——溃疡型（carcinoma of esophagus，ulcerative type）

【观察要点】食管癌是食管黏膜上皮或腺体发生的恶性肿瘤。食管癌好发于食管的三个生理狭窄处，以中段最为多见，其次为下段，上段最少。

早期食管癌无明显临床症状，病变局限，多为原位癌或黏膜内癌，无论是否存在淋巴结转移，均未侵犯肌层。

中晚期食管癌临床表现为进行性吞咽困难，根据肉眼型态可分为髓质型、蕈伞型、溃疡型和缩窄型，其中髓质型最多见。此标本所示为溃疡型食管癌，肿瘤位于食管下段，食管壁已被癌组织侵蚀破坏，癌组织表面坏死脱落，形成溃疡，并有出血（图28-4）。

5．结肠癌（carcinoma of colon）

【观察要点】大肠癌包括结肠癌和直肠癌，临床上患者多有贫血、消瘦、排便次数增多、排黏液血便、腹痛、腹部包块或肠梗阻等表现。好发部位以直肠最多见，大体分为隆起型、溃疡型、浸润型和胶样型。

此标本右侧为正常结肠黏膜，左侧肠壁有一大肿物向肠壁深部侵入，波及浆膜，呈灰白色。肿物边缘尚清晰，其中央有一不规则形的较深溃疡，溃疡边缘呈围堤状隆起于黏膜面，溃疡处有褐色出血坏死区（图 28-5）。

6．胃癌（gastric cancer）

【观察要点】胃癌分早期胃癌和中晚期胃癌（进展期胃癌）。早期胃癌指癌组织浸润仅限于黏膜层或黏膜下层，无论有无淋巴结转移。早期胃癌的癌组织直径小于 0.5 cm 称为微小癌，直径 0.6 ～ 1.0 cm 称为小胃癌。内镜检查时，在癌变处钳取活检确诊为癌，但手术切除标本经节段性连续切片检查均未发现癌，称为一点癌。早期胃癌可分为隆起型、表浅型和凹陷型。中晚期胃癌指癌组织浸润超过黏膜下层的胃癌，肉眼型态可分为息肉型、溃疡型和浸润型。

此标本为溃疡型胃癌，溃疡位于胃小弯近幽门处，胃表面黏膜消失，可见溃疡及褐色出血坏死区，直径约为 10 cm，切面呈灰白色，癌组织已侵及浆膜层（图 28-6）。

7．原发性肝癌——结节融合巨块型（primary carcinoma of liver，nodular and massive type）

【观察要点】原发性肝癌是肝细胞或肝内胆管上皮细胞发生的恶性肿瘤。小肝癌型（早期肝癌）指单个癌结节最大直径小于 3 cm 或两个癌结节合计最大直径小于 3 cm 的原发性肝癌。进展期肝癌分为多结节型、弥漫型和巨块型。

本标本显示肝体积略缩小，表面凹凸不平，表面及切面均可见多个大小不等、形态不规则的癌结节，直径数毫米至数厘米，呈黄绿色，与周围界限尚清晰（图 28-7）。

8．原发性肝癌——弥漫型（primary carcinoma of liver，diffuse type）

【观察要点】癌组织弥漫于肝内，结节不明显，常发生在肝硬化的基础上，形态易与肝硬化混淆（图 28-8）。

9．原发性肝癌——巨块型（primary carcinoma of liver，massive type）

【观察要点】肝切面有一个 10 cm × 8 cm 的实体性肿物，位于肝被膜下，向表面隆起，表面凹凸不平。肿物界限较清晰，多处呈灰白色，周围肝组织正常（图 28-9）。

二、切片标本

1．胃溃疡（gastric ulcer）

【观察要点】溃疡处黏膜已被完全破坏，贲门侧呈潜掘状，幽门侧呈阶梯状，溃疡两侧的胃壁组织较完整，其中可见黏液样水肿及炎细胞浸润（图 28-10）。

溃疡底部由内向外可分为以下 4 层（图 28-11）：

（1）渗出层：为最表面的一薄层炎性渗出物，其中主要成分为纤维蛋白及中性白细胞。

（2）坏死层：为坏死的胃壁组织层，嗜伊红染色。

（3）肉芽组织层：由成纤维细胞、新生的毛细血管及炎细胞构成。

（4）瘢痕组织层：肉芽组织逐渐成熟为瘢痕组织。

2．门脉性肝硬化（portal cirrhosis）

【观察要点】低倍镜下可见正常的肝小叶结构均已被破坏，被许多大小不等的肝细胞团取代，肝细胞团由致密的纤维组织包绕，被分割成大小不等的岛屿状结构，称假小叶（图 28-12）。在高倍镜下，假小叶中肝细胞索排列紊乱，失去正常的放射状排列，中央静脉有缺如、增多或偏位，肝细胞呈气球样变或坏死，假小叶周围有广泛的结缔组织增生，其中可见淋巴细胞浸润及新生的小胆管（图 28-13）。天狼猩红染色显示周围结缔组织呈猩红色（图 28-14），Masson 染色显示周围结缔组织呈蓝色（图 28-15）。

3．肝细胞癌——低分化（hepatocellular carcinoma，poorly differentiated）

【观察要点】此标本镜下可见大小不等的癌细胞团，其间可见扩张的血窦样结构，有的癌细胞团中心有坏死，癌细胞分化较低，细胞核大小不太一致，形状不一，深染，可见核分裂现象（图 28-16）。

4．肝细胞癌——高分化（hepatocellular carcinoma，well differentiated）

【观察要点】癌细胞与肝细胞相似，呈多角形，胞浆丰富，富含嗜酸性颗粒状，核大、深染，大小不等，易见核分裂。癌细胞呈小梁状或巢状排列，内见血窦样结构，有的癌细胞间充满了胆汁形成的胆栓（图 28-17）。

5．慢性胆囊炎（chronic cholecystitis）

【观察要点】黏膜皱襞增厚，黏膜腺体明显增生，间质中有较多淋巴细胞、浆细胞、单核细胞浸润。肌层肥厚，外膜纤维组织增生，有较明显的血管扩张充血及慢性炎细胞浸润（图 28-18）。

三、临床病理讨论

【病例摘要】

李某，女性，56 岁，出租车司机，以“上腹反复疼痛，反酸、嗳气 4 年，近 1 个月体重明显下降”为主诉入院。

现病史：病始于 4 年前春，因饮食不规律出现上腹部烧灼样疼痛，伴反酸、嗳气，以后常因疲劳、心情不畅、受寒、气候转变而发作。每年多于冬、春季犯病。10 天前因劳累、上述症状复发来院就诊，且近 1 个月体重下降 20 斤。

既往史：无其他疾病。

查体：体温、脉搏、呼吸、血压均正常，发育正常，营养中等，神志清楚，心肺无异常。腹软，剑突下稍偏左有局限性压痛。无反跳痛，肝、脾、胆囊未触及。四肢及神经反射正常 。

实验室检查

（1）胃镜检查：胃小弯处黏膜颜色苍白，表面出血坏死，有一直径约 1.5 cm 的浅溃疡，钳取后送病理诊断。

（2）光学显微镜下形态特点见图 28-19。

（3）免疫组织化学染色检查结果：CK（+）；CK7（+）；CK20（–）；CDX-2（+）；villin（+）；Ki-67（+）；P53（+）。

（4）粪便隐血试验（+）。

（5）B 超显示双侧卵巢增大，大小为 5.2 cm，内有占位性病变，双输卵管系膜囊肿，最大直径为 1.4 cm。

【讨论题】

1．该病例的初步诊断是什么？给出诊断依据。

2．分析胃部病变与卵巢病变的联系。

第二十九章

泌尿系统疾病

实验目的

1．掌握急性肾小球肾炎和慢性肾小球肾炎的病理变化。
2．掌握急、慢性肾盂肾炎的大体及镜下特点。
3．熟悉肾细胞癌和膀胱尿路上皮癌的大体特点。
4．分析临床病理联系，培养临床思维能力。

一、大体标本

1．急性弥漫性增生性肾小球肾炎（acute diffuse proliferative glomerulonephritis）

【观察要点】可见双侧肾体积明显增大，被膜紧张，表面光滑，肾充血，颜色暗红，故有“大红肾”之称。有的肾表面有散在粟粒大小的出血点，又称“蚤咬肾”。切面见皮质增厚，纹理不清，皮、髓质分界尚清晰，可见散在出血点（图 29-1）。

2．慢性硬化性肾小球肾炎（chronic sclerosing glomerulonephritis）

【观察要点】双侧肾体积明显缩小，质地变硬，表面呈弥漫性细颗粒状，大小较为一致，称为继发性颗粒性固缩肾。切面可见肾皮质明显萎缩变薄，皮、髓质分界不清，肾盂周围脂肪组织增多。也可见小动脉壁硬化、增厚，动脉切口哆开（图 29-2）。

3．急性肾盂肾炎（acute pyelonephritis）

【观察要点】肾充血，体积增大，表面及切面均有散在、稍隆起的黄白色脓肿灶，周围见紫红色充血带。切面肾髓质内见黄色条纹，并向皮质延伸。肾盂黏膜充血水肿，表面有脓性渗出物，并可见出血点。有处可见多个病灶已相互融合，形成较大脓肿（图 29-3）。

4．慢性肾盂肾炎（chronic pyelonephritis）

【观察要点】常非对称起病，一侧或双侧肾体积缩小，质地变硬，表面凹凸不平，有深浅不一的凹陷性瘢痕。切面见皮质明显变薄，皮、髓质分界不清，肾乳头萎缩，肾盏和肾盂因瘢痕收缩而变形，肾盂黏膜粗糙、增厚（图 29-4）。

5．肾细胞癌（renal cell carcinoma）

【观察要点】肾细胞癌多见于肾上、下两极，上极更为常见。此标本上极可见多个大小不等的圆形实性肿物，切面呈黄色或灰白色，伴灶状出血、坏死、软化或钙化等改变，表现为红、黄、灰、白等多种颜色相交错的多彩特征。肿瘤界限清晰，可见有假包膜形成。(图 29-5)。

6．膀胱尿路上皮癌（bladder urothelial carcinoma）

【观察要点】好发于膀胱侧壁和膀胱三角区近输尿管开口处。此标本可见膀胱壁明显增厚，腔的大部已被肿瘤组织占据。瘤体呈乳头状或息肉状，色灰白，质地松脆，向膀胱壁肌层浸润性生长（图 29-6）。

二、切片标本

1．急性弥漫性增生性肾小球肾炎（acute diffuse proliferative glomerulonephritis）

【观察要点】低倍镜可见肾小球体积普遍增大，血管球内细胞数量明显增多，肾小球几乎充满整个肾小囊，导致囊腔狭窄，近曲小管上皮水肿，管腔内可见管型。间质内可见血管扩张充血、水肿以及炎细胞浸润（图 29-7）。在高倍镜下，毛细血管丛内皮细胞和系膜细胞弥漫性增生，内皮细胞水肿，致使管腔变窄或闭锁，可见中性粒细胞和巨噬细胞浸润，并伴有肾小球囊内浆液和纤维蛋白渗出。严重处血管壁发生纤维素样坏死，局部出血。近曲小管上皮细胞水肿，管腔内可见多种管型（图 29-8）。观察时思考镜下改变与患者临床表现的联系。

2．急进性肾小球肾炎（rapidly progressive glomerulonephritis）

【观察要点】此型肾炎的主要变现为肾小球囊内有新月体形成。可见病变的肾小球体积增大，肾小囊壁层上皮细胞向球囊内高度增生，与渗出的巨噬细胞形成多层结构的新月体，其中可见中性粒细胞和淋巴细胞浸润。新月体使肾小球囊腔变窄甚至闭塞，并压迫毛细血管丛。肾小管上皮细胞可有水肿、玻璃样变性，部分上皮细胞萎缩甚至消失。肾间质水肿，炎细胞浸润，病变后期新月体可发生纤维化（图 29-9）。

3．慢性硬化性肾小球肾炎（chronic sclerosing glomerulonephritis）

【观察要点】部分肾小球发生纤维化、玻璃样变性和硬化。肾小管萎缩或消失、间质纤维化，致使肾小球聚集靠拢，称“肾小球集中现象”。部分肾小球代偿性肥大，所属肾小管扩张，腔内可出现各种管型。间质中纤维结缔组织增生并伴有淋巴细胞及浆细胞浸润（图 29-10）。

4．急性肾盂肾炎（acute pyelonephritis）

【观察要点】切片为急性肾盂肾炎的病灶区，肾小管及周围间质水肿，并有大量中性粒细胞浸润，血管明显扩张充血。肾小管管腔内可见大量中性粒细胞或脓细胞集聚，部分肾小管上皮变性、坏死，结构被破坏（图 29-11）。

5．慢性肾盂肾炎（chronic pyelonephritis）

【观察要点】肾小球周围呈同心圆状纤维化，部分肾小球血管丛也出现纤维化，完全玻璃样变性与肾小球囊粘连。肾小管大面积萎缩，部分肾小管管腔扩张，上皮细胞变扁平，腔内充满均质红染的胶样管型，形似甲状腺滤泡，此现象称为甲状腺样外观。间质纤维组织增生，有淋巴细胞及浆细胞浸润（图 29-12）。

三、临床病理讨论

【病例摘要】

吴某，男性，30 岁，农民。

现病史：因间断性双下肢水肿 30 天入院。30 天前，患者无明显诱因出现双下肢水肿，午后加重，休息后减轻。无胸闷、心悸，无恶心、呕吐、食欲缺乏等。自觉尿液颜色发黄，尿量减少，每日约 600 ml，无肉眼血尿。发病 3 天后在当地医院查尿常规示：尿蛋白（3+），尿潜血（2+）。按“肾小球肾炎”给予激素治疗，并给予利尿、消炎等治疗，患者尿量增多，水肿较前明显减轻，但复查尿蛋白仍为（2+ ～ 3+）。住院 9 天，患者出院后在家中仍按上述方案治疗 6 天，双下肢水肿再次出现。于当地医院进行实验室检查，人血白蛋白 31.8 g/L，尿蛋白（3+），尿潜血（±），镜检颗粒管型（+），为进一步治疗入住我院。

自发病以来，患者无发热、咳嗽、咳痰；无咯血、盗汗；无尿急、尿频、尿痛；自觉腰部酸痛，左侧稍重，不剧烈；每日排便 1 次。

既往史：发现血压增高 2 年，最高达 140/100 mmHg，未用药治疗。

家族史：家族中无遗传性、传染性及同类疾病患者。

体格检查：体温 36.7 ℃，脉搏 84 次 / 分，呼吸 18 次 / 分，血压 130/80 mmHg。发育正常，营养中等，神清语利，查体合作。双眼睑无水肿，结膜无充血及苍白，巩膜无黄染。咽部稍充血，扁桃体不大。两肺呼吸音清，未闻及干、湿啰音。心界不大，心率 84 次 / 分，律齐，各瓣膜听诊区未闻及杂音。腹平软，肝脾未触及，双侧输尿管走行区无压痛，左肾区有轻微叩击痛，双踝部指凹性水肿。

【讨论题】

1．患者可以初步诊断为哪种疾病？

2．为进一步明确诊断，还可以做哪些检查？

3．分析患者双下肢水肿、腰痛的原因。

4．试分析患者少尿、血尿、蛋白尿及管型尿的成因。

5．试描述患者肾大体及肾组织标本镜下的可能改变。

第三十章

生殖系统和乳腺疾病

实验目的

1．掌握女性生殖系统常见疾病的形态特征。
2．掌握乳腺疾病的形态特征。
3．鉴别葡萄胎、侵蚀性葡萄胎与绒毛膜癌。
4．分析临床病理联系，培养临床思维能力。

一、大体标本

1．宫颈癌（cervical cancer）

【**观察要点**】宫颈癌肉眼观分为糜烂型、外生菜花型、内生浸润型与溃疡型4型。此标本为溃疡型，宫颈近外口处可见一巨大不规则溃疡，癌组织向周围宫颈平滑肌层浸润（图30-1）。注意区分不同类型宫颈癌大体表现的形态特点。

2．子宫平滑肌瘤（leiomyoma of the uterus）

【**观察要点**】本病为女性生殖系统最常见的肿瘤，可单发或多发，多位于肌层，也可分布于浆膜下或黏膜下。此标本子宫肌层可见一巨大单发肿瘤，呈膨胀式生长，边界清晰，无包膜，切面呈灰白色，可见编织状条纹（图30-2）。

3．葡萄胎（hydatidiform mole）

（1）完全性葡萄胎

【**观察要点**】此标本所有胎盘绒毛均增大、水肿，呈透明或半透明的薄壁水泡状，有蒂相连，形似葡萄（图30-3）。

（2）部分性水泡状胎块

【**观察要点**】此标本部分胎盘绒毛肿胀，呈薄壁半透明葡萄状，其余胎盘绒毛无明显病变，子宫腔内可见早期胚胎发育（图30-4）。

4．绒毛膜癌（choriocarcinoma）

【**观察要点**】此标本子宫体积增大，子宫内可见一巨大肿物侵及子宫壁，表面凹凸不平，质脆，并有出血及坏死（甲醛固定后呈灰黑色）（图30-5）。本病和葡萄胎一样，除子宫外，在异位妊娠部位亦可发病。

5．畸胎瘤（teratoma）

【观察要点】畸胎瘤常由 2 ～ 3 个胚层组织构成，分为成熟畸胎瘤与未成熟畸胎瘤两类。此标本为成熟畸胎瘤，呈囊样，囊壁表面附有毛发，囊腔充满皮脂腺分泌的膏状皮脂，有时还可见来源于不同胚层的其他分化成熟组织（图 30-6）。

6．乳腺癌（breast cancer）

【观察要点】好发于乳腺外上象限，此标本为乳腺浸润性导管癌，约占乳腺癌的 70%，可见乳头内陷，乳头周围皮肤呈橘皮样外观，标本上部剥离皮肤及皮下软组织，暴露出的灰白色组织即为乳腺癌组织，质地硬韧，呈浸润性生长（图 30-7）。如癌组织刺破皮肤，可形成溃疡。

二、切片标本

1．宫颈癌（cervical cancer）

【观察要点】此标本为宫颈鳞状细胞癌，好发于移行带，宫颈上皮全层可见异型性明显的鳞癌细胞，部分癌组织呈巢状突破基膜向固有膜内浸润（图中“↑”处），浸润深度小于 5 mm 且浸润宽度小于 7 mm，属于早期浸润癌（图 30-8）。

2．葡萄胎（hydatidiform mole）

【观察要点】在光学显微镜下，葡萄胎具有 3 个特点：绒毛肿大，间质高度水肿；绒毛间质内血管消失，或者为无功能的血管；绒毛周边部滋养细胞增生并有轻度异型性（图 30-9）。滋养层细胞增生为本病最重要特征。

3．绒毛膜癌（choriocarcinoma）

【观察要点】绒毛膜癌没有肿瘤间质成分，呈浸润式生长，常导致周围组织出血、坏死。癌细胞可呈两种形态：一种形似合体滋养层细胞，体积大，形态不一，胞浆嗜酸，细胞核深染；另一种形似细胞滋养层细胞，细胞质较丰富，细胞核呈空泡状，核仁明显。镜下与侵蚀性葡萄胎的主要区别为：绒毛膜癌不形成绒毛和水泡状胎块结构（图 30-10）。

4．乳腺癌（breast cancer）

【观察要点】浸润性导管癌的镜下组织学形态多样，癌细胞排列成巢状、条索状或伴少量腺样结构，间质结缔组织增生，与癌细胞比例各不相同。此标本癌细胞呈条索状排列，癌细胞异型性明显，可见病理性核分裂象，间质中有大量致密结缔组织增生（图 30-11），体积占比超过癌细胞。

三、临床病理讨论

【病例摘要】

女性，40 岁，G_2P_2，平日月经规律，经期 5 ～ 6 天。半年前曾因葡萄胎行清宫术，术后复查血人绒毛膜促性腺激素（HCG）曾降至 420 mIU/ml。近 2 个月出现阴道不规则流血，复查血 HCG 升至 5120 mIU/ml。妇科查体：阴道少量红色血液，子宫前位，大小为妊娠 40+ 天。B 超检查：子宫内膜回声不均，未见孕囊。胸部 X 线检查：可见肺内多发棉球样阴影。行宫腔镜检查发现子宫壁局部隆起，表面血管充盈且子宫内膜变薄，切取组织进行病理学检查，石蜡切片 HE 染色的镜下表现见图 30-12、图 30-13。

【讨论题】

1．结合病例给出详细诊断。

2．结合病理改变，分析患者症状、体征及临床检查结果。

第三十一章

神经系统疾病

实验目的

1. 掌握流行性脑脊髓膜炎的形态特征。
2. 掌握流行性乙型脑炎的形态特征。
3. 分析临床病理联系，培养临床思维能力。

一、大体标本

1. 流行性脑脊髓膜炎（epidemic cerebrospinal meningitis）

【观察要点】流行性脑脊髓膜炎的特征性病变为脑脊髓膜化脓性炎症，整个大脑蛛网膜下腔及脑室充满浑浊的脓性渗出物，致使脑沟、脑回结构模糊不清，局部脑沟内血管扩张充血、增粗（图 31-1）。由于炎性渗出物阻塞，脑积液循环发生障碍，可引起不同程度的脑室扩张。病变严重者还可引发脉管炎及血栓形成，导致脑缺血、脑梗死。

2. 流行性乙型脑炎（epidemic encephalitis B）

【观察要点】病变广泛累及脑脊髓实质，以大脑皮质、基底核及视丘最为严重，主要表现为变质性炎。脑水肿明显，脑沟变浅、变窄，脑回增宽，软脑膜血管可扩张增粗，大脑顶叶等处可见针尖大小的半透明软化灶，其边界清晰，散在或簇状分布（图 31-2）。

二、切片标本

1. 流行性脑脊髓膜炎（epidemic cerebrospinal meningitis）

【观察要点】主要表现为脑脊髓膜化脓性炎症，蛛网膜下腔增宽，以中性粒细胞为主的炎细胞大量渗出，伴纤维素渗出，局部脑沟内血管扩张充血、增粗，邻近脑组织可无明显病变，或者出现水肿（图 31-3）。

2. 流行性乙型脑炎（epidemic encephalitis B）

【观察要点】病变主要发生于大脑实质，符合炎症病变特点，可见如下类型病变。

（1）血管改变：脑血管高度扩张充血，血管周围间隙增宽，内有淋巴细胞、单核细胞的渗出，密集地围绕血管呈袖套状，即“血管套现象”（图 31-4）。

（2）神经细胞变性、坏死：病毒感染、缺氧、维生素 B 缺乏或轴突断裂时，神经元细胞水肿，尼氏体减少或消失，细胞核偏位；急性缺氧、感染或中毒时，神经元凝固性坏死，细胞核固缩，胞体缩小、变形，尼氏体消失，HE 染色胞浆呈深红色，称为红色神经元（图 31-5）。

（3）噬神经细胞现象：小胶质细胞或血源性巨噬细胞吞噬变性坏死的神经细胞（图 31-6）。

（4）脑软化灶形成：为液化坏死灶，脑组织疏松，呈筛网状，病灶呈圆形或椭圆形，边界清晰，对本病具有诊断意义（图 31-7）。

（5）小胶质细胞结节：小胶质细胞局灶性增生，胞体变窄，胞突减少，呈双极杆状，常位于变性、坏死的神经细胞及软化灶周围（图 31-8）。

第三十二章

传染病与寄生虫病

实验目的

1．掌握结核病的形态特征。
2．掌握伤寒、细菌性痢疾的形态特征。
3．掌握病毒性肝炎的形态特征
4．掌握阿米巴病的形态特征
5．分析临床病理联系，培养临床思维能力。

一、大体标本

1．原发性肺结核（primary pulmonary tuberculosis）

【观察要点】表现为原发综合征，包括肺原发灶（多见于肺上叶下部或下叶上部近胸膜处）、结核性淋巴管炎及肺门淋巴结结核。本标本右肺上叶下部近胸膜处可见原发病灶，肺门淋巴结肿大、粘连，两病灶间可见一淋巴管被感染，管壁增厚（图 32-1）。X 线检查可表现为哑铃状阴影。

2．慢性纤维空洞性肺结核（chronic fibrous-cavernous pulmonary tuberculosis）

【观察要点】本标本肺尖处可见数个大小不等、边缘不整齐的厚壁结核性空洞，双侧肺叶自上而下可见经支气管播散的各类结核病灶，其新旧不一、大小不等、病变类型不同，越向下越新鲜。如病变迁延不愈，肺组织可广泛纤维化，体积缩小、变形，胸膜增厚、粘连，甚至丧失肺功能（图 32-2）。

3．干酪样肺炎（caseous pneumonia）

【观察要点】根据病变范围可分为小叶性和大叶样干酪样肺炎。本标本为大叶性干酪样肺炎，整个肺叶切面正常结构消失，干酪样坏死区均匀分布，呈淡黄色，质地细腻（图 32-3）。

4．急性粟粒性肺结核（acute pulmonary miliary tuberculosis）

【观察要点】为急性血源播散性结核，在器官表面及内部形成均匀分布、大小一致、边界清晰的结节。本标本在肺表面及切面可见弥漫分布的粟粒大小灰黄色结节，与正常组织分界明显（图 32-4）。

5．结核球（tuberculoma，又名结核瘤）

【观察要点】多发于肺上叶，为边界清晰、相对孤立、有纤维包绕的球形干酪样坏死。本标本肺上叶可见 3 个大小不等的结核球（图 32-5）。

6．肠结核（intestinal tuberculosis）

【观察要点】好发于回盲部。本标本为溃疡型肠结核，在肠黏膜面见环形溃疡，其长轴与肠壁纵轴垂直，溃疡边缘不整齐、稍有突起，溃疡底部溃烂呈豆腐渣样，一般不易引起穿孔（图 32-6）。

7．结核性脑膜炎（tuberculous meningitis）

【观察要点】病变主要分布于颅底，脑膜血管扩张充血，脑膜表面近血管处可见散在的粟粒大小灰白色结节，蛛网膜下腔有灰白色混浊胶冻性渗出物（图 32-7）。

8．肾结核（renal tuberculosis）

【观察要点】常见于青年男性，多为单侧性，来自肺结核血源播散，病变大多起始于肾皮、髓质交界处或锥体乳头，可形成干酪样坏死或空洞。本标本肾体积明显增大，表面凹凸不平，肾上部切面可见不规则空洞，洞内容物已排出，洞壁溃烂，残留少量淡黄色液化干酪样坏死（图 32-8）。

9．骨与关节结核（tuberculosis of bone and joint）

【观察要点】病变常起始于骨松质，后可发展为干酪样坏死型或增生型。本标本为干酪样坏死型，累及胫骨及膝关节，胫骨骨松质内结核性干酪样坏死液化排出后形成不规则空洞，内有不规则“死骨”，膝关节软骨已被破坏，液化的干酪样坏死流入膝关节腔后可引发关节结核（图 32-9）。

10．脊椎结核（tuberculosis of the spine）

【观察要点】多见于第 10 胸椎至第 2 腰椎，病变始于椎体。本标本上部椎体因结核首先形成干酪样坏死，坏死液化排出后形成空洞，并在躯体的重力压迫下形成压缩性骨折，侧位观察可呈楔形，邻近病变椎体的上、下位椎间盘亦被部分破坏（图 32-10）。

11．淋巴结结核（tuberculosis of lymph node）

【观察要点】颈部淋巴结结核最为常见，病变淋巴结明显增大，切面见不同程度的干酪样坏死，炎症累及淋巴结周围组织，导致淋巴结相互粘连（图 32-11）。

12．肠伤寒（ileotyphus）

【观察要点】病变以回肠末端集合淋巴小结及孤立淋巴小结最为明显，自然病程可分为髓样肿胀期、坏死期、溃疡期、愈合期 4 个阶段。本标本病变位于回肠末端集合淋巴小结处，处于溃疡期，局部软组织肿胀后坏死脱落形成椭圆形溃疡，边缘稍隆起，底部高低不平，其长轴与肠壁纵轴平行（注意与溃疡型肠结核进行鉴别），严重者可穿孔（图 32-12）。

13．急性细菌性痢疾（acute bacillary dysentery）

【观察要点】病变多见于乙状结肠和直肠，早期黏液分泌亢进，黏膜充血水肿，可见出血点，病变进一步发展，黏膜表面可见散在面包屑状假膜，一般为灰白色（图 32-13）。

14．阿米巴痢疾（amoebic dysentery）

【观察要点】病变主要累及盲肠、升结肠，其次是乙状结肠、直肠。此标本为升结肠，肠黏膜可见多数大小不等、形状不规则的溃疡，其边缘呈潜行性，有的溃疡融合形成隧道，溃疡间有正常的黏膜（图 32-14）。

15．阿米巴性肝脓肿（amoebic hepatic abscess）

【观察要点】多为单发，多位于肝右叶。本标本在肝的切面可见一巨大脓肿腔，其内部液化坏死物已流出，脓肿壁不规则，由附着的溶解坏死的絮状物及少量的结缔组织组成（图 32-15）。

16．急性重型病毒性肝炎（acute severe viral hepatitis）

【观察要点】肝体积明显缩小，左叶更为明显，重量明显减轻，被膜皱缩不平，质地柔软。切面结构模糊不清，呈黄色（胆汁淤积）或红褐色（出血），又称为急性黄色或红色肝萎缩（图 32-16）。

17．亚急性重型病毒性肝炎（subacute severe viral hepatitis）

【观察要点】肝体积明显缩小，呈黄绿色，被膜皱缩不平，可见大小不等的结节，软硬程度不一。切面呈黄绿色，有胆汁淤积，可见散在的黄色岛状再生结节（图 32-17）。

二、切片标本

1．急性粟粒性肺结核（acute pulmonary miliary tuberculosis）

【观察要点】在肺组织中可见多个散在的粟粒结核结节，结节界限清晰，中央可见粉红色、细颗粒状干酪样坏死，周围可见类上皮细胞及朗汉斯巨细胞。上皮样细胞的细胞核呈椭圆形，染色质较少，故着色淡，而胞浆界限不清。朗汉斯巨细胞的胞体大，多细胞核、排列于胞浆周边，呈花环状、马蹄铁状或密集于一端。结节周边部有较多淋巴细胞和少量成纤维细胞（图 32-18）。

2．伤寒小结（typhoid nodule，又名伤寒肉芽肿）

【观察要点】此标本取自回肠黏膜，可见集合淋巴小结被大量增生的单核巨噬细胞替代，其中混有大量的淋巴细胞，并有浆细胞、红细胞及细胞碎屑等。增生的单核巨噬细胞体积大，细胞核呈圆形或椭圆形，位置偏在，可吞噬淋巴细胞、红细胞、细胞碎屑或伤寒杆菌等，此细胞即为伤寒细胞，伤寒细胞聚集形成的结节称为伤寒小结（图 32-19）。

3．急性细菌性痢疾（acute bacillary dysentery）

【观察要点】结肠黏膜表面上皮坏死脱落，其上附着一层假膜（图中“↑”处），假膜由渗出的纤维蛋白、坏死脱落的肠黏膜组织及中性粒细胞等成分构成，约 1 周后分离脱落，黏膜下层可见充血水肿及炎细胞浸润（图 32-20）。

4．病毒性肝炎（viral hepatitis）　各型病毒性肝炎的病变基本相同，以肝细胞变性、坏死为主，伴不同程度的炎细胞浸润、肝细胞再生、小胆管增生及纤维组织增生。

【观察要点】

（1）肝细胞水肿：胞质疏松呈网状，严重水肿的细胞呈球形，胞浆完全透明，被称为“气球样变”（图 32-21）。

（2）肝细胞凋亡：肝细胞弥漫、水肿，散在单个细胞凋亡，形成凋亡小体，表现为胞质浓缩，嗜酸染色增强，肝细胞体积缩小，细胞核浓缩消失（图 32-22）。

（3）肝细胞点灶状坏死：肝细胞水肿，胞质疏松呈网状，可见单个细胞坏死，伴炎细胞浸润，常见于急性普通型肝炎（图 32-23）。

（4）肝细胞碎片状坏死：肝小叶周边界板部肝细胞灶状坏死，伴大量炎细胞浸润及结缔组织增生，常见于慢性肝炎（图 32-24）。

（5）肝细胞桥接坏死：为两个中央静脉之间、两个门管区之间或中央静脉与门管区之间的坏死带，常见于较重的慢性肝炎（图 32-25）。

（6）亚大块及大块坏死：坏死占据肝小叶大部为亚大块坏死（图 32-26），坏死几乎占据整个肝小叶为大块坏死，常见于重型肝炎。

参考文献

[1] 张莉，杨春雨．医学显微形态学实验．2 版．北京：科学出版社，2018.

[2] 石玉秀．组织学与胚胎学实验教程．3 版．北京：高等教育出版社，2018.

[3] 吴长初，刘冠兰．形态学实验教程．北京：北京大学医学出版社，2014.

[4] 李和，李继承．组织学与胚胎学．3 版．北京：人民卫生出版社，2015.

[5] 翟启辉，周庚寅．病理学（《Robbins 基础病理学》第 8 版英文改编版）．北京：北京大学医学出版社，2015.

[6] 步宏，李一雷．病理学．9 版．北京：人民卫生出版社，2018.

[7] 刘彤华．诊断病理学．3 版．北京：人民卫生出版社，2013.

[8] KUMAR V，ABBAS A K，ASTER J C．Robbins Basic Pathology．10th ed．Philadelphia：Elsevier，2017.

插　图

第四章

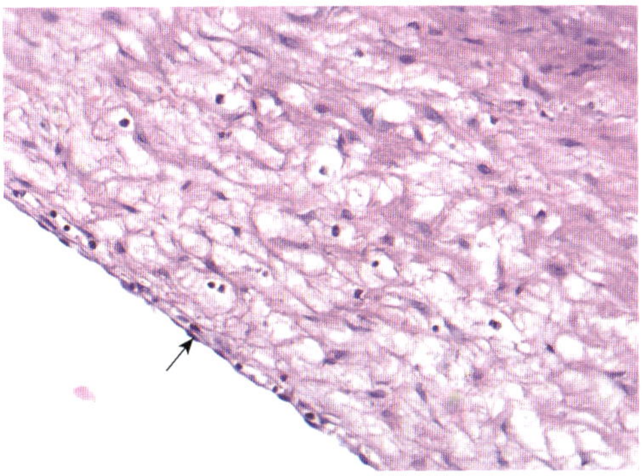

图 4-1　单层扁平上皮（内皮　HE 染色　高倍镜）
↑单层扁平上皮细胞

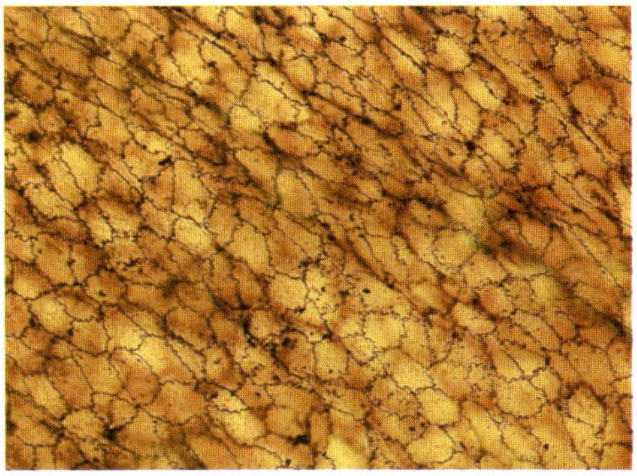

图 4-2　单层扁平上皮（间皮　镀银染色　高倍镜）

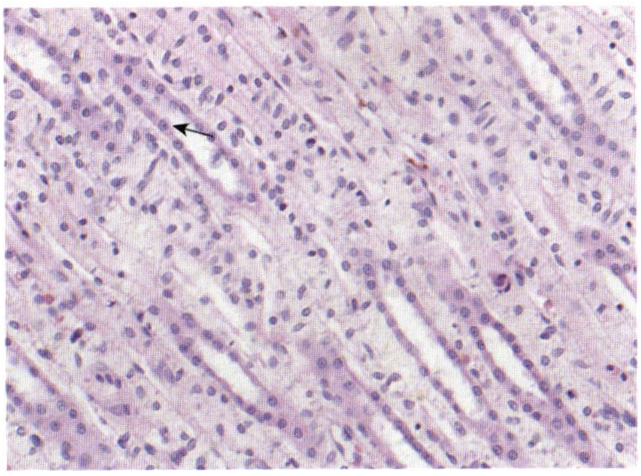

图 4-3　单层立方上皮（HE 染色　高倍镜）
↑单层立方上皮细胞

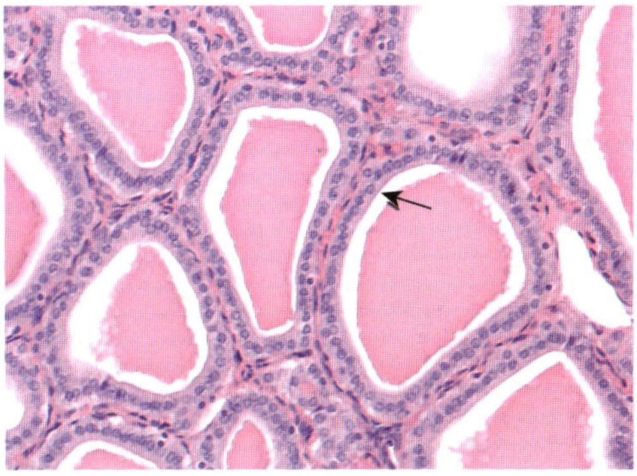

图 4-4　单层立方上皮（HE 染色　高倍镜）
↑单层立方上皮细胞

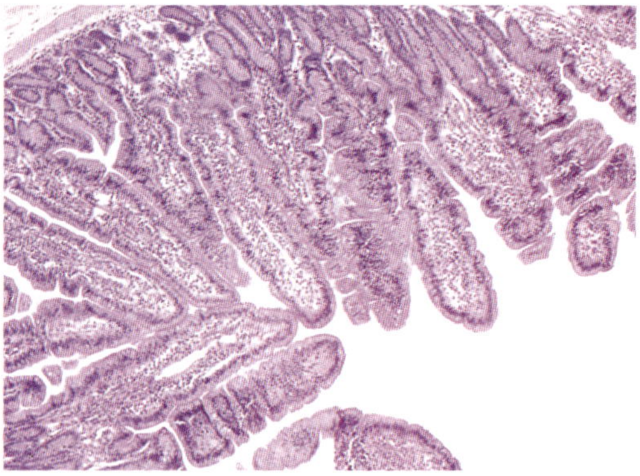

图 4-5　单层柱状上皮（HE 染色　低倍镜）

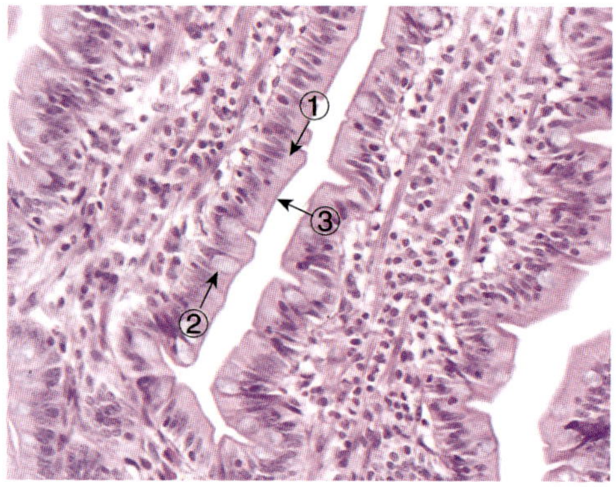

图 4-6　单层柱状上皮（HE 染色　高倍镜）
①柱状细胞；②杯状细胞；③纹状缘

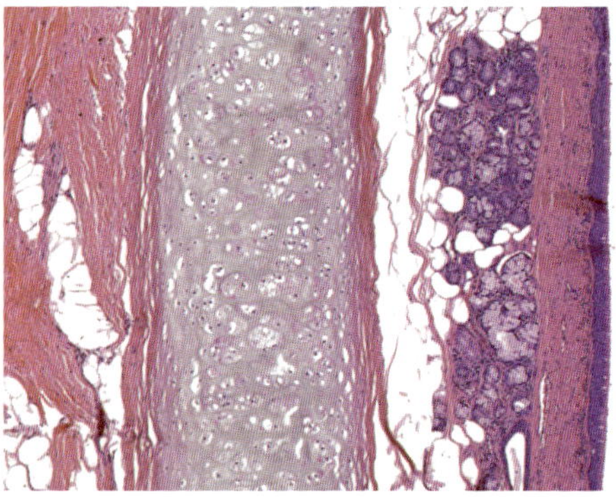

图 4-7　假复层纤毛柱状上皮（HE 染色　低倍镜）

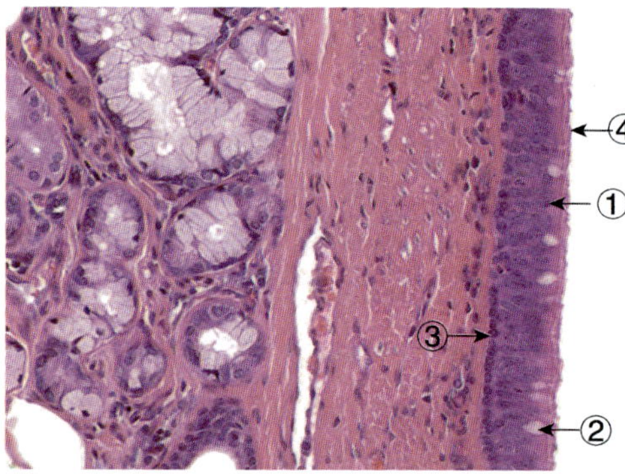

图 4-8　假复层纤毛柱状上皮（HE 染色　高倍镜）
①柱状细胞；②杯状细胞；③基细胞；④纤毛

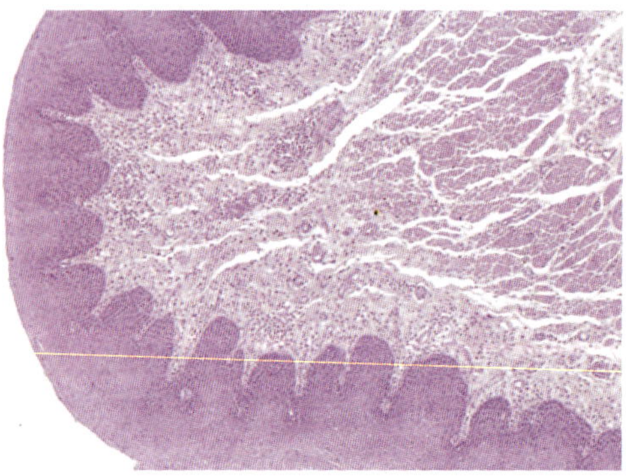

图 4-9　复层扁平上皮（HE 染色　低倍镜）

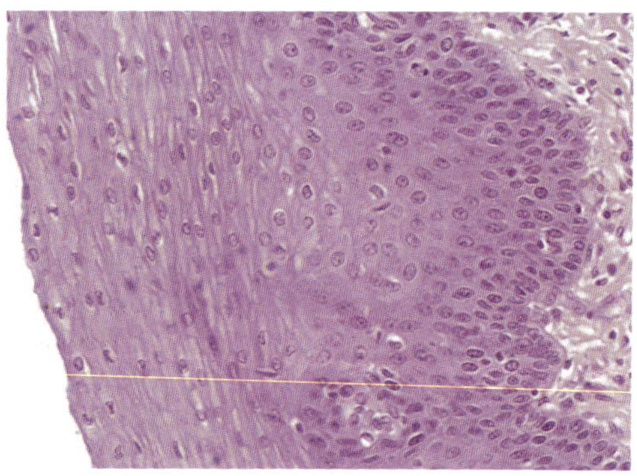

图 4-10　复层扁平上皮（HE 染色　高倍镜）

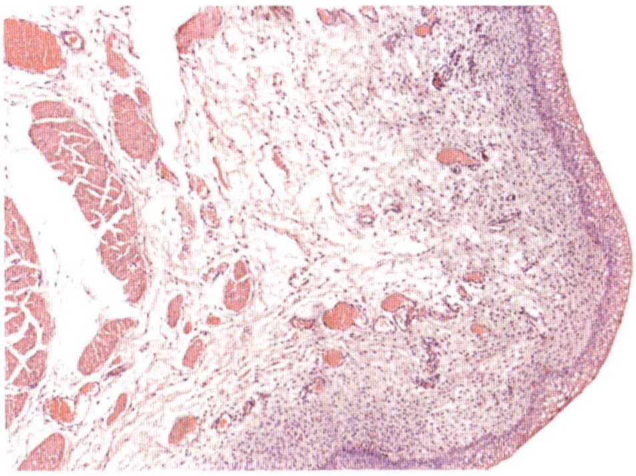

图 4-11　变移上皮（HE 染色　低倍镜）

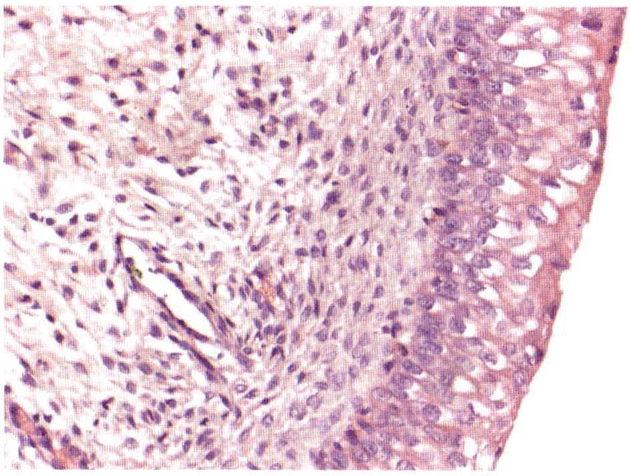

图 4-12　变移上皮（HE 染色　高倍镜）

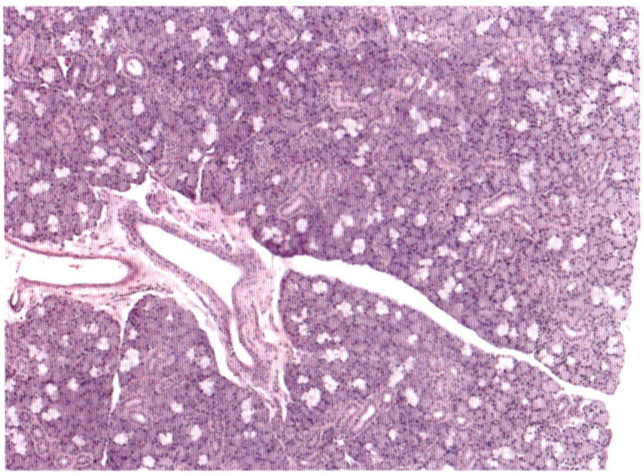

图 4-13　腺上皮（HE 染色　低倍镜）

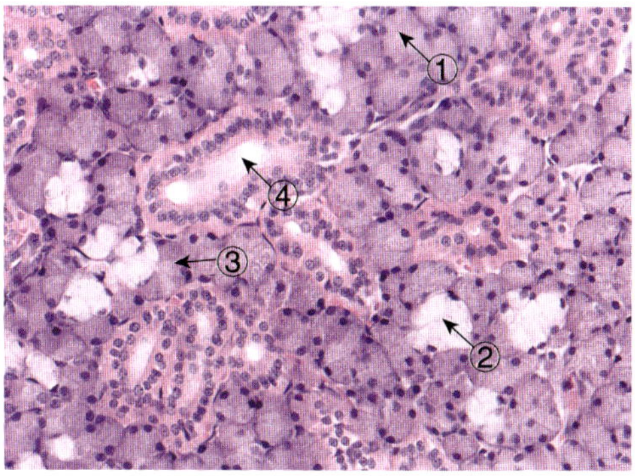

图 4-14　腺上皮（HE 染色　高倍镜）
①浆液性腺泡；②黏液性腺泡；③浆半月；④导管

第五章

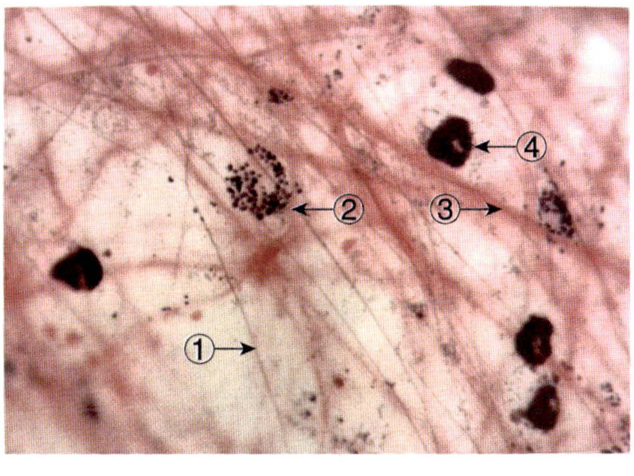

图 5-1　疏松结缔组织（铺片　腹腔注射台盼蓝、醛复红与偶氮焰红染色　高倍镜）
①弹性纤维；②巨噬细胞；③胶原纤维；④肥大细胞

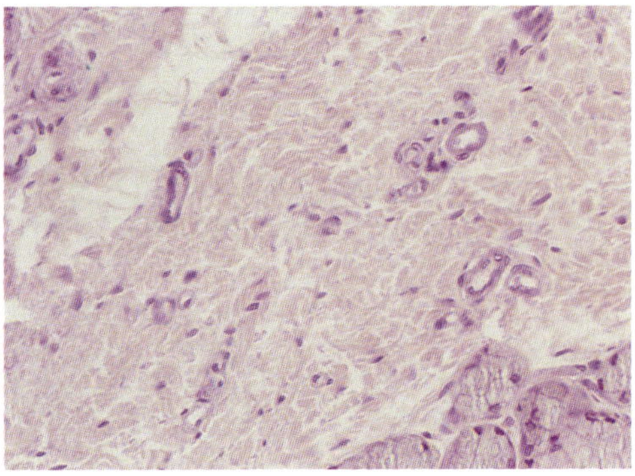

图 5-2　疏松结缔组织（切片　HE 染色　高倍镜）

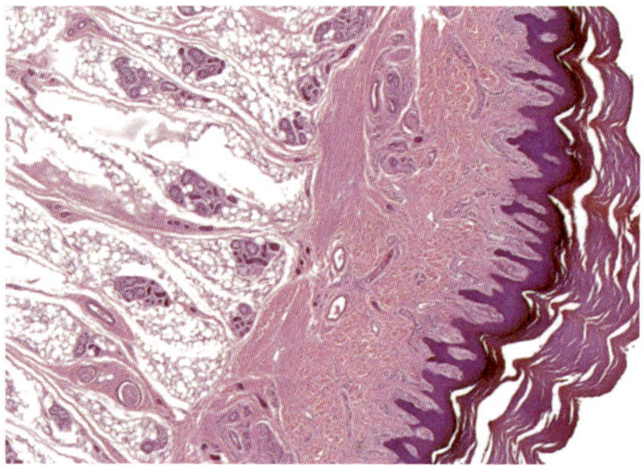

图 5-3　致密结缔组织和脂肪组织（HE 染色　低倍镜）

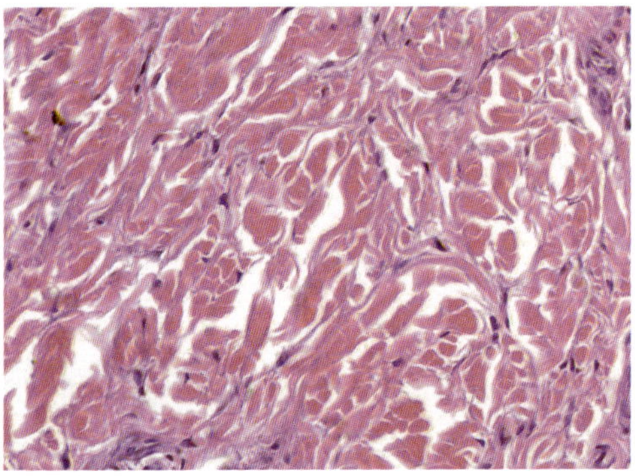

图 5-4　致密结缔组织（HE 染色　高倍镜）

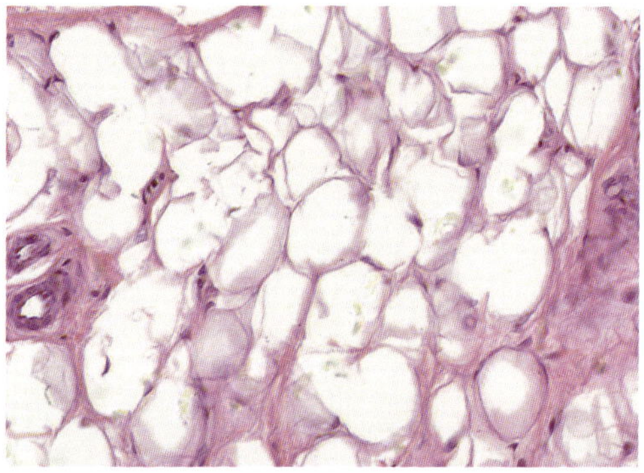

图 5-5　脂肪组织（HE 染色　高倍镜）

第六章

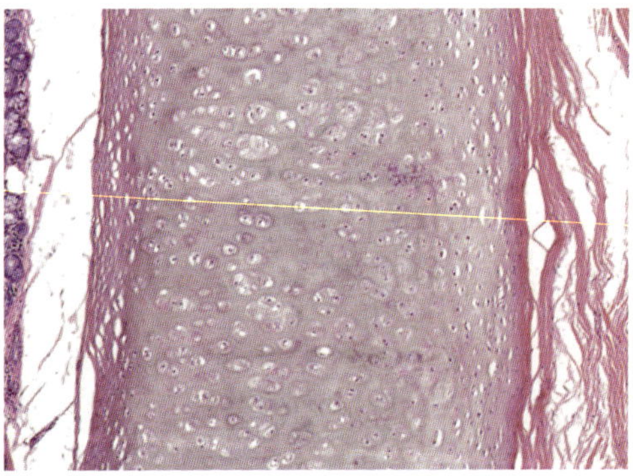

图 6-1　透明软骨（HE 染色　低倍镜）

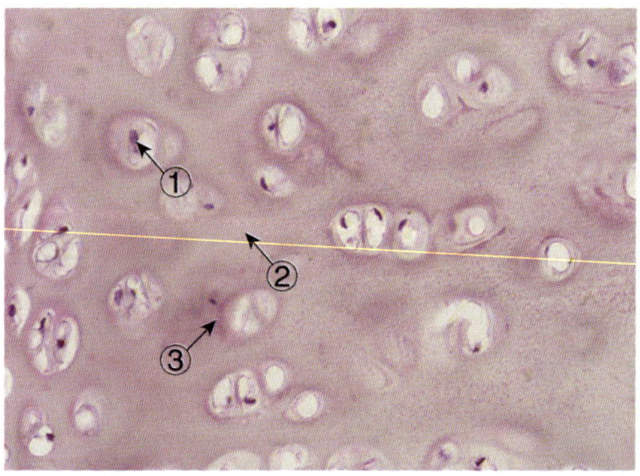

图 6-2　透明软骨（HE 染色　高倍镜）
①软骨细胞；②软骨基质；③软骨囊

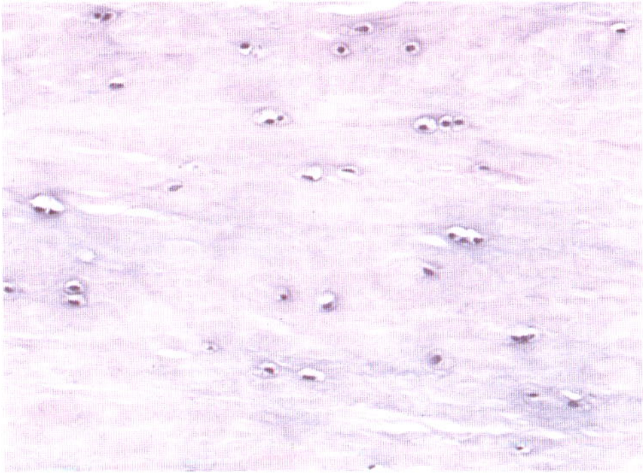

图 6-3　纤维软骨（HE 染色　高倍镜）

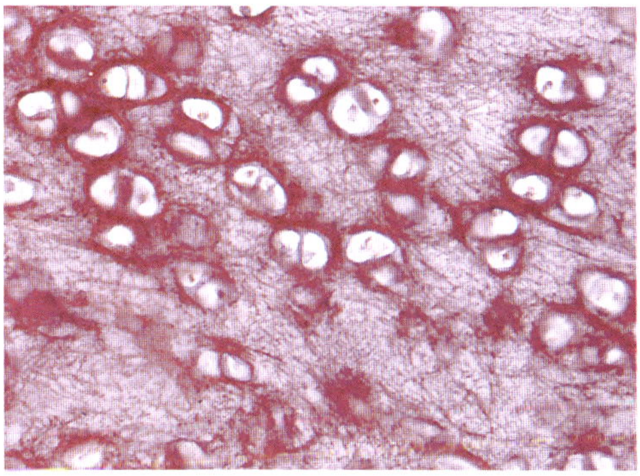

图 6-4　弹性软骨（地依红染色　高倍镜）

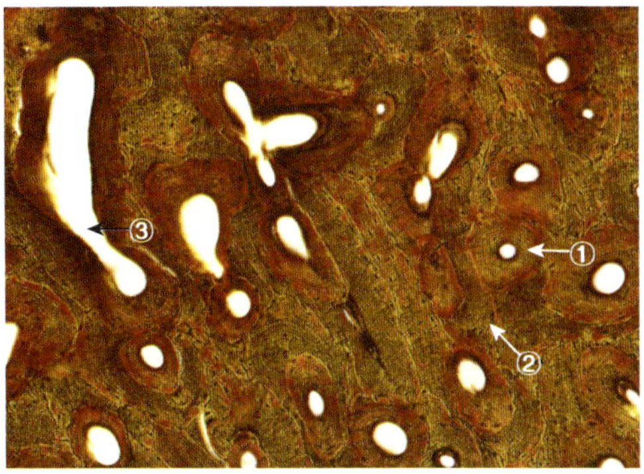

图 6-5　骨磨片（硫堇染色　低倍镜）
①骨单位；②间骨板；③穿通管

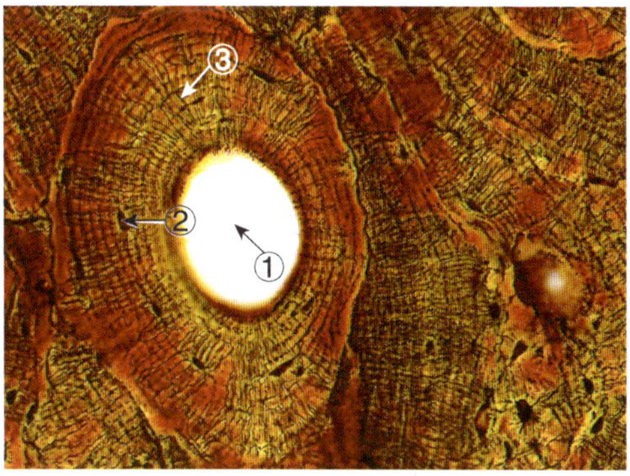

图 6-6　骨磨片（硫堇染色　高倍镜）
①中央管；②骨陷窝；③骨小管

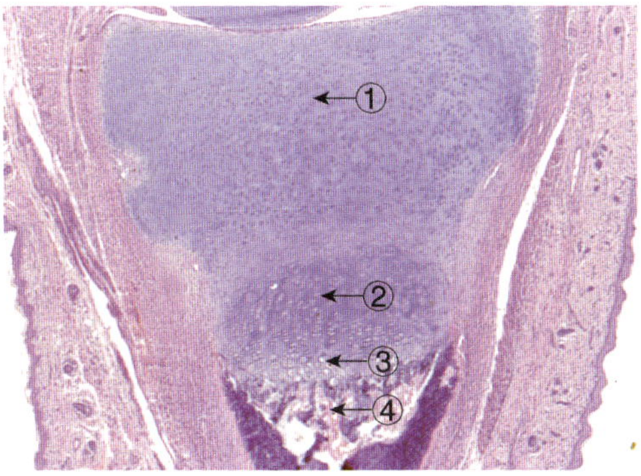

图 6-7　软骨性骨发生（HE 染色　低倍镜）
①软骨储备区；②软骨增生区；③软骨钙化区；
④成骨区

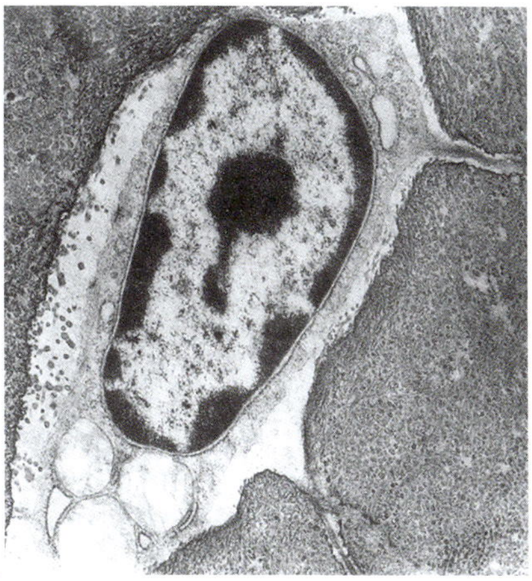

图 6-8　骨细胞（透射电镜像）

第七章

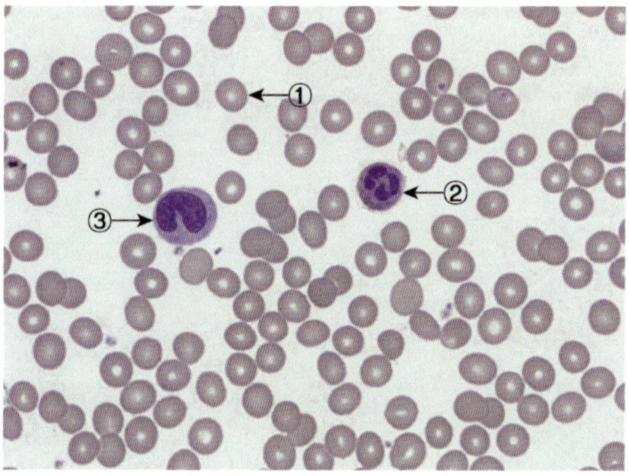

图 7-1　血涂片（吉姆萨染色　高倍镜）
①红细胞；②中性粒细胞；③单核细胞

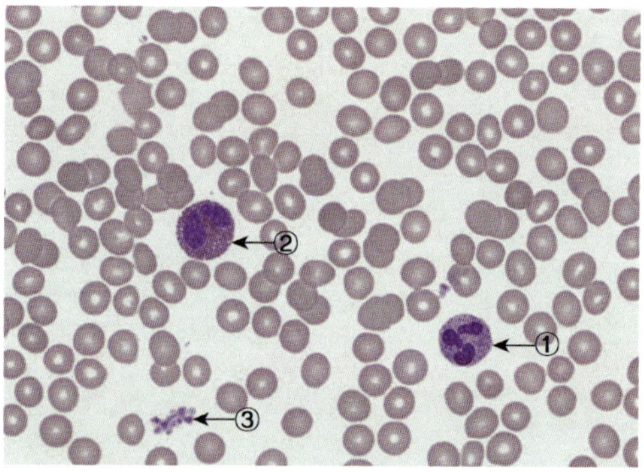

图 7-2　血涂片（吉姆萨染色　高倍镜）
①中性粒细胞；②嗜酸性粒细胞；③血小板

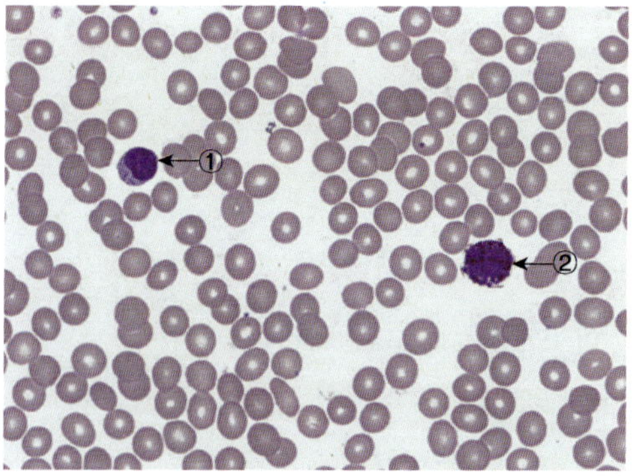

图 7-3　血涂片（吉姆萨染色　高倍镜）
①淋巴细胞；②嗜碱性粒细胞

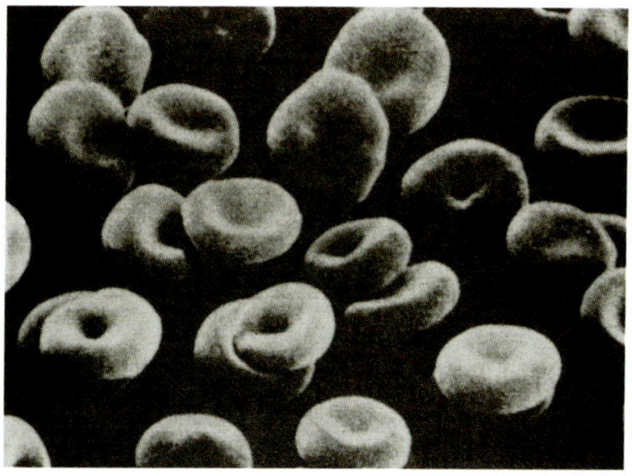

图 7-4　人外周血红细胞（扫描电镜像）

第八章

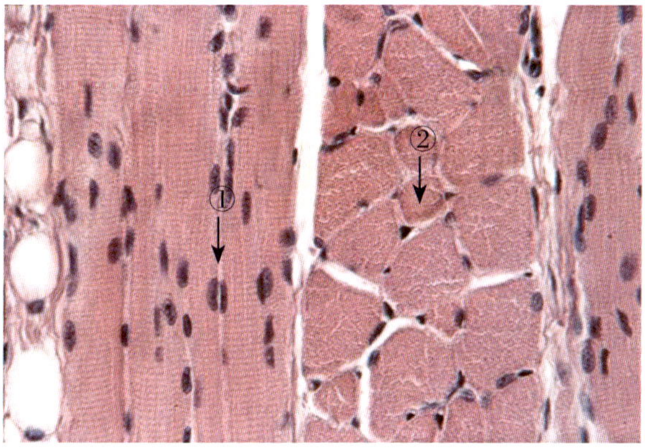

图 **8-1**　骨骼肌（**HE** 染色　高倍镜）

①纵断面；②横断面

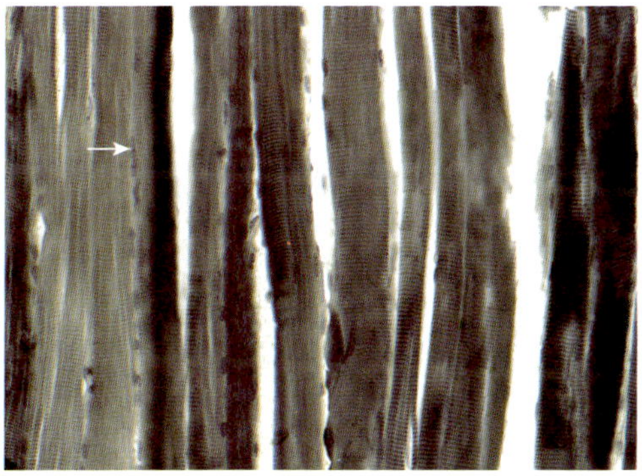

图 **8-2**　骨骼肌（铁苏木精染色　高倍镜）

↑细胞核

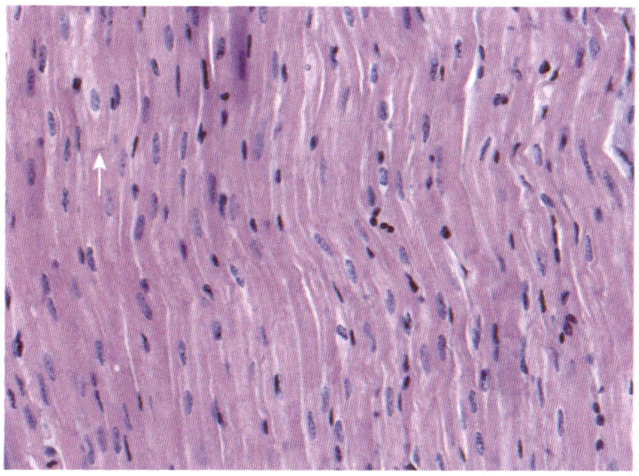

图 **8-3**　心肌（纵断面　**HE** 染色　高倍镜）

↑闰盘

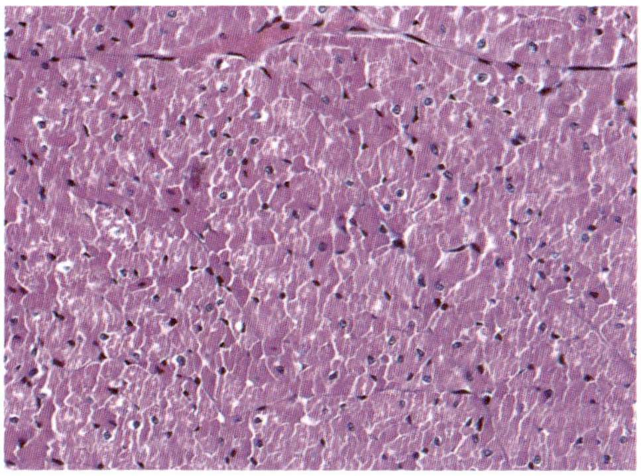

图 **8-4**　心肌（横断面　**HE** 染色　高倍镜）

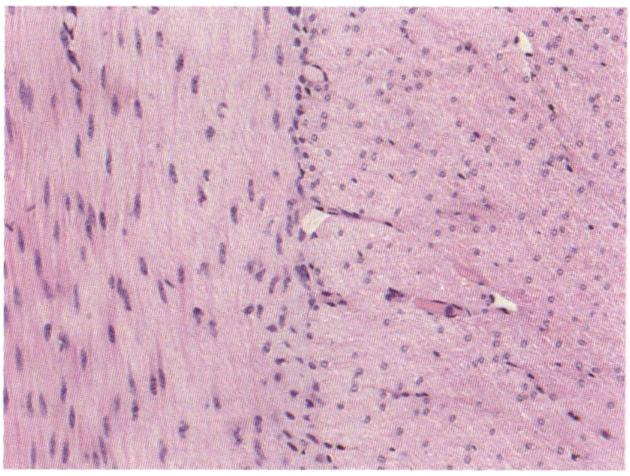

图 **8-5**　平滑肌（**HE** 染色　高倍镜）

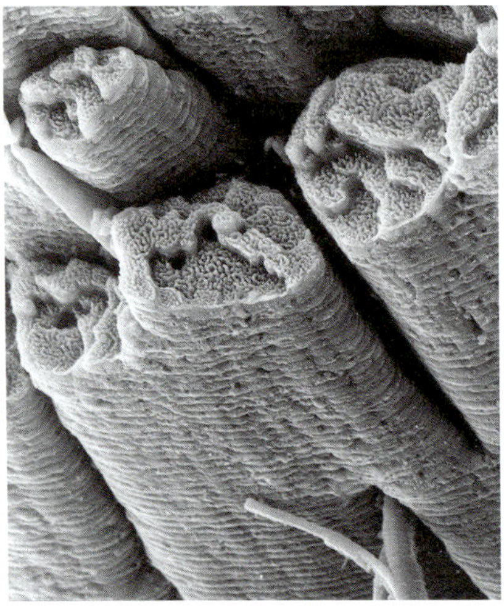

图 8-6　猴心肌闰盘（扫描电镜像）

第九章

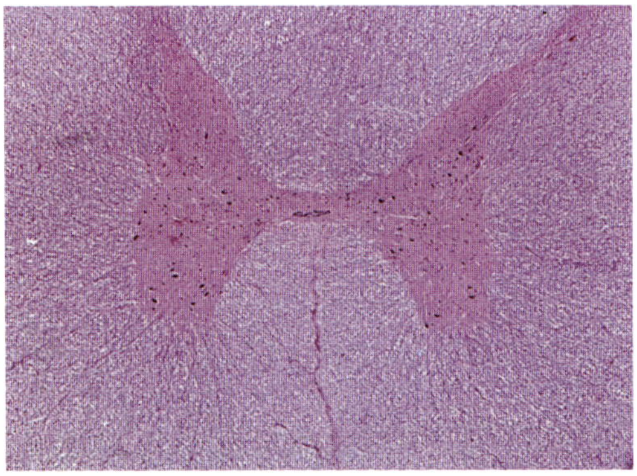

图 9-1　神经元（HE 染色　低倍镜）

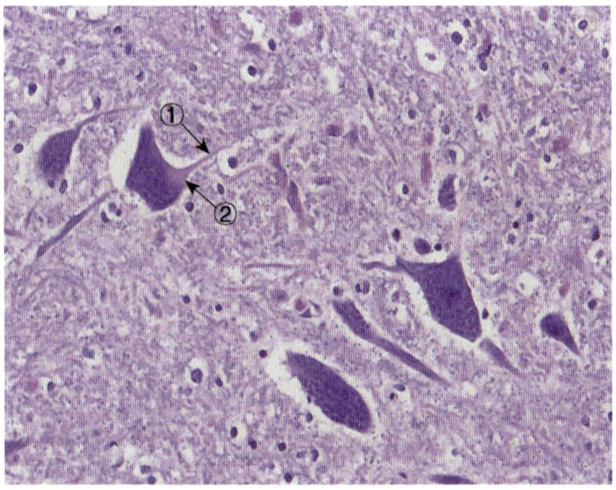

图 9-2　多级神经元（HE 染色　高倍镜）

①轴突；②轴丘

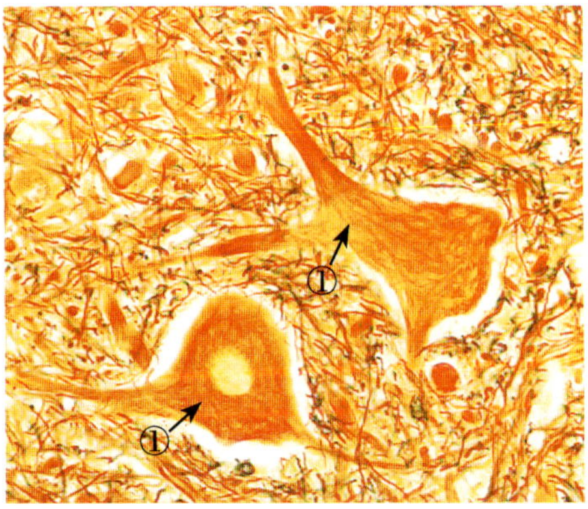

图 9-3　神经元（镀银染色　高倍镜）

①神经原纤维

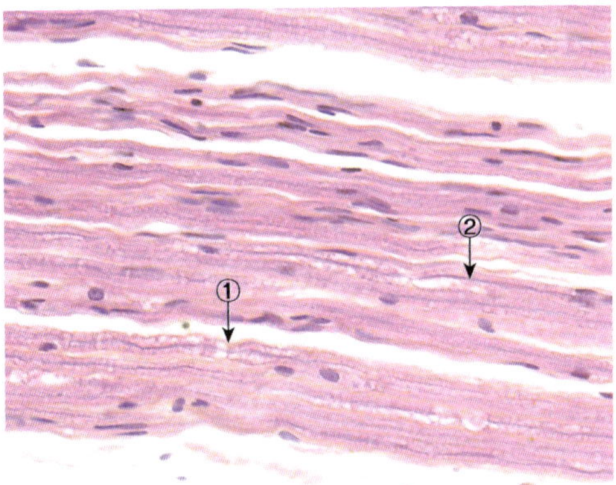

图 9-4　有髓神经纤维纵断（HE 染色　高倍镜）

①郎飞结；②轴突

图 9-5　脊髓横断（镀银染色　低倍镜）

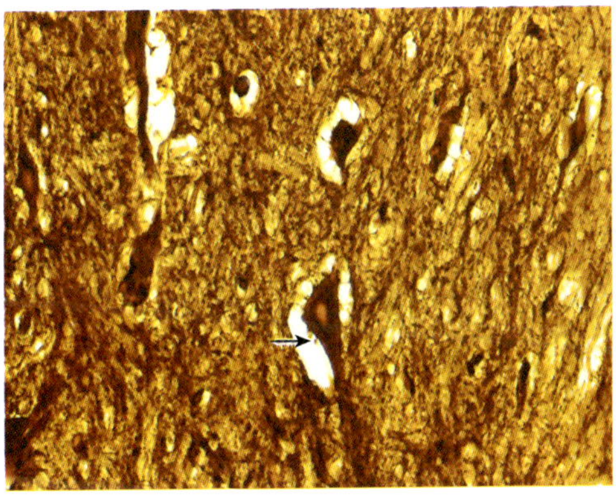

图 9-6　突触（镀银染色　高倍镜）

↑突触扣结

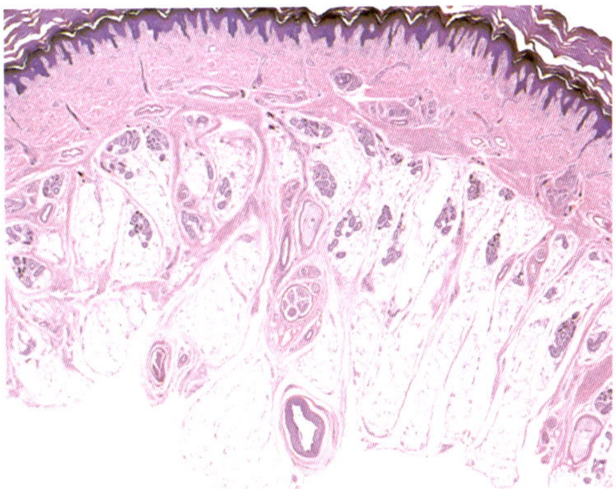

图 9-7　触觉小体（HE 染色　低倍镜）

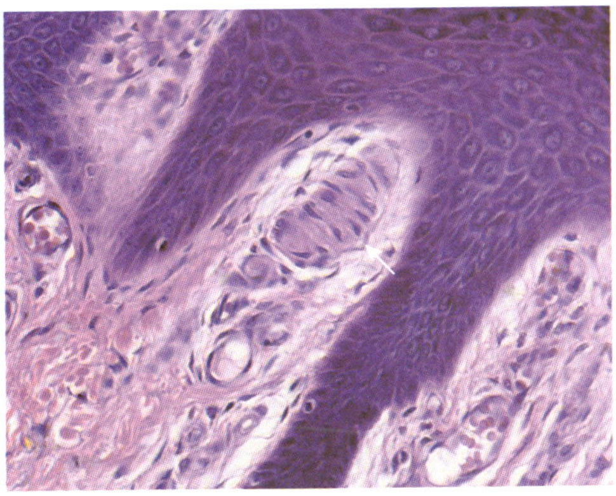

图 9-8　触觉小体（HE 染色　高倍镜）

↑触觉小体

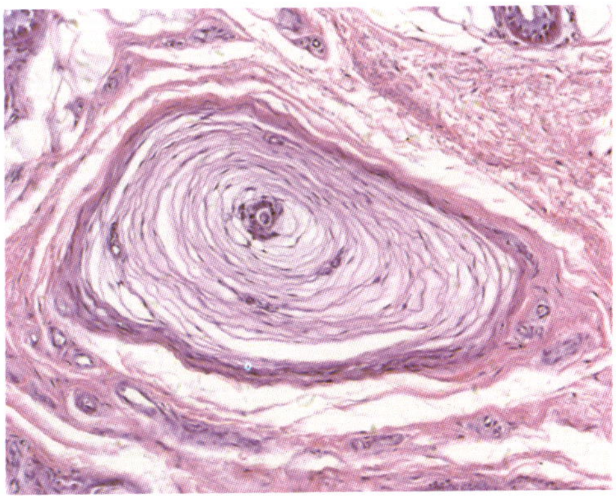

图 9-9　环层小体（HE 染色　低倍镜）

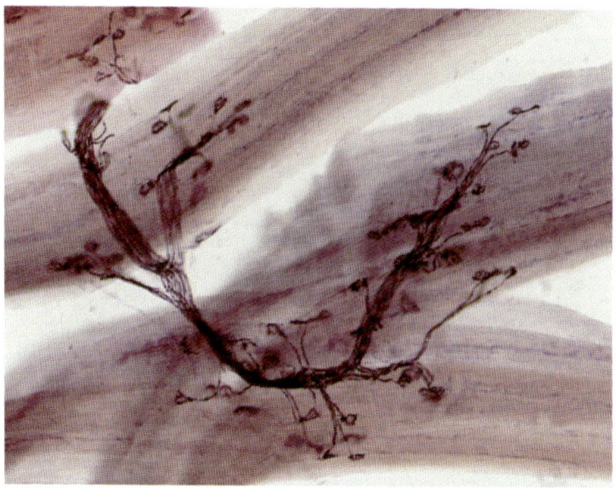

图 9-10　运动终板（铺片　氯化金染色　低倍镜）

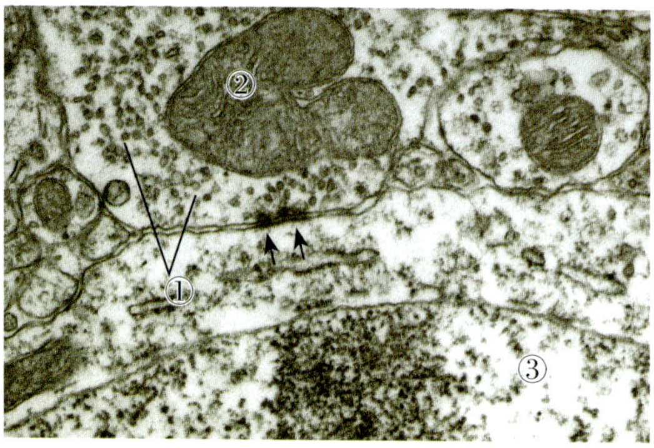

图 9-11　轴 - 体化学突触（透射电镜像）
①突触小泡；②线粒体；③神经元的细胞核；↑突触后膜

第十章

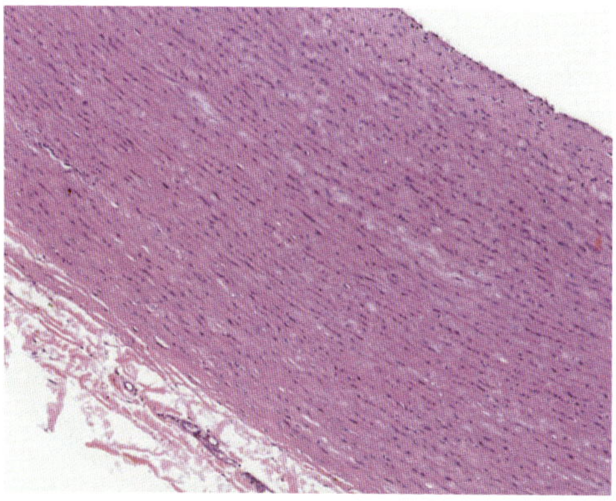

图 10-1　大动脉（HE 染色　低倍镜）

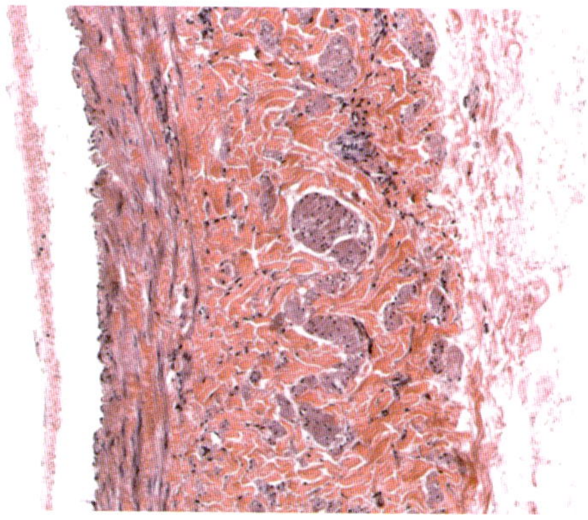

图 10-2　大静脉（HE 染色　低倍镜）

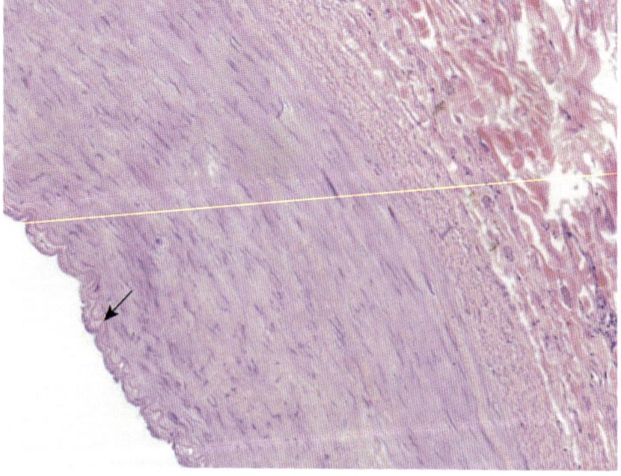

图 10-3　中动脉（HE 染色　低倍镜）
↑内弹性膜

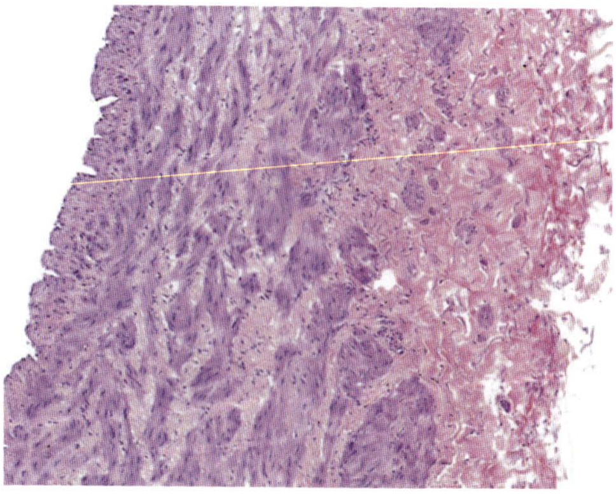

图 10-4　中静脉（HE 染色　低倍镜）

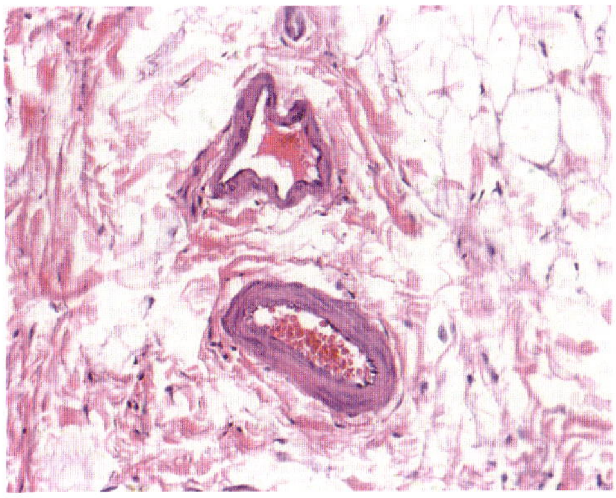

图 10-5　小动脉与小静脉（HE 染色　低倍镜）

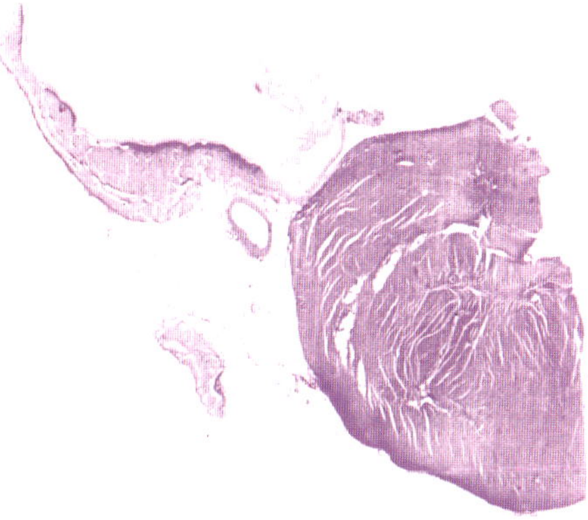

图 10-6　心脏（HE 染色　低倍镜）

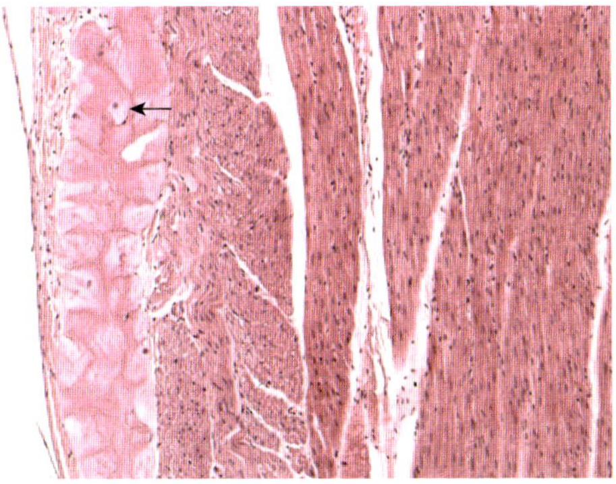

图 10-7　心脏（HE 染色　低倍镜）

↑浦肯野纤维

第十一章

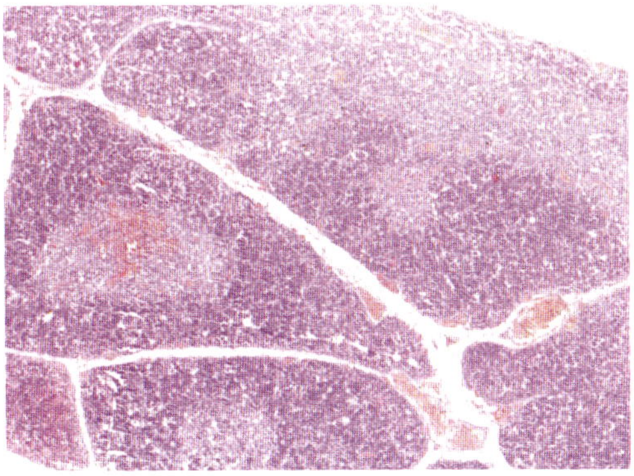

图 11-1　胸腺（HE 染色　低倍镜）

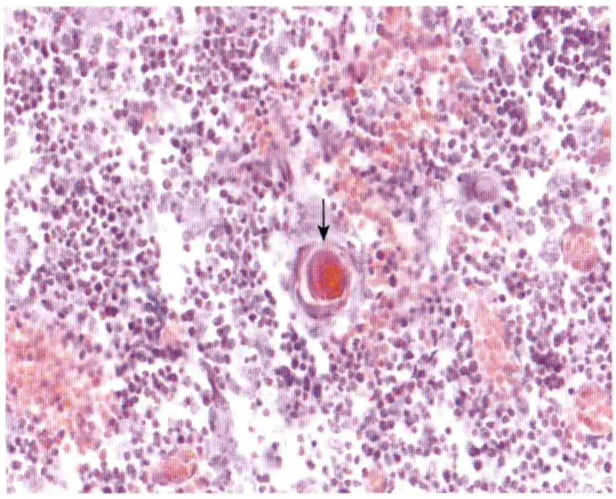

图 11-2　胸腺髓质（HE 染色　高倍镜）

↑胸腺小体

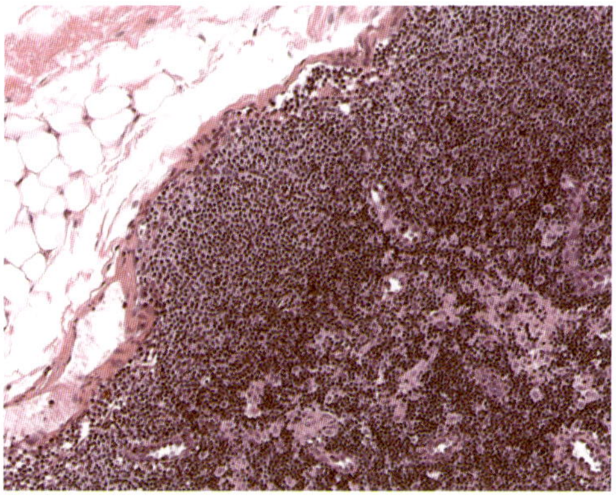

图 11-3　淋巴结皮质（HE 染色　低倍镜）

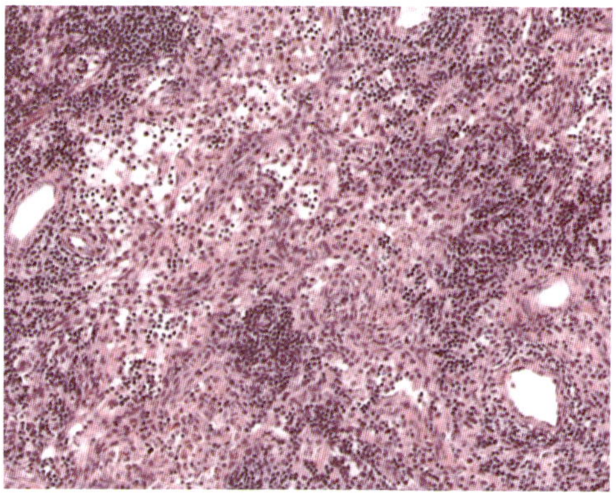

图 11-4　淋巴结髓质（HE 染色　低倍镜）

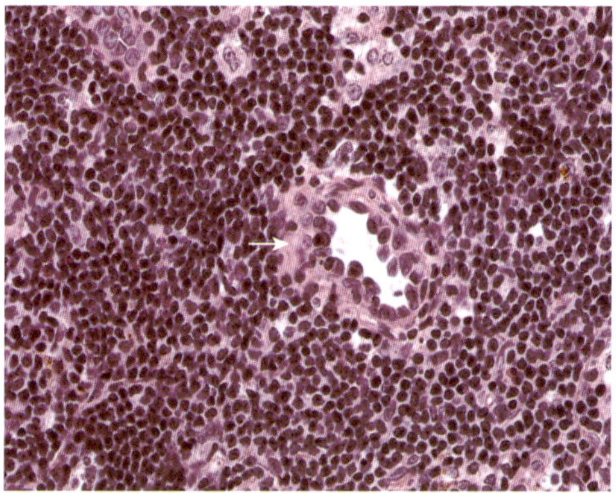

图 11-5　淋巴结副皮质区（HE 染色　高倍镜）

↑毛细血管后微静脉

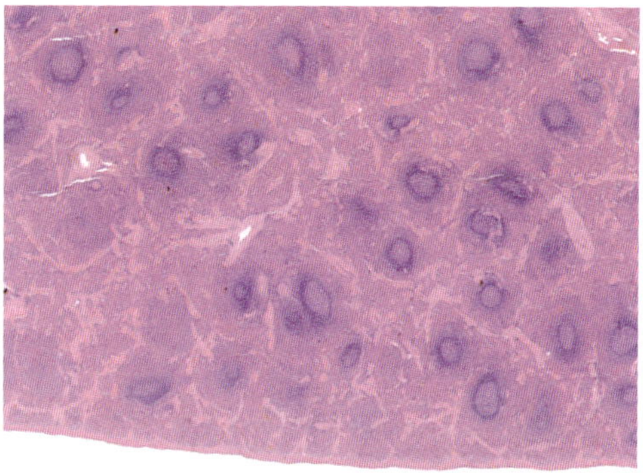

图 11-6　脾（HE 染色　低倍镜）

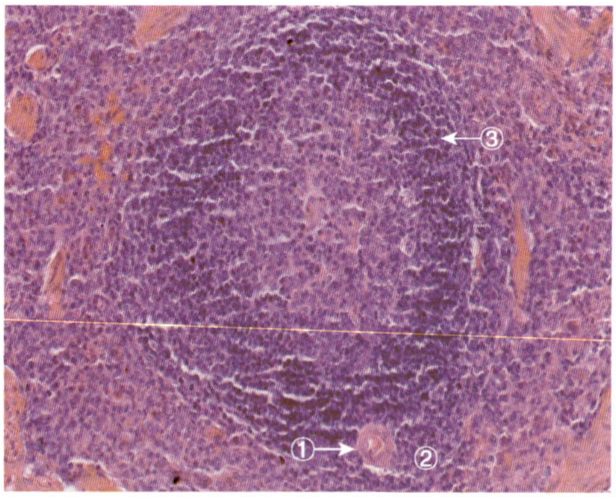

图 11-7　脾白髓（HE 染色　高倍镜）

①中央动脉；②动脉周围淋巴鞘；③脾小体

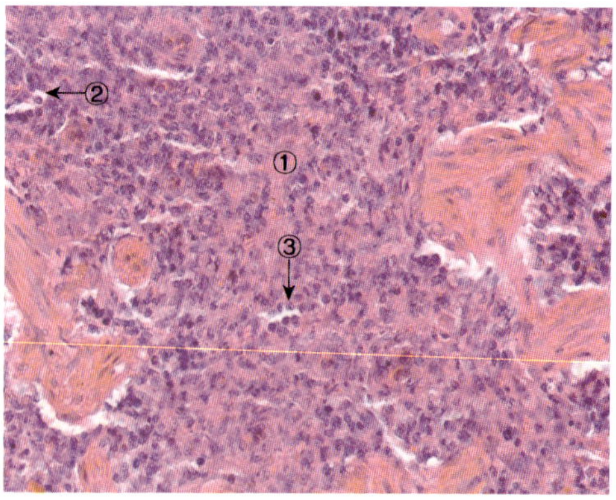

图 11-8　脾红髓（HE 染色　高倍镜）

①脾索；②脾窦；③长杆状内皮细胞核

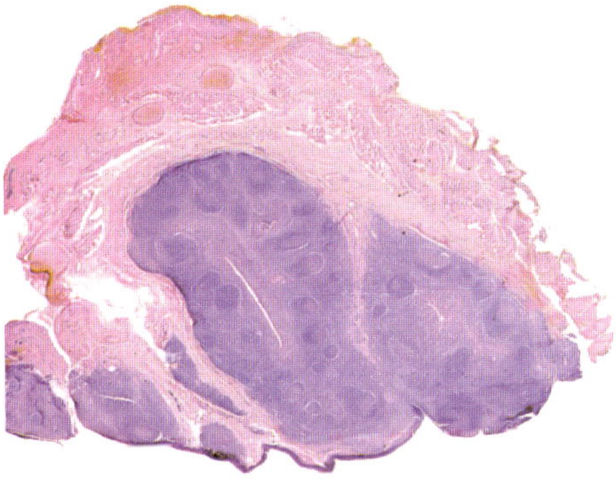

图 **11-9**　腭扁桃体（HE 染色　低倍镜）

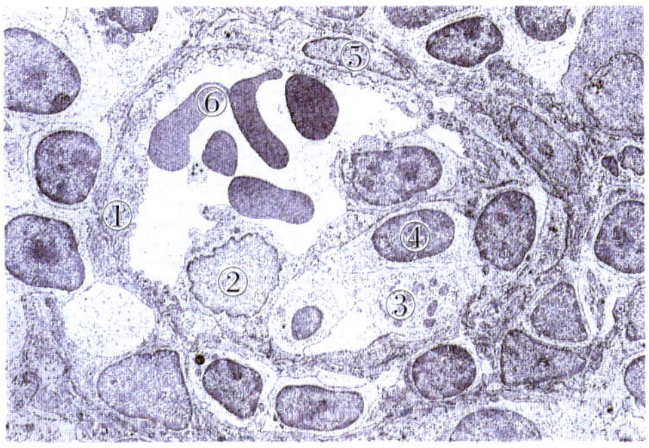

图 **11-10**　淋巴结毛细血管后微静脉（透射电镜像）

①内皮细胞；②内皮细胞核；③淋巴细胞；④淋巴细胞核；⑤周细胞核；⑥红细胞

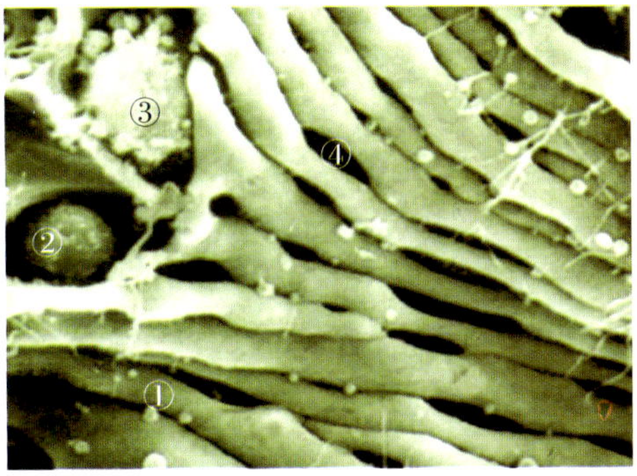

图 **11-11**　脾窦内皮（扫描电镜像）

①内皮细胞；②淋巴细胞；③巨噬细胞；④内皮细胞间隙

第十二章

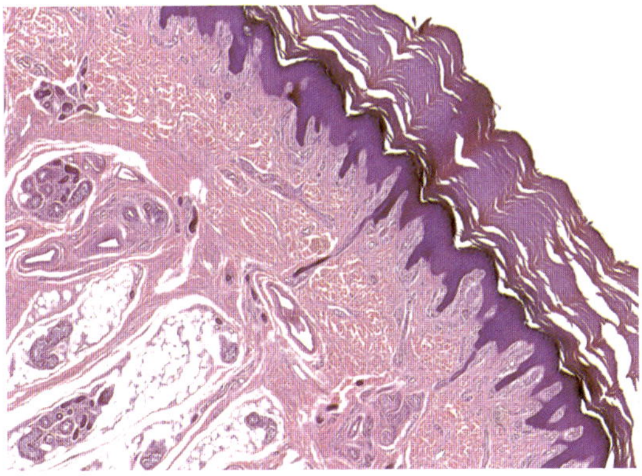

图 **12-1**　指皮（HE 染色　低倍镜）

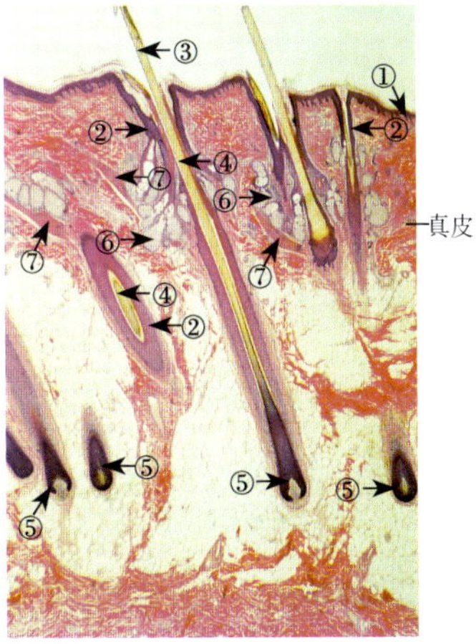

图 **12-2**　头皮（HE 染色　低倍镜）

①表皮；②毛囊；③毛干；④毛根；⑤毛球；⑥皮脂腺；⑦立毛肌

第十三章

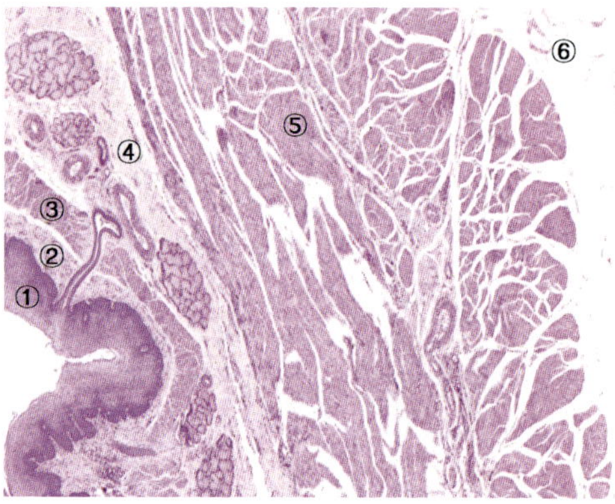

图 13-1　食管（HE 染色　低倍镜）

①上皮；②固有层；③黏膜肌层；④黏膜下层；⑤肌层；⑥外膜

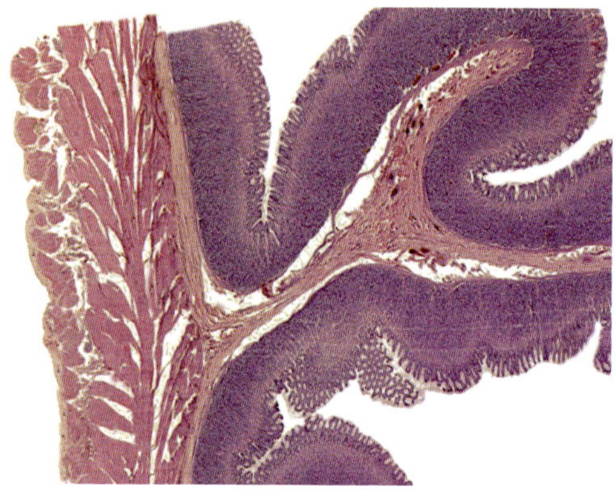

图 13-2　胃底（HE 染色　低倍镜）

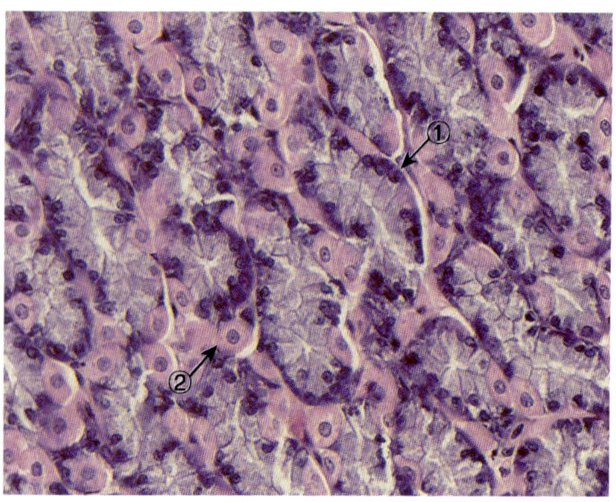

图 13-3　胃底腺（HE 染色　高倍镜）

①主细胞；②壁细胞

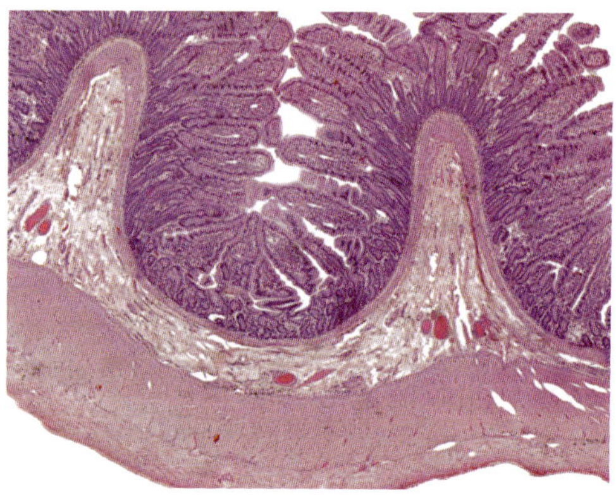

图 13-4　空肠（HE 染色　低倍镜）

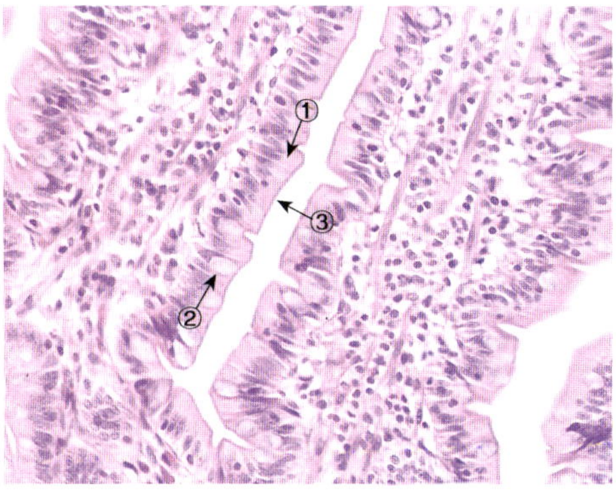

图 13-5 肠绒毛（HE 染色 高倍镜）
①柱状细胞；②杯状细胞；③纹状缘

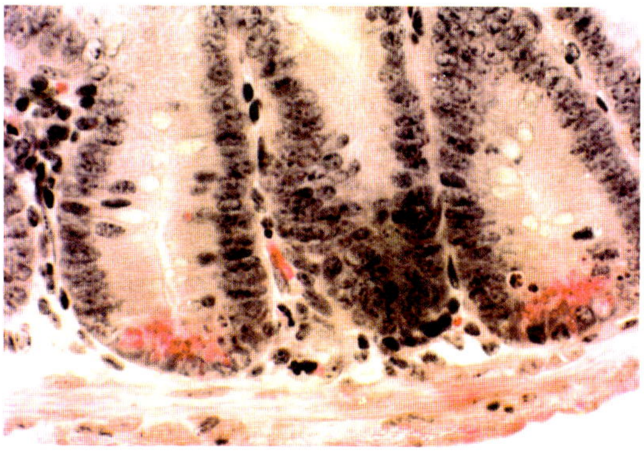

图 13-6 小肠腺（帕内特细胞 HE 染色 高倍镜）

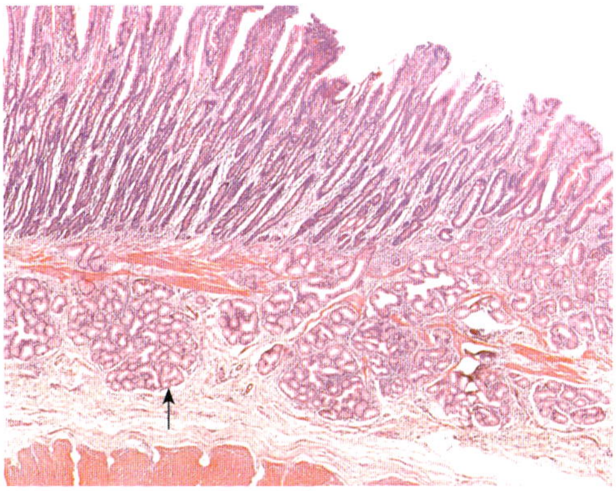

图 13-7 十二指肠（HE 染色 低倍镜）
↑十二指肠腺

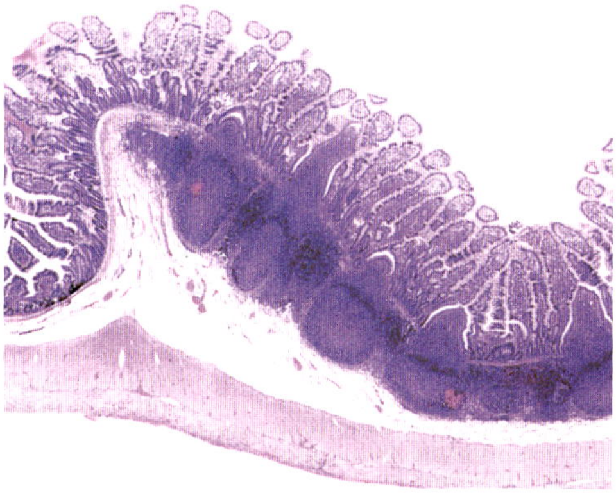

图 13-8 回肠（HE 染色 低倍镜）

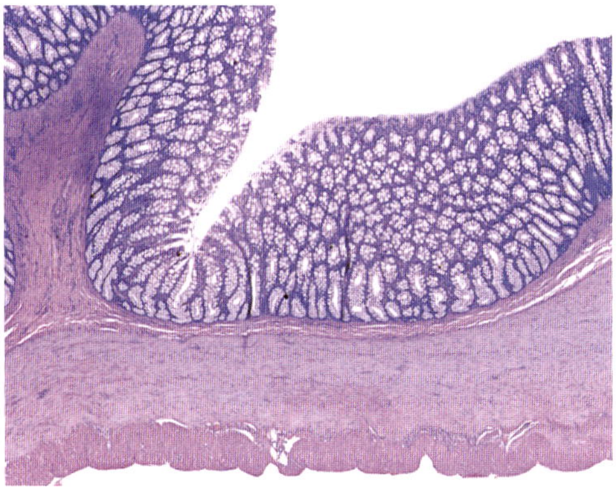

图 13-9 结肠（HE 染色 低倍镜）

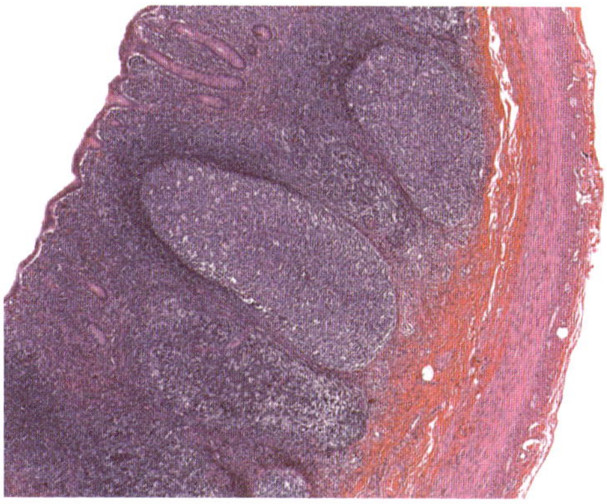

图 13-10 阑尾（HE 染色 低倍镜）

第十四章

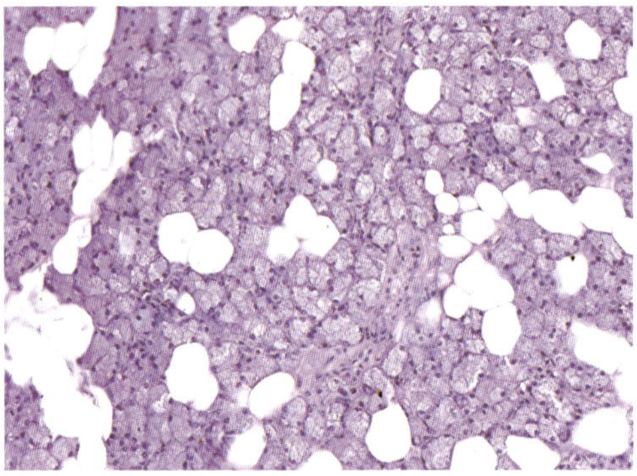

图 14-1　腮腺（HE 染色　低倍镜）

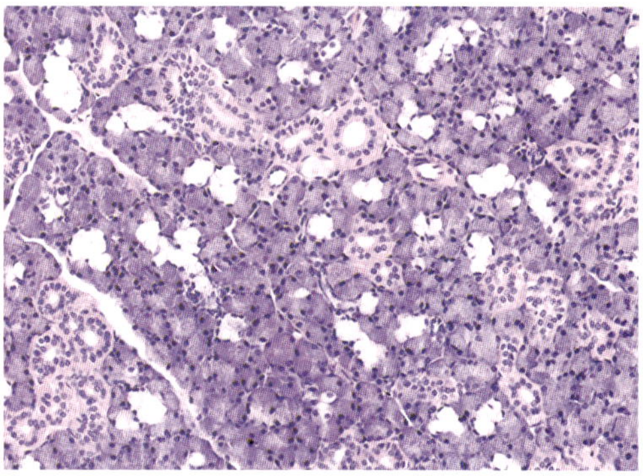

图 14-2　下颌下腺（HE 染色　低倍镜）

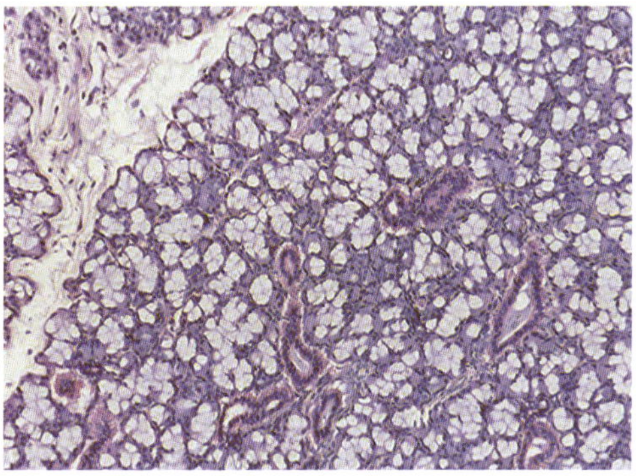

图 14-3　舌下腺（HE 染色　低倍镜）

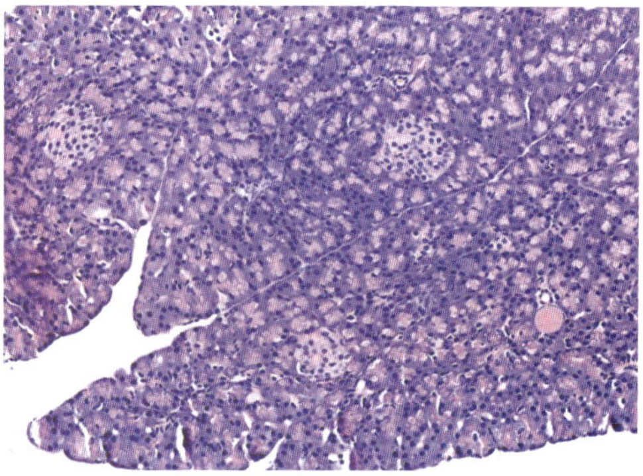

图 14-4　胰腺（HE 染色　低倍镜）

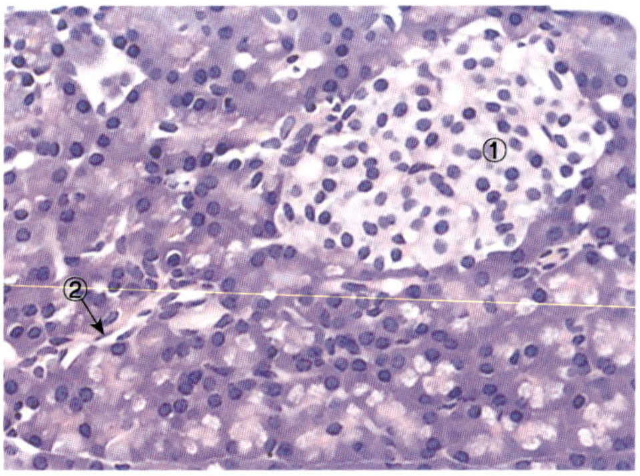

图 14-5　胰腺（HE 染色　高倍镜）

①胰岛；②闰管

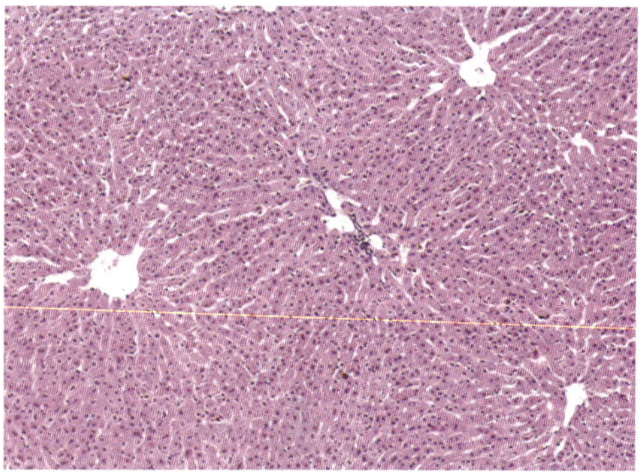

图 14-6　肝（HE 染色　低倍镜）

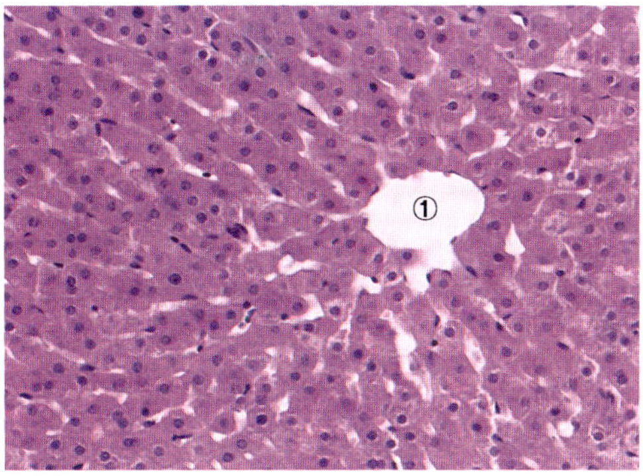

图 14-7 肝小叶（人肝 HE 染色 高倍镜）
①中央静脉

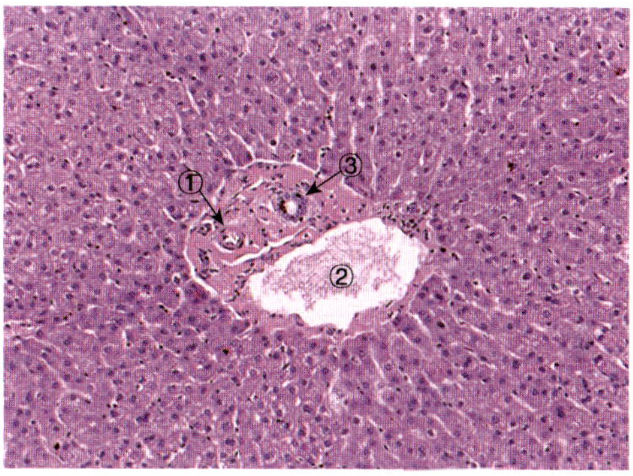

图 14-8 门管区（人肝 HE 染色 高倍镜）
①小叶间动脉；②小叶间静脉；③小叶间胆管

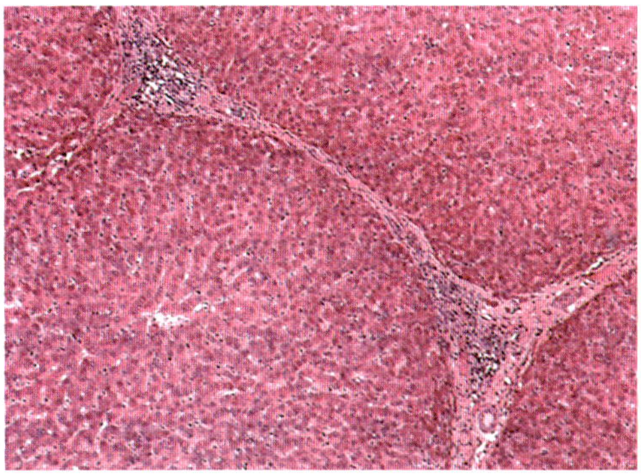

图 14-9 猪肝（HE 染色 低倍镜）

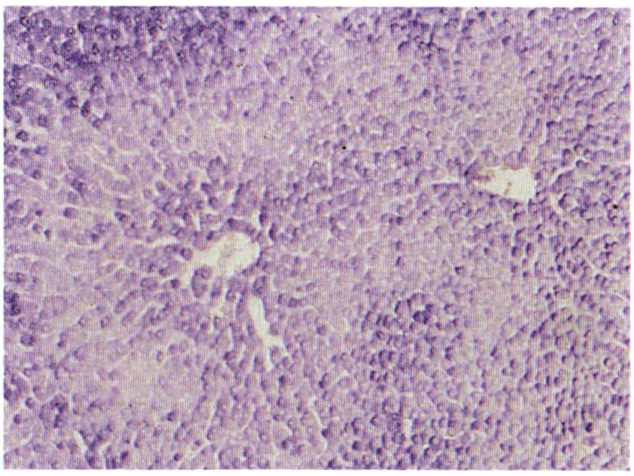

图 14-10 肝糖原（卡红 - 苏木精染色 低倍镜）

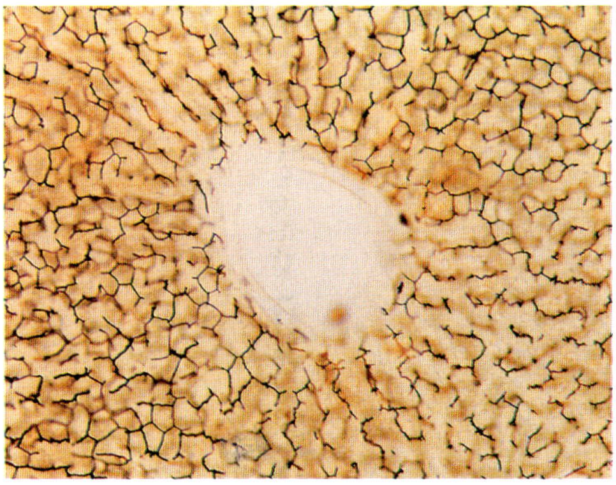

图 14-11 胆小管（硝酸银浸染 高倍镜）

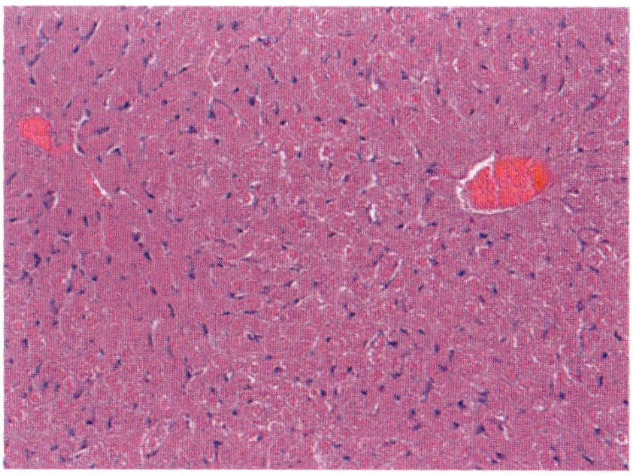

图 14-12 肝巨噬细胞（台盼蓝注射 HE 染色 高倍镜）

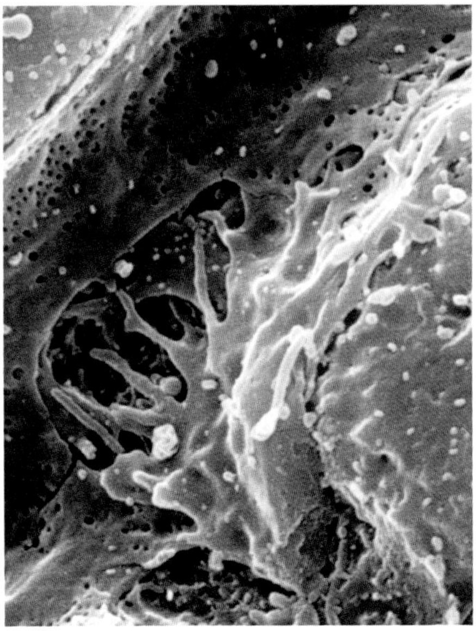

图 **14-13** 肝血窦（扫描电镜像）

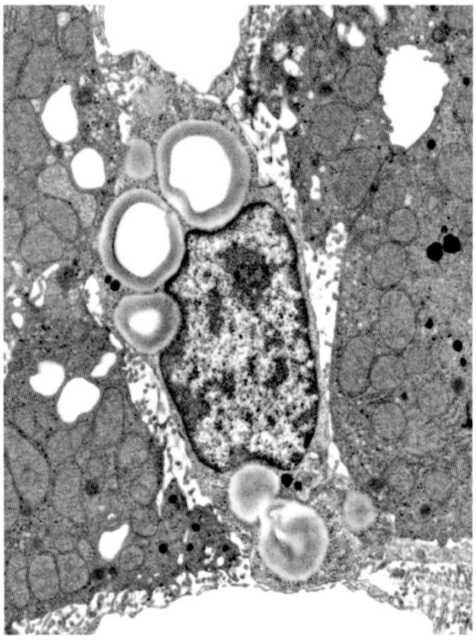

图 **14-14** 贮脂细胞（透射电镜像）

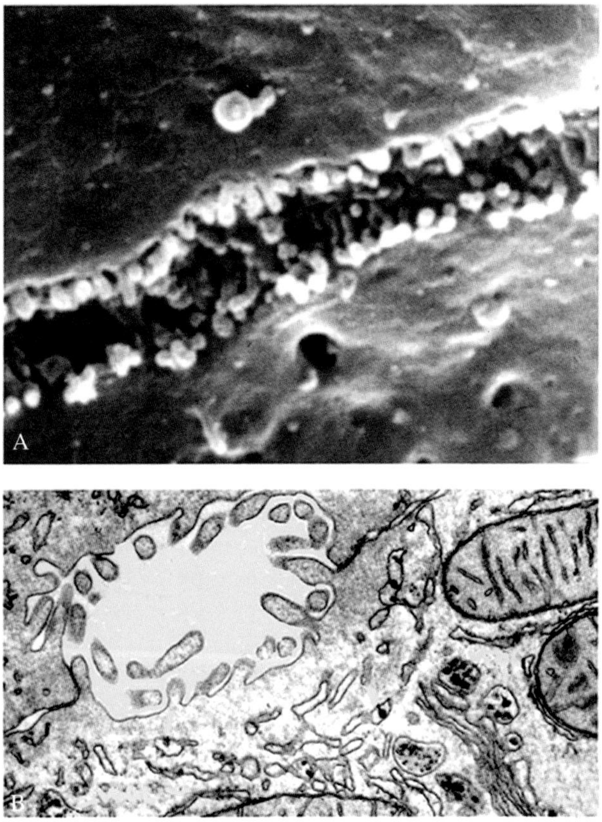

图 **14-15** 兔肝胆小管电镜像

A 胆小管扫描电镜像；B 胆小管透射电镜像

第十五章

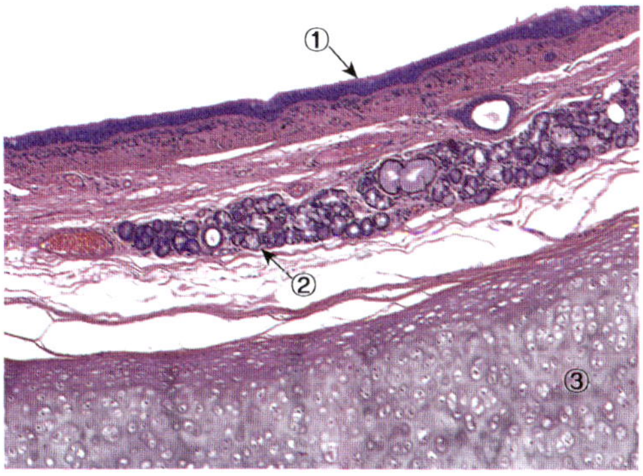

图 15-1　气管（HE 染色　低倍镜）
①假复层纤毛柱状上皮；②气管腺；③透明软骨

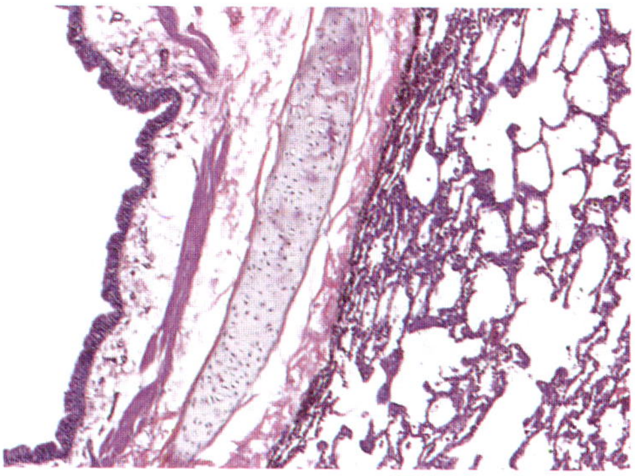

图 15-2　肺小支气管（HE 染色　低倍镜）

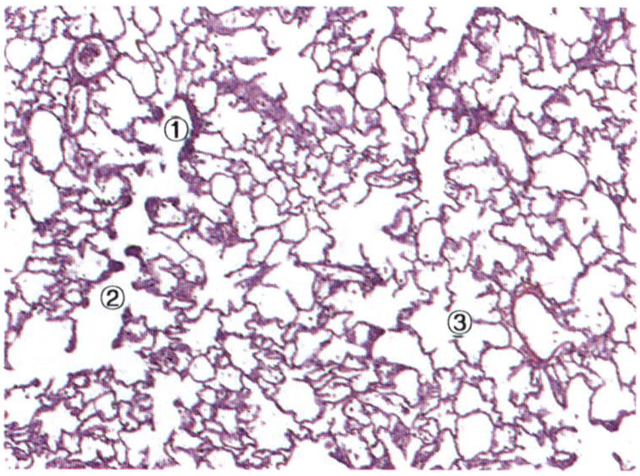

图 15-3　肺呼吸部（HE 染色　低倍镜）
①呼吸性细支气管；②肺泡管；③肺泡囊

图 15-4　气管上皮表面观（大鼠　扫描电镜像）
①纤毛细胞；②刷细胞；③杯状细胞

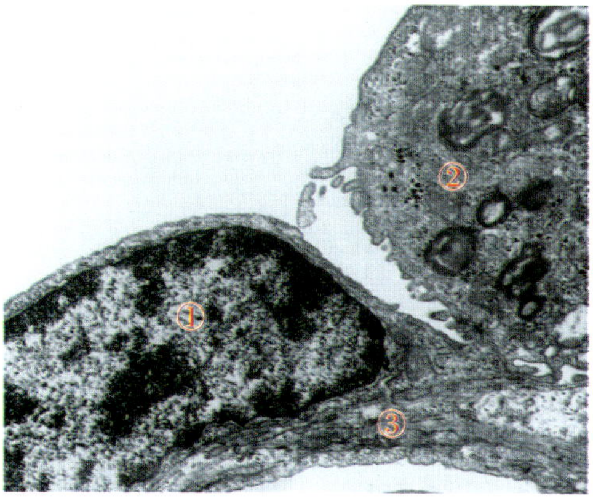

图 15-5　肺泡上皮（透射电镜像）
①Ⅰ型肺泡上皮细胞；②Ⅱ型肺泡上皮细胞；③肺泡隔

第十六章

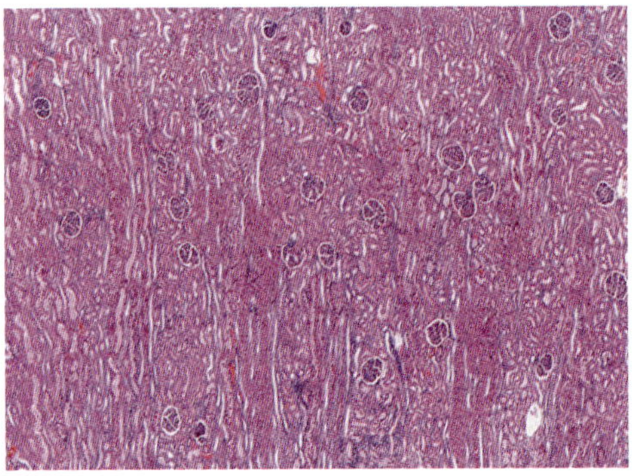

图 16-1　肾皮质（HE 染色　低倍镜）

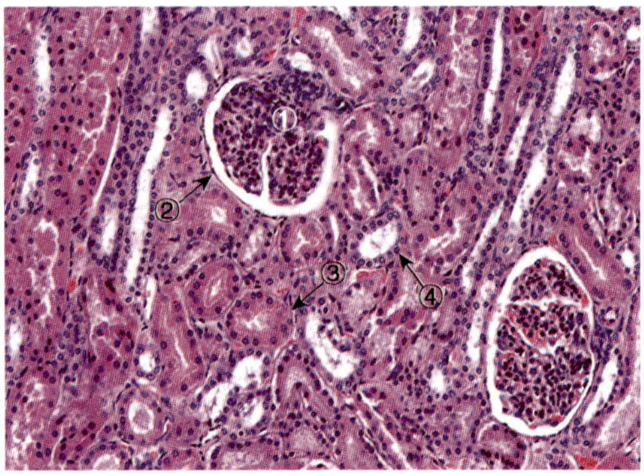

图 16-2　肾皮质（HE 染色　高倍镜）
①肾小体；②肾小囊壁层；③近曲小管；④远曲小管

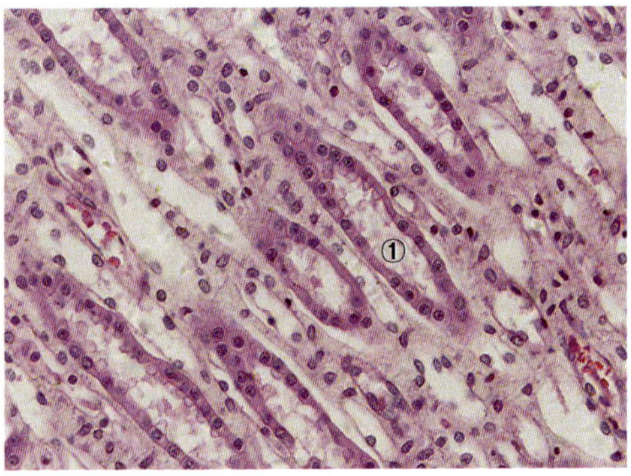

图 16-3　肾髓质（HE 染色　高倍镜）
①集合小管

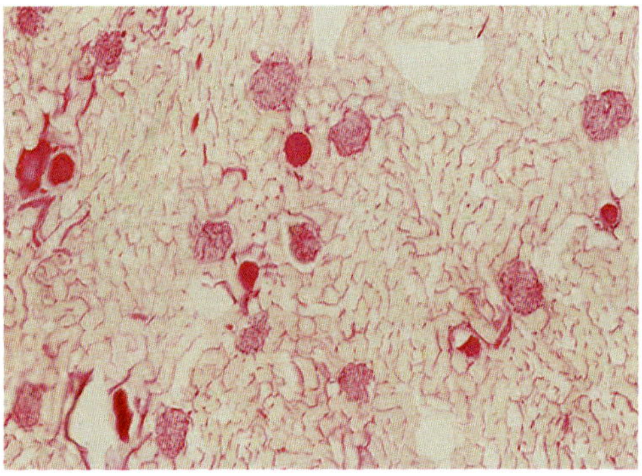

图 16-4　肾皮质（卡红明胶灌注　低倍镜）

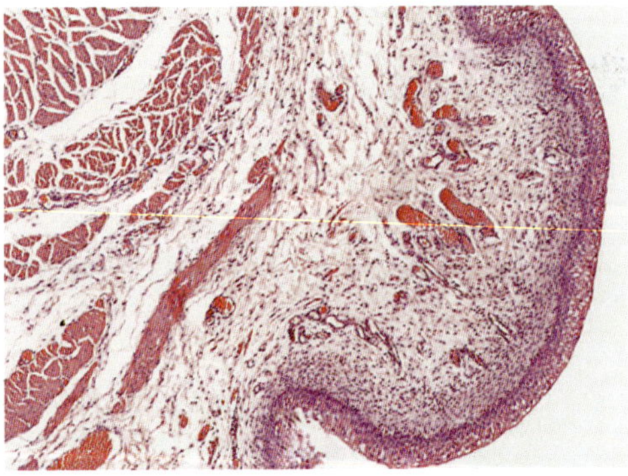

图 16-5　膀胱（HE 染色　低倍镜）

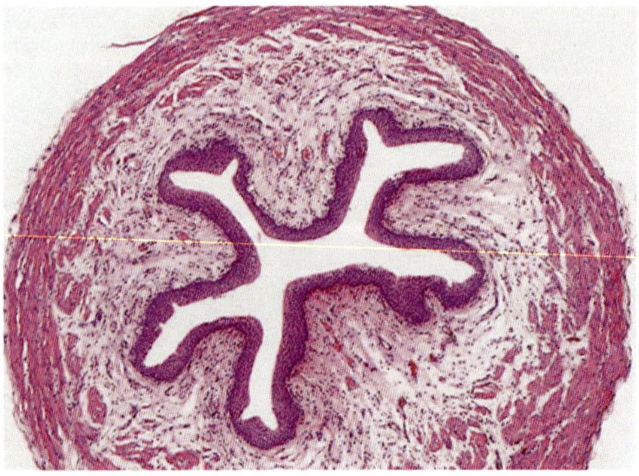

图 16-6　输尿管（HE 染色　低倍镜）

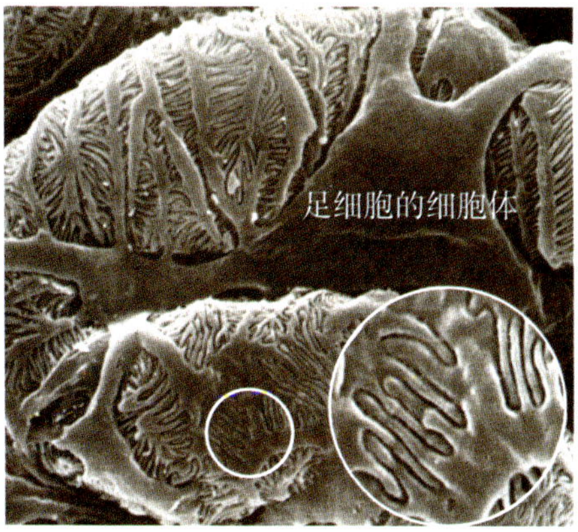

图 16-7　血管球（扫描电镜像）

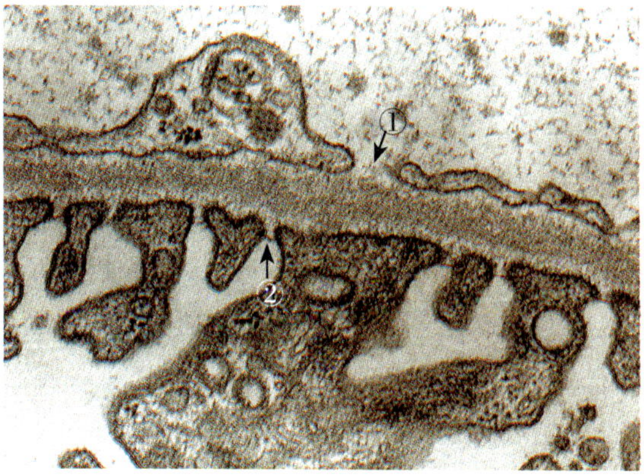

图 16-8　滤过屏障（透射电镜像）
①内皮细胞孔；②足细胞裂孔

第十七章

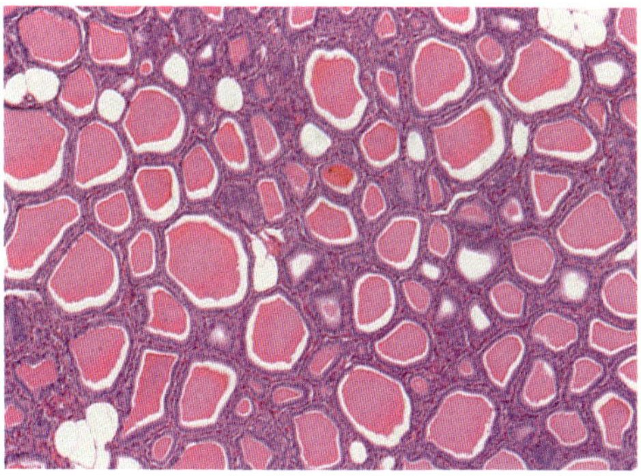

图 17-1　甲状腺（HE 染色　低倍镜）

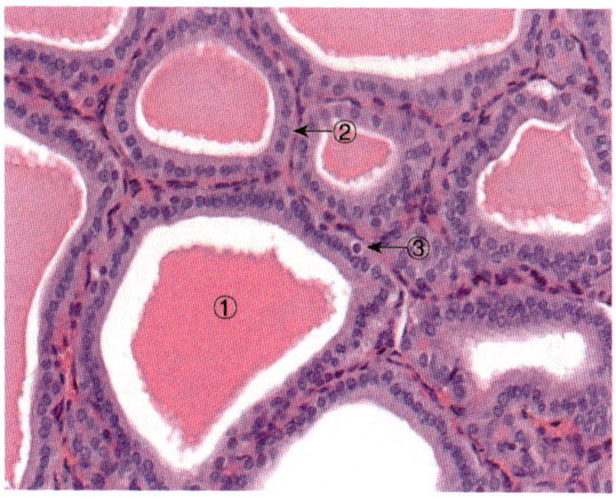

图 17-2　甲状腺（HE 染色　高倍镜）
①胶质；②滤泡上皮细胞；③滤泡旁细胞

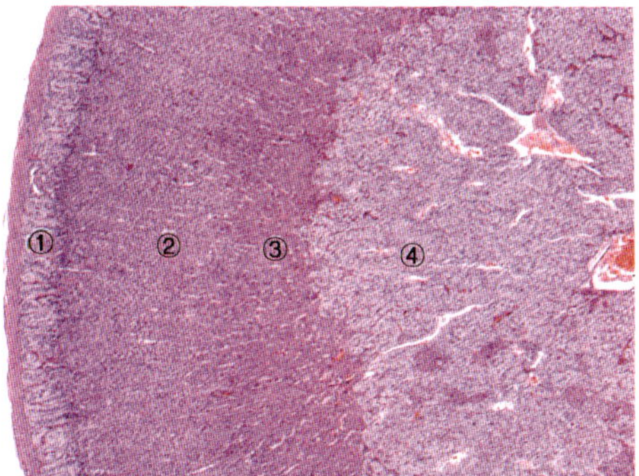

图 17-3　肾上腺（HE 染色　低倍镜）
①球状带；②束状带；③网状带；④髓质

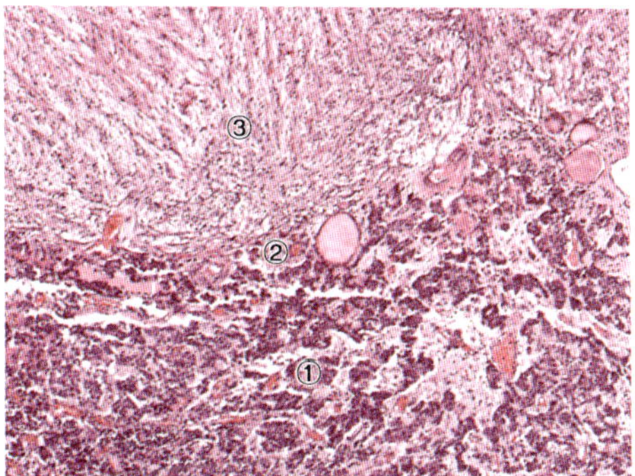

图 17-4　垂体（HE 染色　低倍镜）
①远侧部；②中间部；③神经部

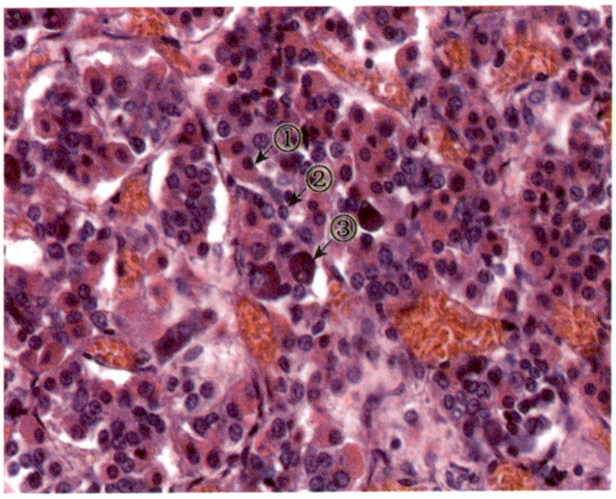

图 17-5 垂体远侧部（HE 染色 高倍镜）

①嗜酸性细胞；②嫌色细胞；③嗜碱性细胞

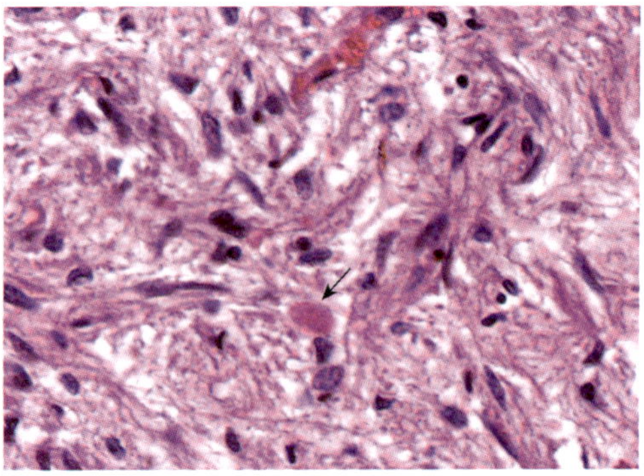

图 17-6 垂体神经部（HE 染色 高倍镜）

↑赫林体

第十八章

图 18-1 眼球（HE 染色 低倍镜）

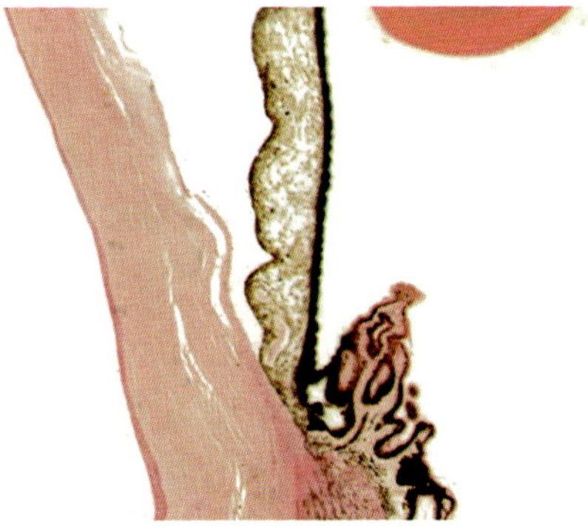

图 18-2 眼球前半部（HE 染色 低倍镜）

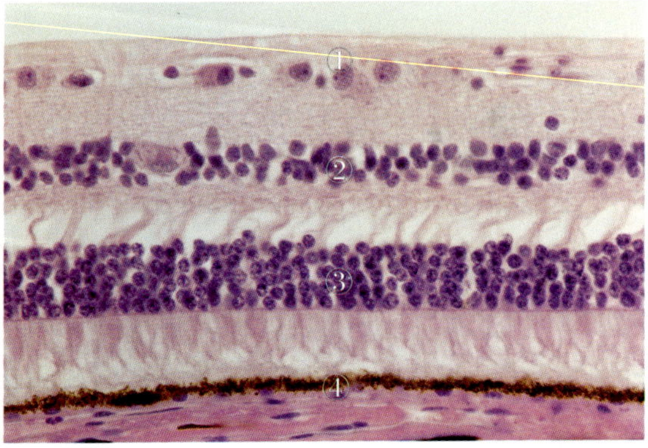

图 18-3 视网膜（HE 染色 高倍镜）

①节细胞层；②双极细胞层；③感光细胞层；④色素上皮细胞层

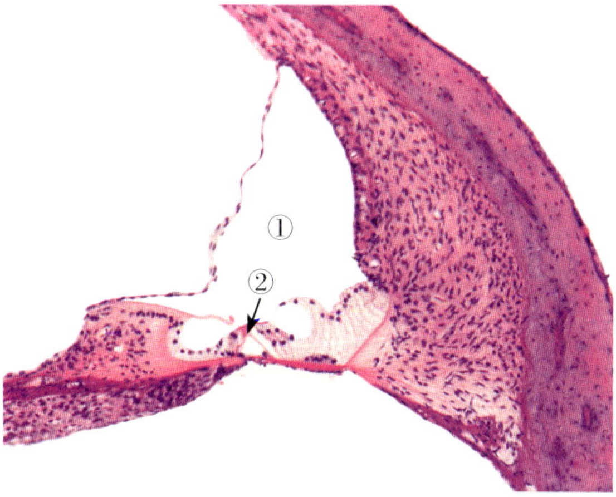

图 18-4　内耳耳蜗管与螺旋器（豚鼠　HE 染色　高倍镜）

①耳蜗管；②螺旋器

第十九章

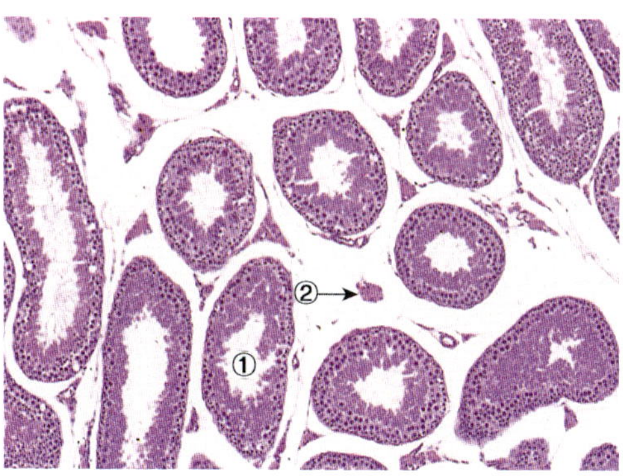

图 19-1　睾丸（HE 染色　低倍镜）

①生精小管；②睾丸间质

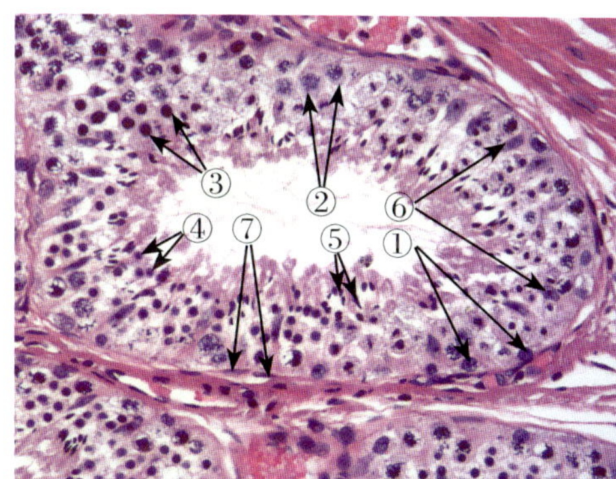

图 19-2　生精小管（HE 染色　高倍镜）

①精原细胞；②初级精母细胞；③次级精母细胞；④精子细胞；⑤精子；⑥支持细胞；⑦肌样细胞

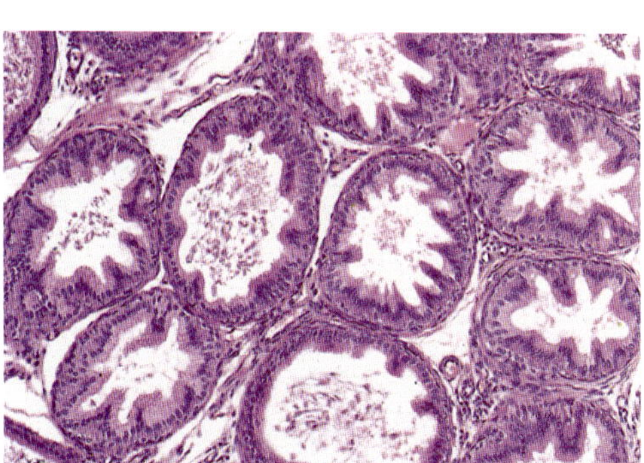

图 19-3　输出小管（HE 染色　低倍镜）

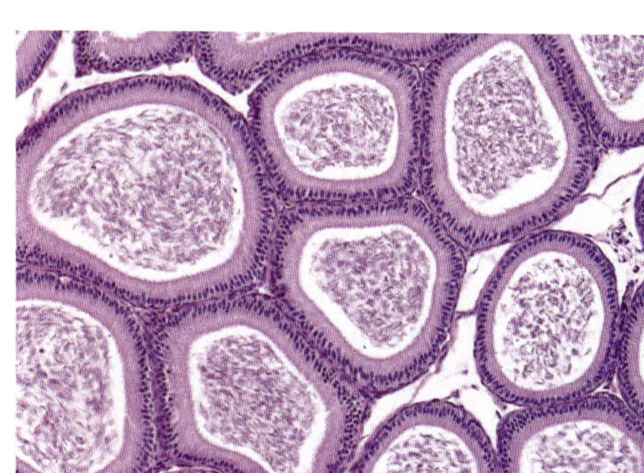

图 19-4　附睾管（HE 染色　低倍镜）

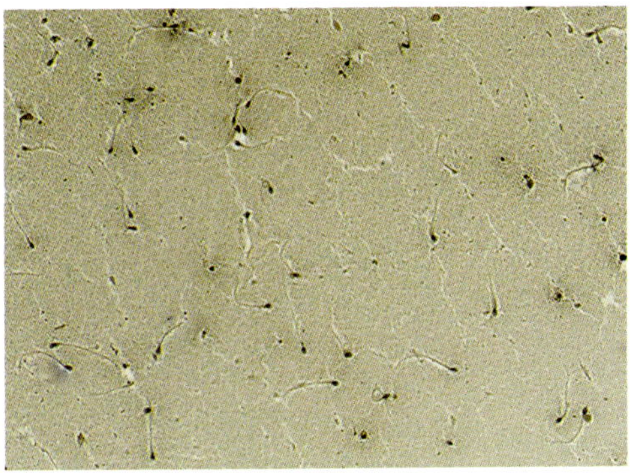

图 19-5　精子（硫堇染色　低倍镜）

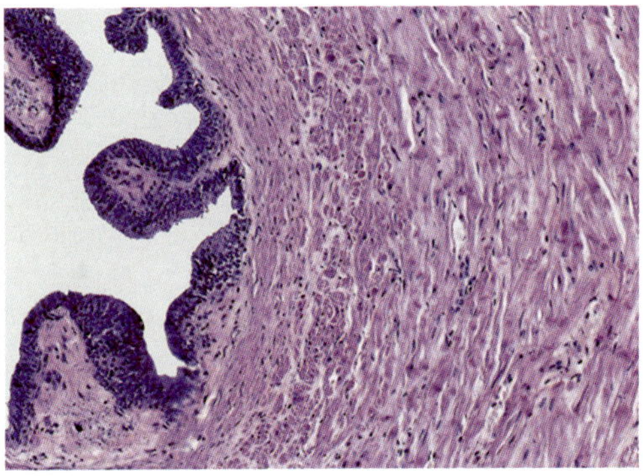

图 19-6　输精管（HE 染色　低倍镜）

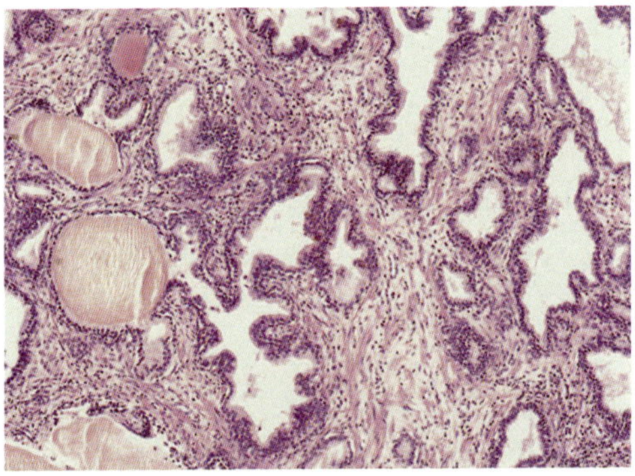

图 19-7　前列腺（HE 染色　低倍镜）

第二十章

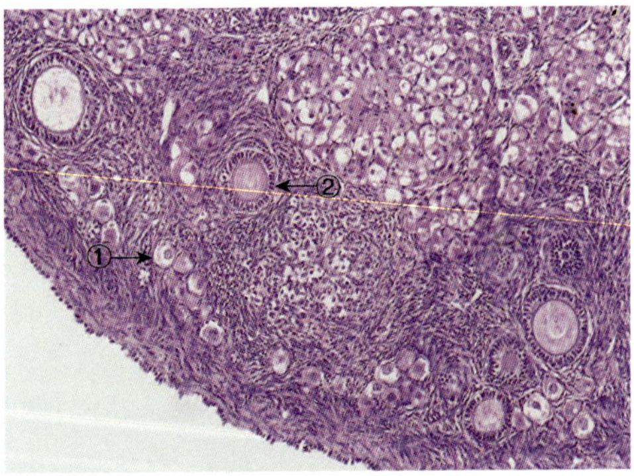

图 20-1　卵巢（HE 染色　低倍镜）
①原始卵泡；②初级卵泡

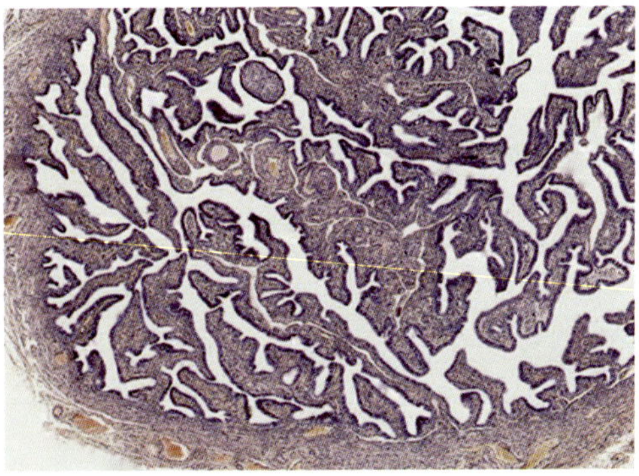

图 20-2　输卵管（HE 染色　低倍镜）

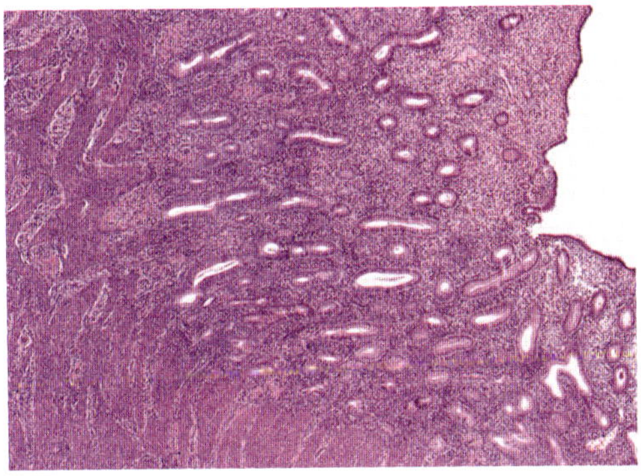
图 20-3　子宫（HE 染色　低倍镜）

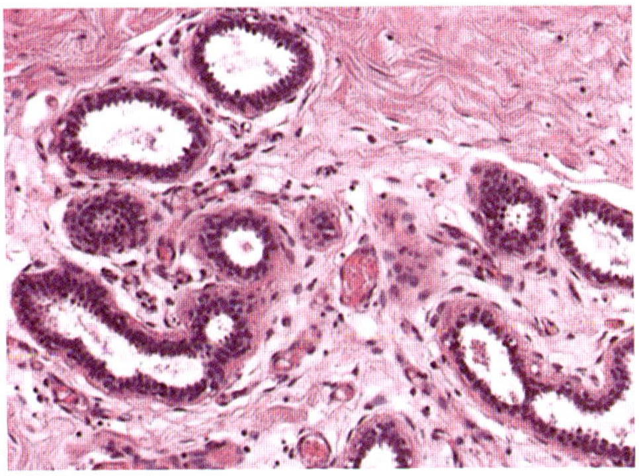
图 20-4　乳腺（静止期　HE 染色　低倍镜）

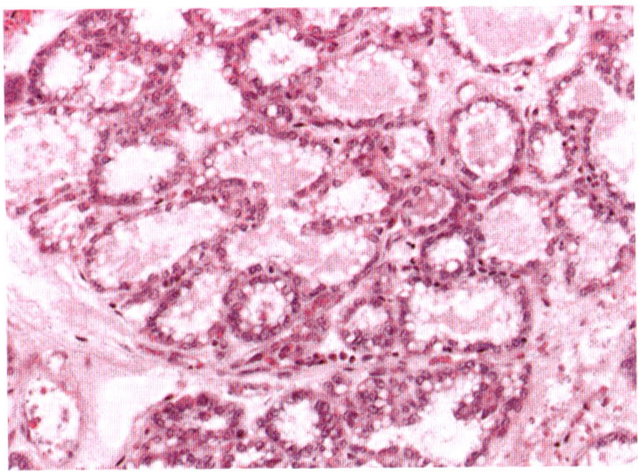
图 20-5　乳腺（分泌期　HE 染色　低倍镜）

第二十二章

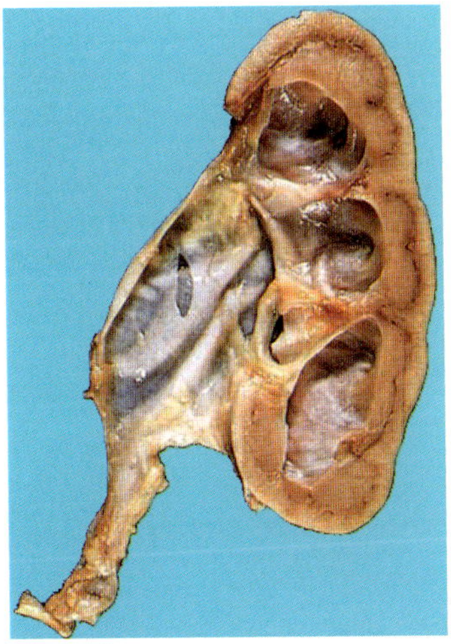
图 22-1　肾压迫性萎缩

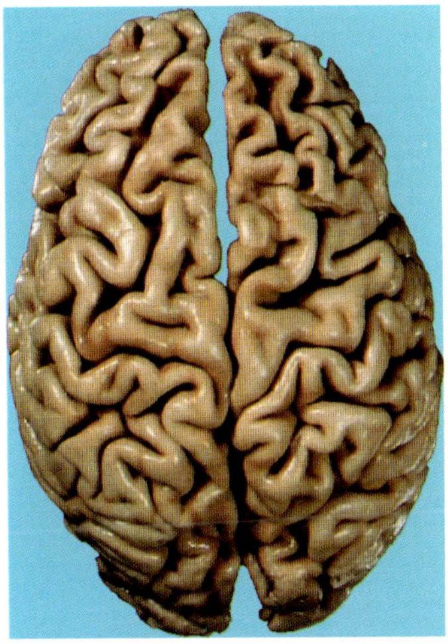
图 22-2　脑萎缩

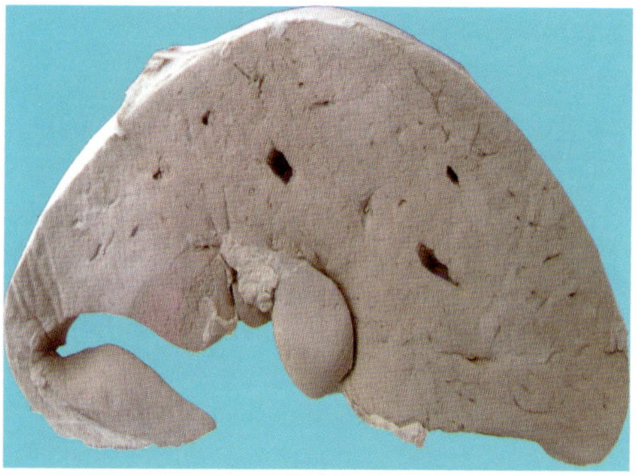

图 22-3　肝细胞水肿

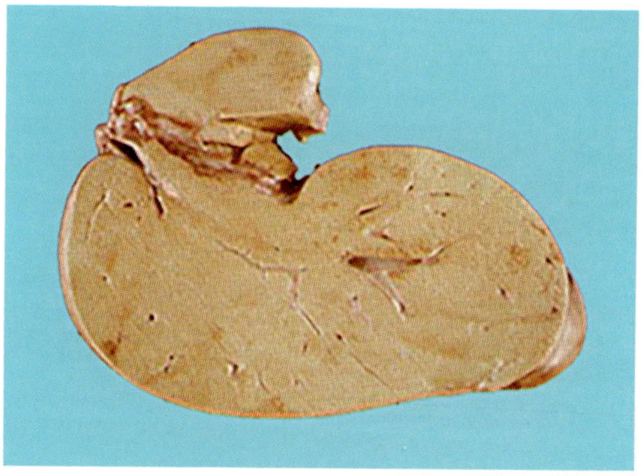

图 22-4　肝脂肪变性

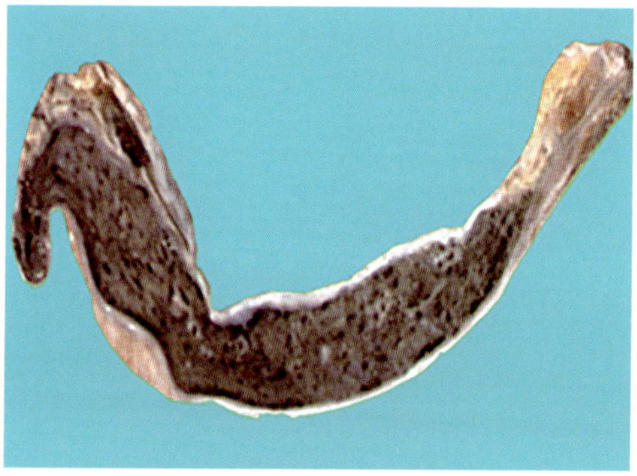

图 22-5　胸膜玻璃样变性

图 22-6　脾凝固性坏死

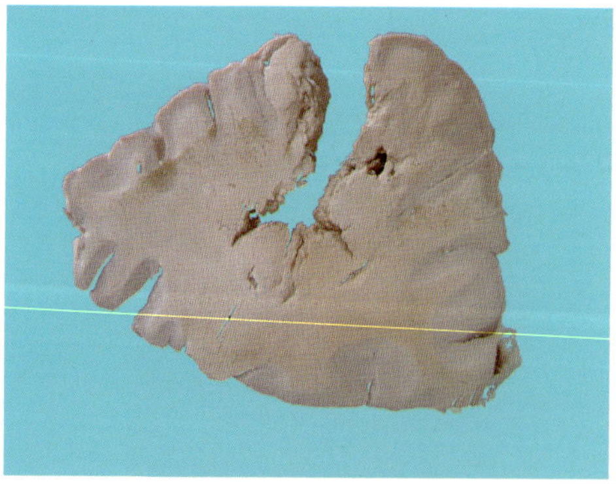

图 22-7　脑液化性坏死

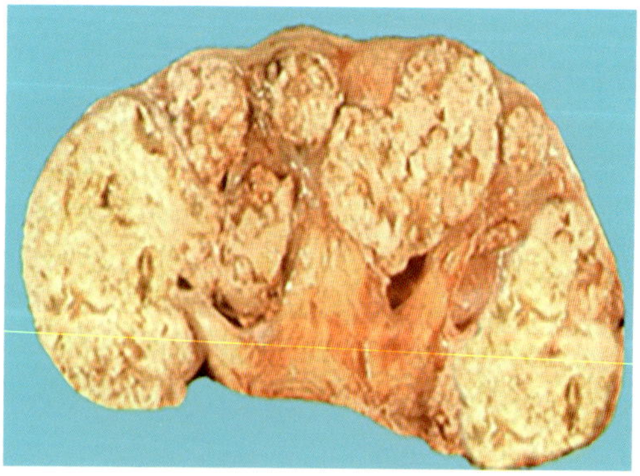

图 22-8　肾干酪样坏死

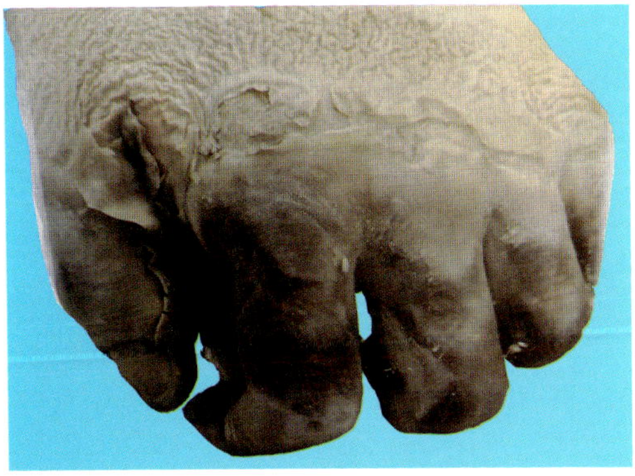

图 22-9　手干性坏疽

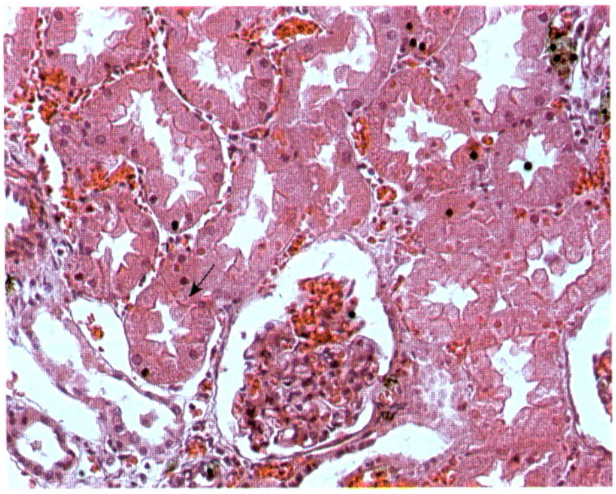

图 22-10　肾细胞水肿

↑肾近曲小管上皮细胞水样变性

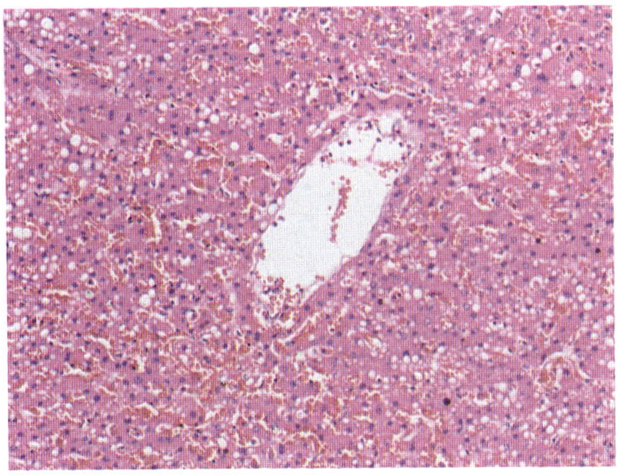

图 22-11　肝细胞脂肪变性

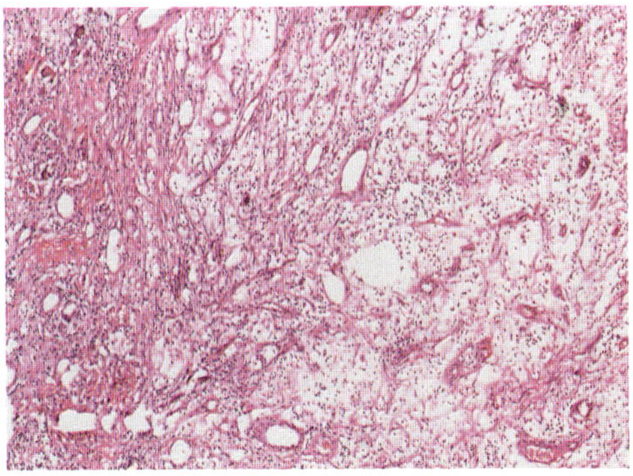

图 22-12　肉芽组织（低倍镜）

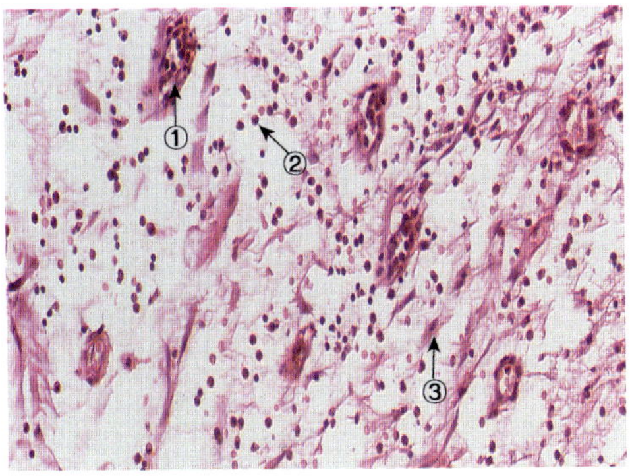

图 22-13　肉芽组织（高倍镜）

①新生薄壁毛细血管；②炎细胞；③成纤维细胞

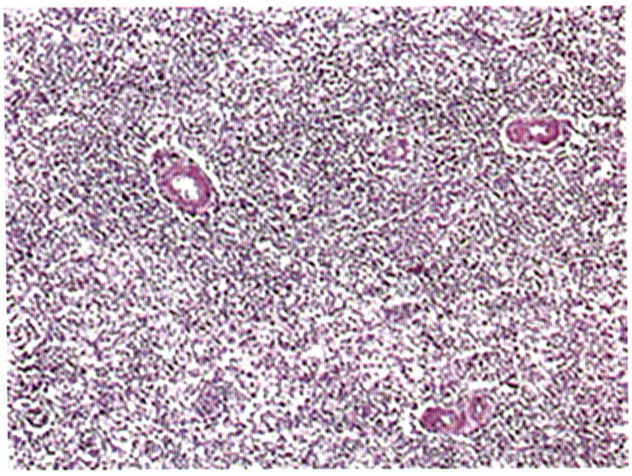

图 22-14　脾小体中央动脉玻璃样变性

第二十三章

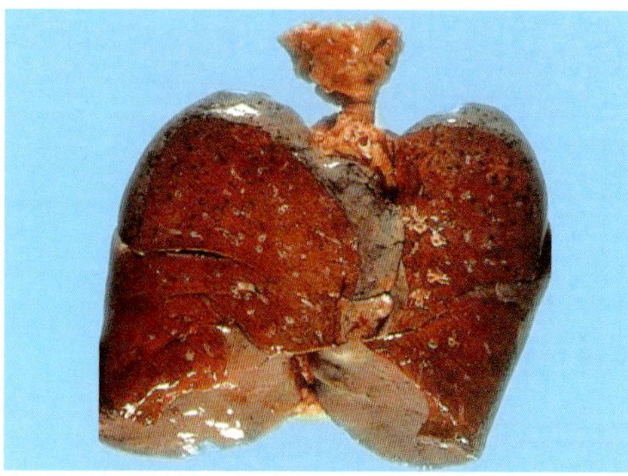

图 23-1　慢性肺淤血

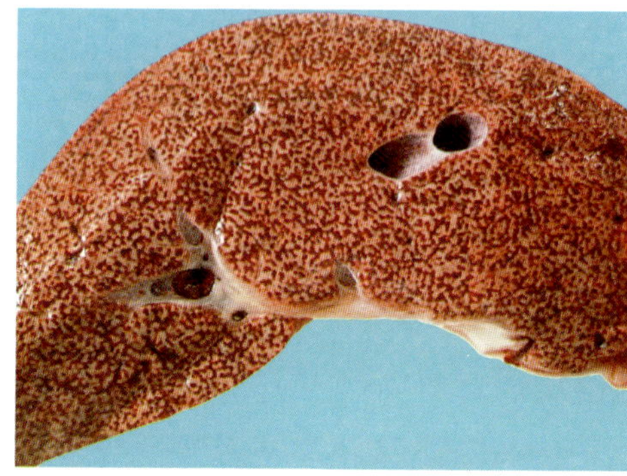

图 23-2　慢性肝淤血

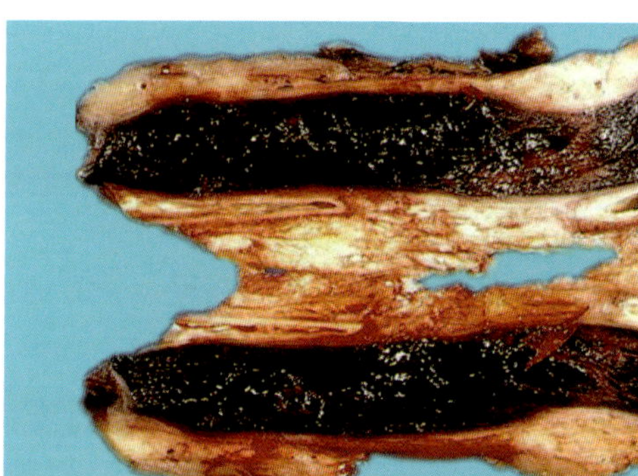

图 23-3　深静脉血栓形成

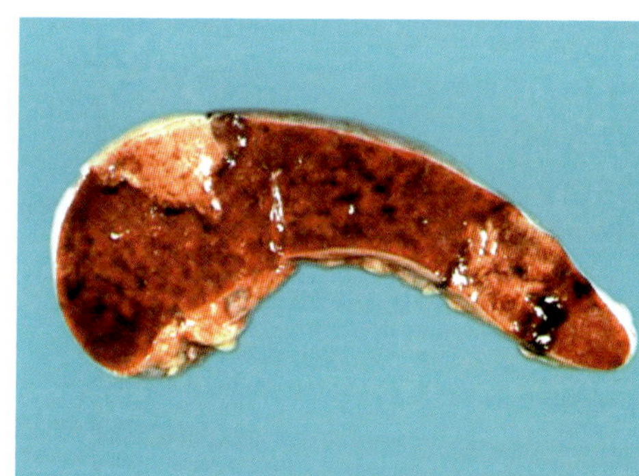

图 23-4　脾贫血性梗死

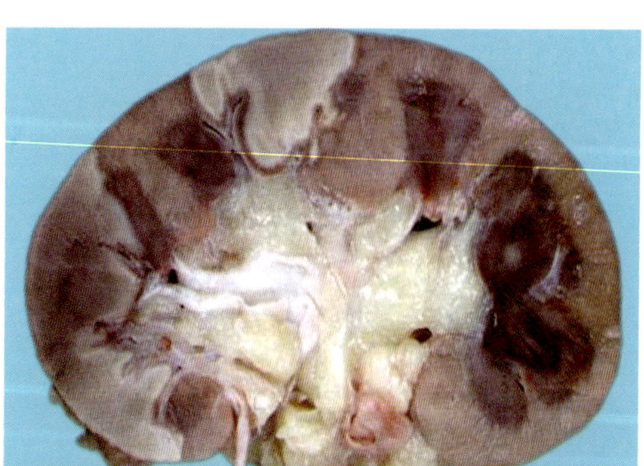

图 23-5　肾贫血性梗死

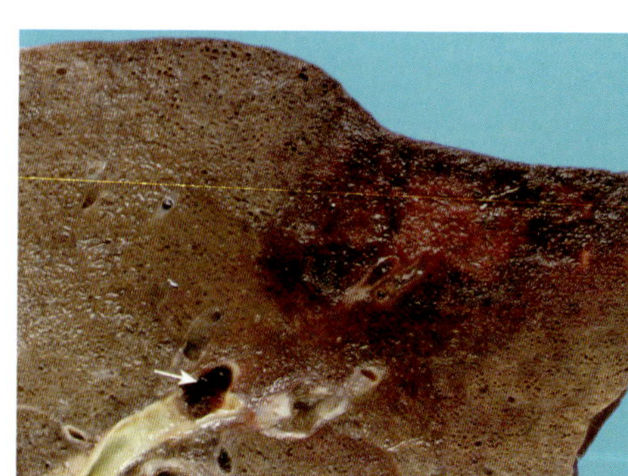

图 23-6　肺出血性梗死

↑血栓

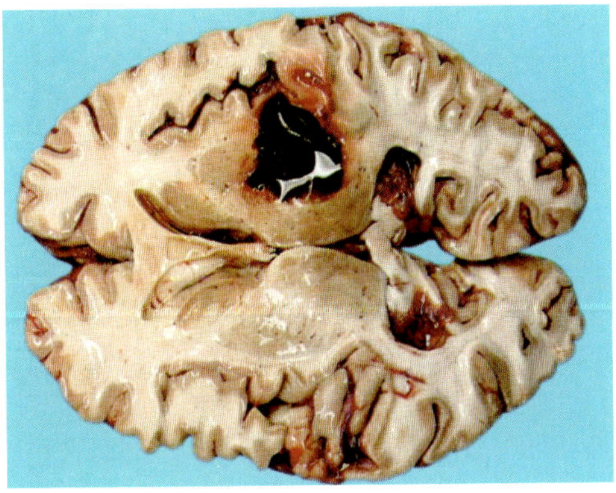

图 23-7　脑出血

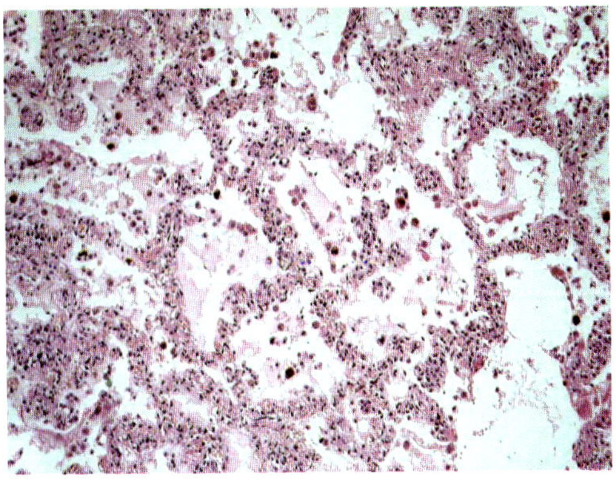

图 23-8　慢性肺淤血（低倍镜）

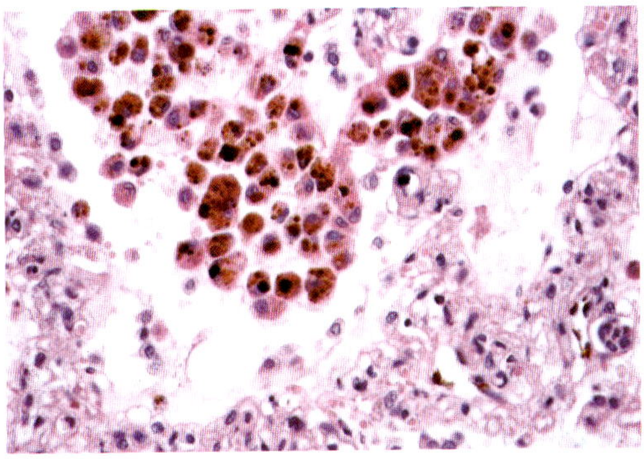

图 23-9　慢性肺淤血（高倍镜）

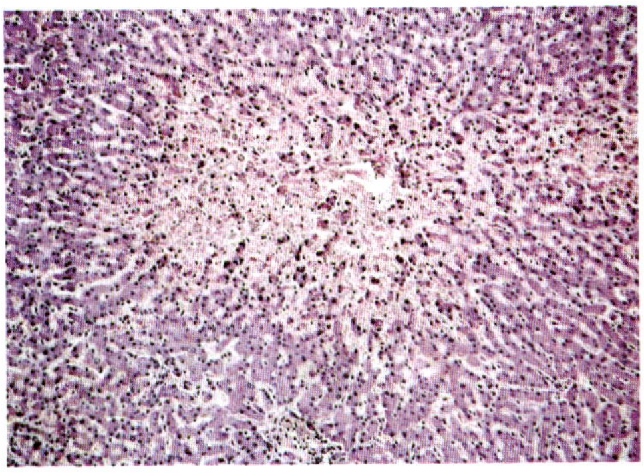

图 23-10　慢性肝淤血

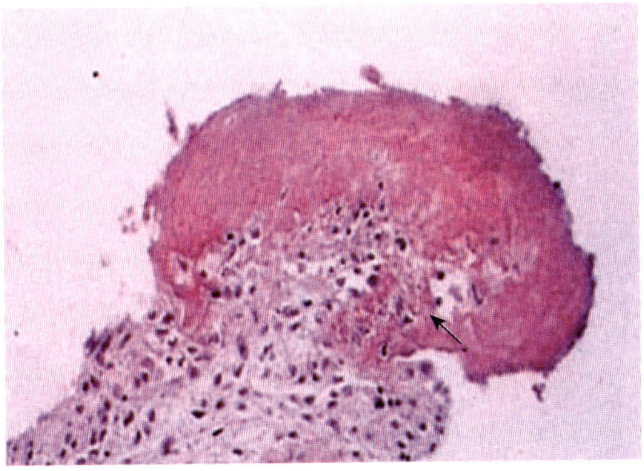

图 23-11　白色血栓（低倍镜）

↑白色血栓机化

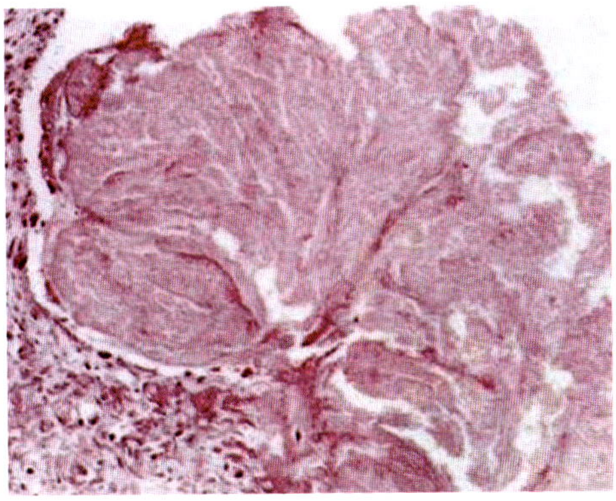

图 23-12　白色血栓（高倍镜）

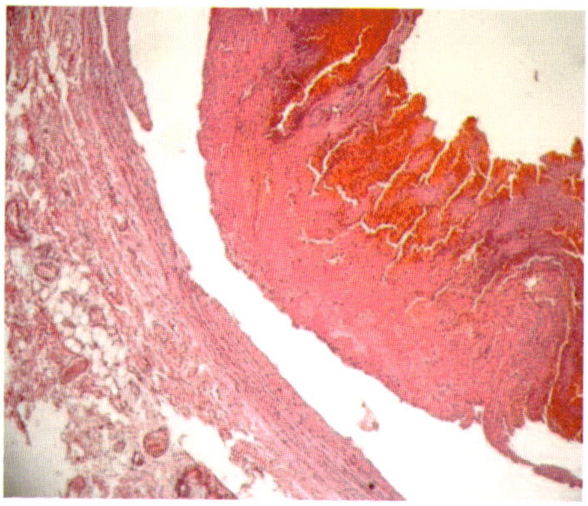

图 23-13 混合血栓（低倍镜）

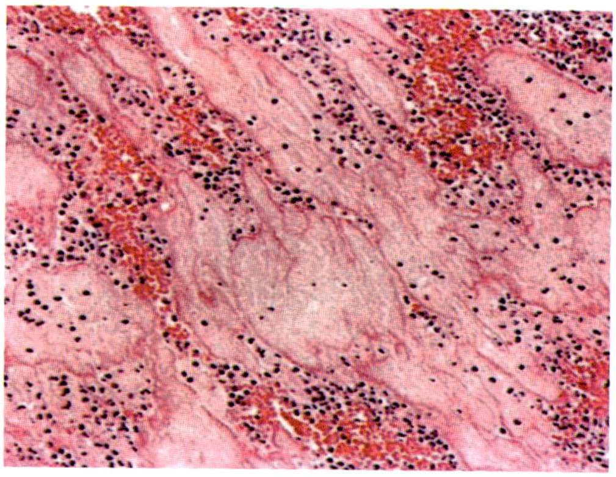

图 23-14 混合血栓（高倍镜）

第二十四章

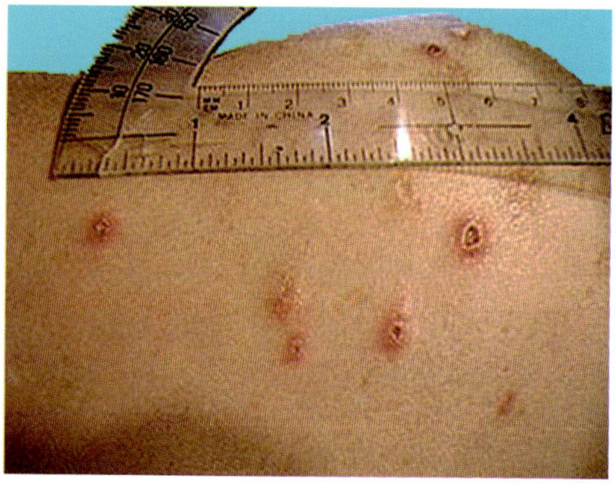

图 24-1 皮肤浆液性炎

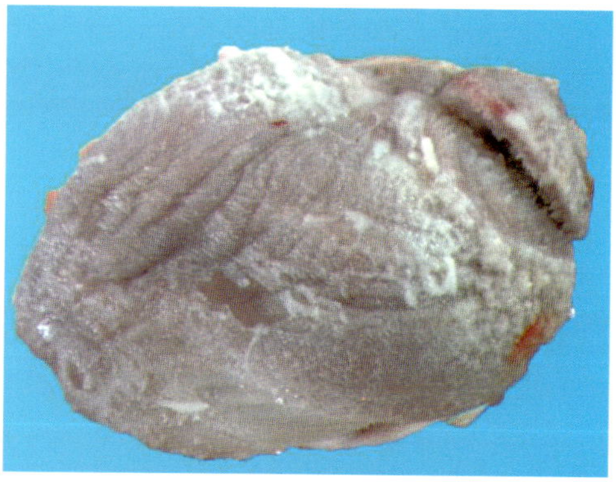

图 24-2 纤维蛋白性心包炎

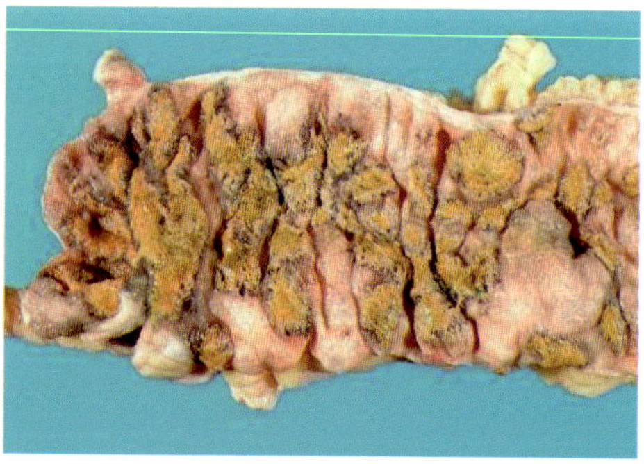

图 24-3 结肠纤维蛋白性炎

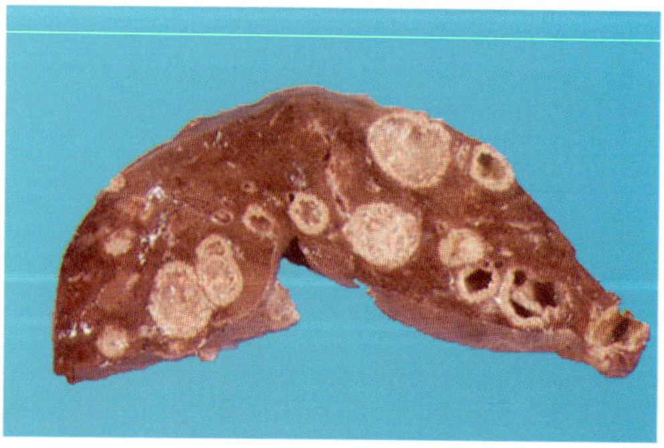

图 24-4 细菌性肝脓肿

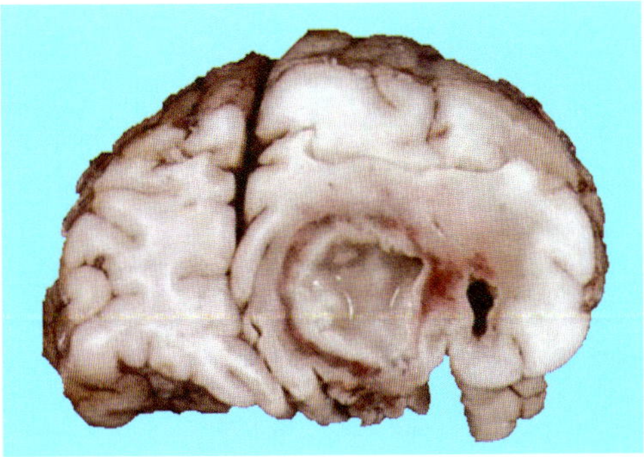

图 24-5　脑脓肿

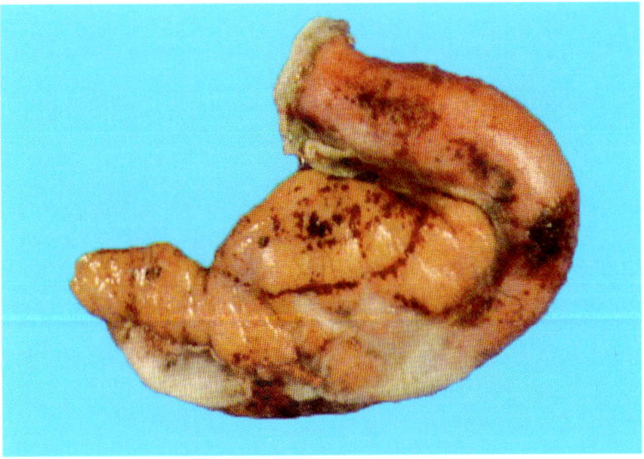

图 24-6　化脓性阑尾炎

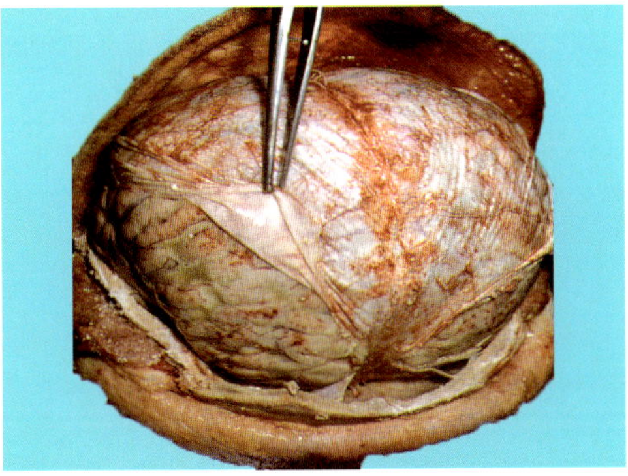

图 24-7　化脓性脑膜炎

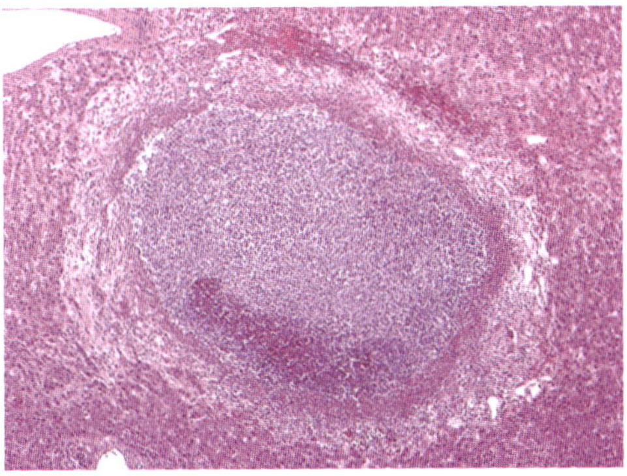

图 24-8　肝脓肿

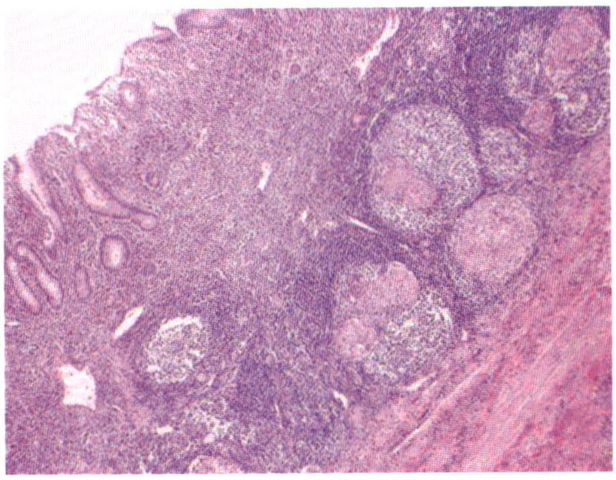

图 24-9　急性蜂窝织炎性阑尾炎

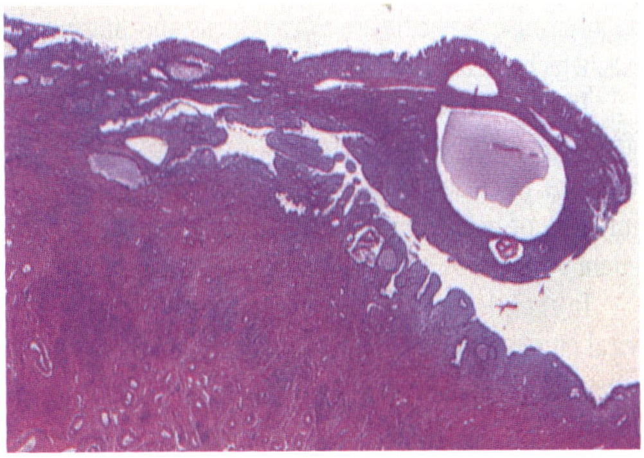

图 24-10　子宫颈息肉

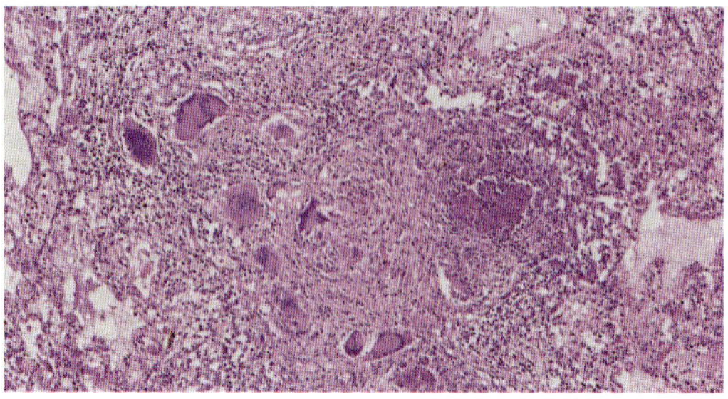

图 24-11　结核结节（低倍镜）

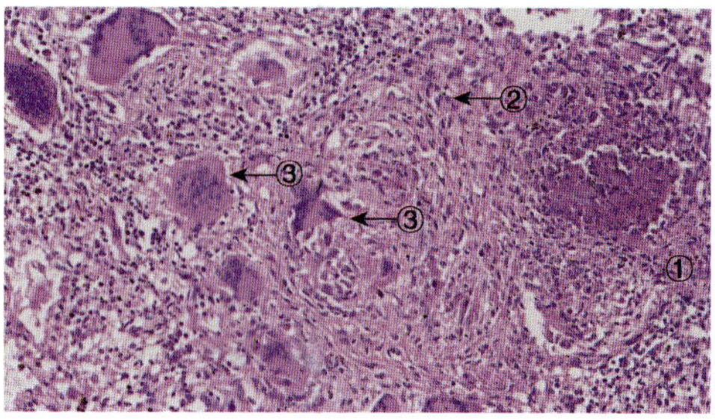

图 24-12　结核结节（高倍镜）
①干酪样坏死；②上皮样细胞；③朗汉斯巨细胞

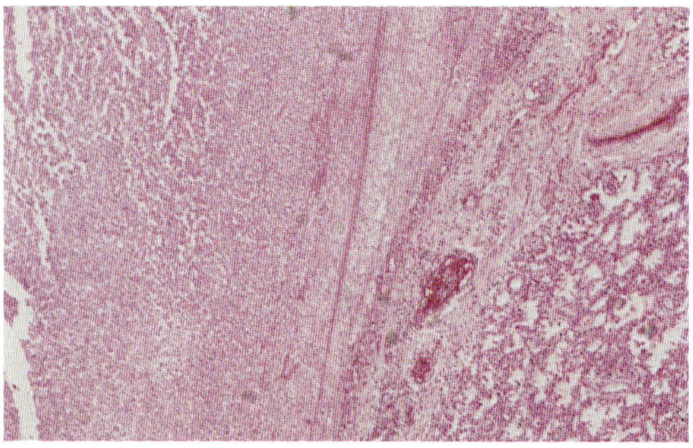

图 24-13　纤维蛋白性胸膜炎（低倍镜）

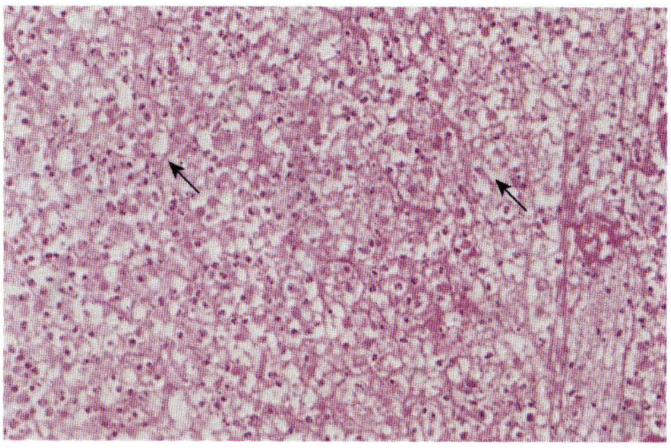

图 24-14　纤维蛋白性胸膜炎（高倍镜）
↑纤维蛋白性渗出物

第二十五章

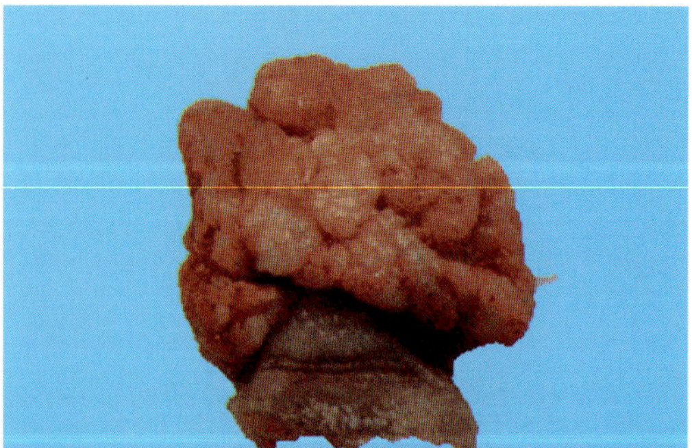

图 25-1　乳头状瘤

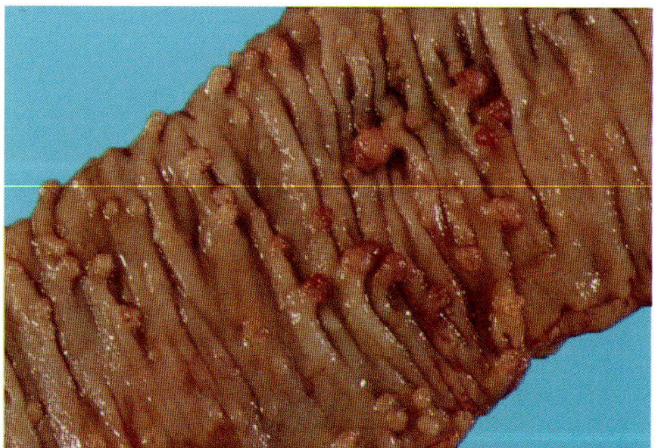

图 25-2　肠壁息肉状腺瘤

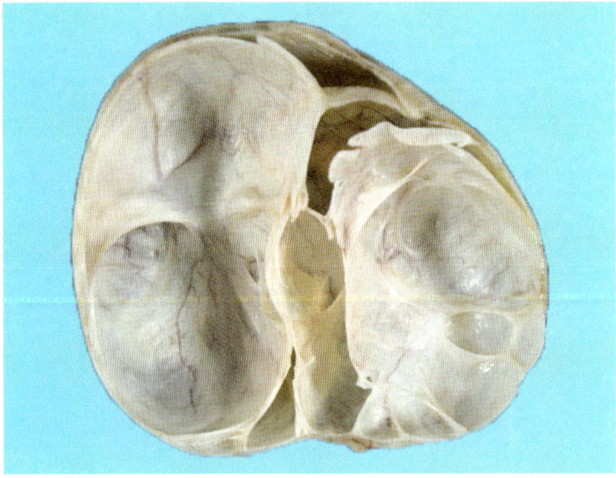

图 25-3 卵巢黏液性囊腺瘤

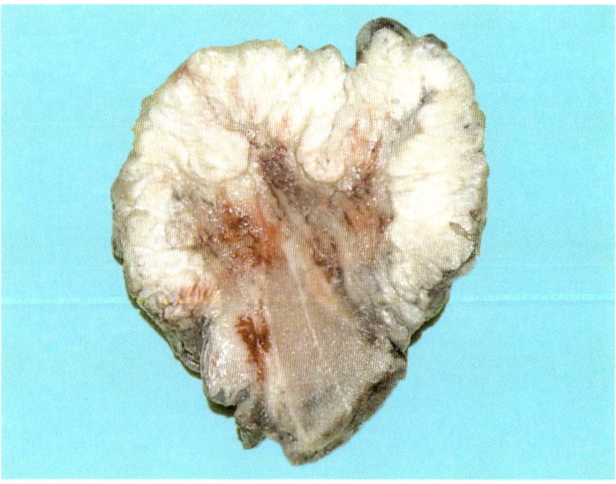

图 25-4 阴茎癌

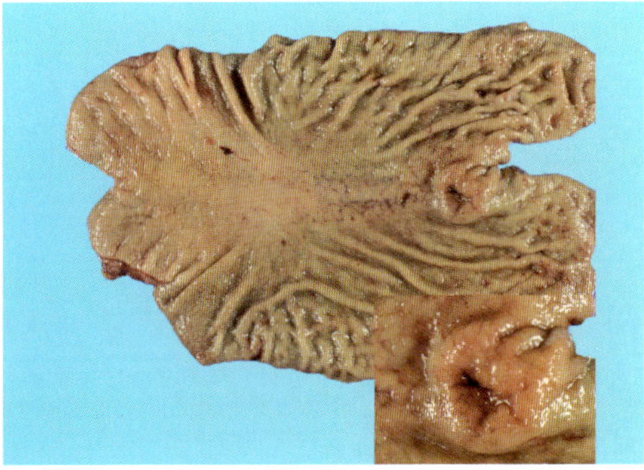

图 25-5 溃疡型胃癌

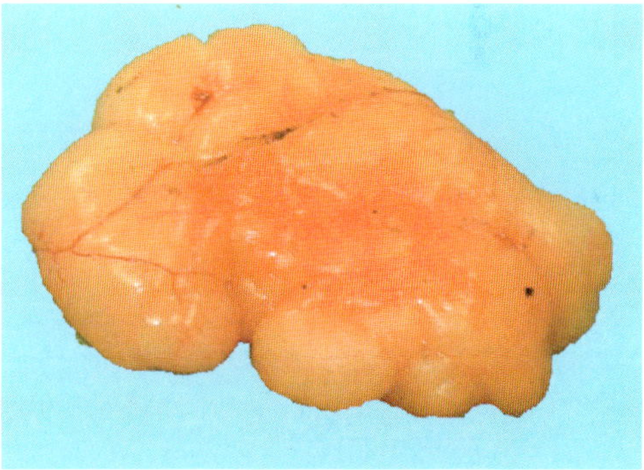

图 25-6 脂肪瘤

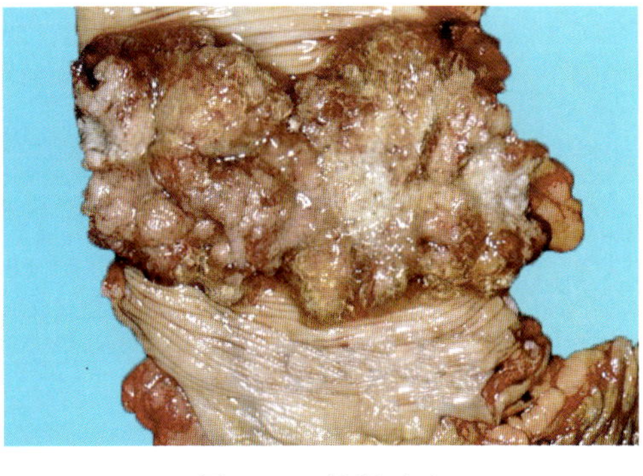

图 25-7 结肠腺癌

图 25-8 纤维瘤

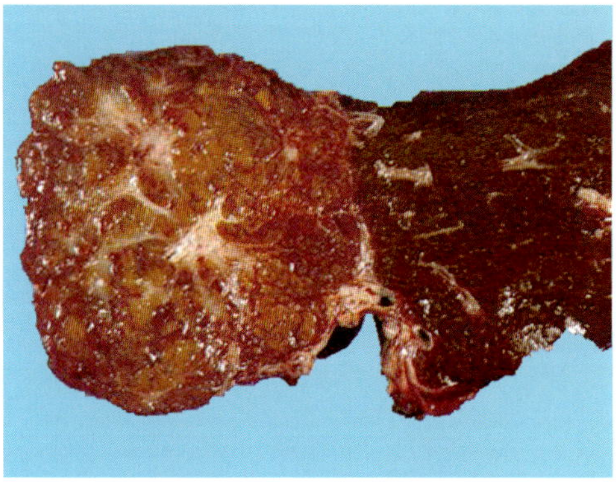

图 25-9　肝海绵状血管瘤

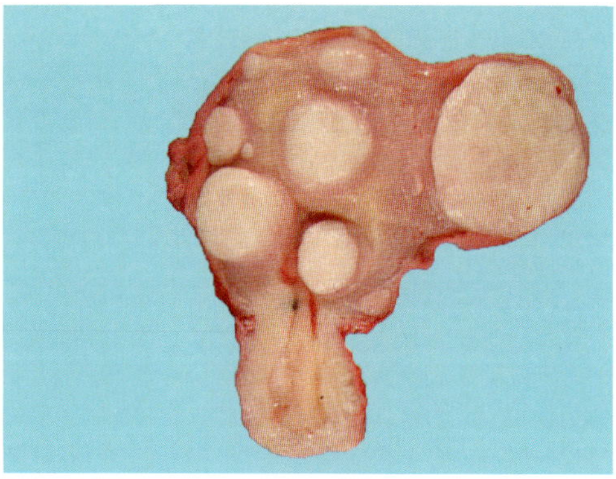

图 25-10　子宫平滑肌瘤

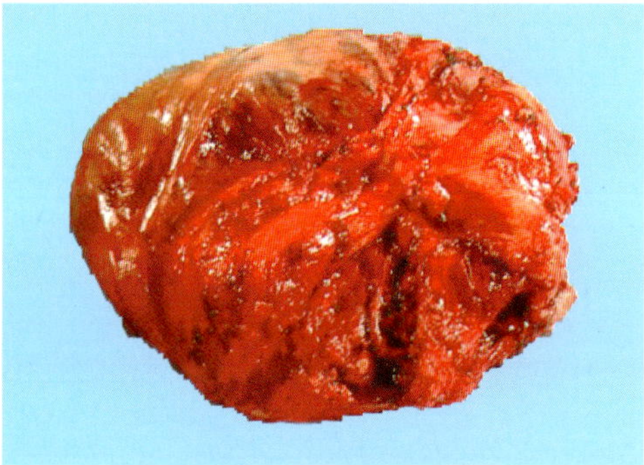

图 25-11　纤维肉瘤

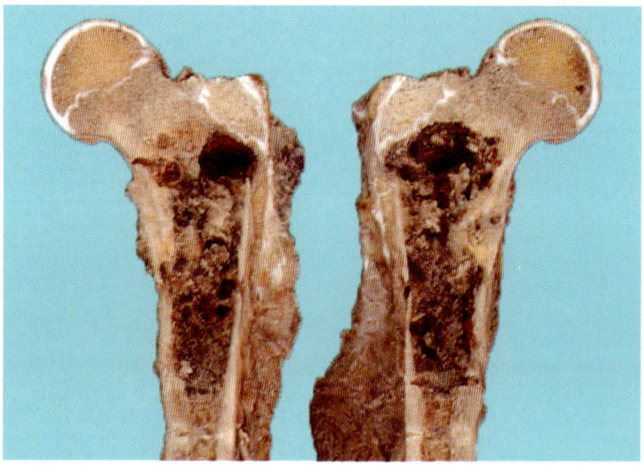

图 25-12　骨肉瘤

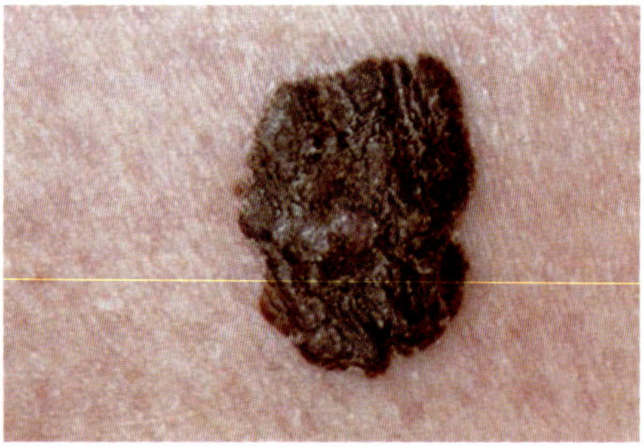

图 25-13　恶性黑色素瘤

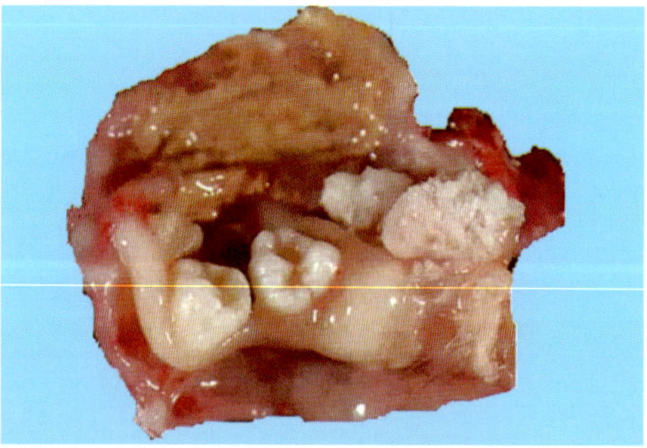

图 25-14　畸胎瘤

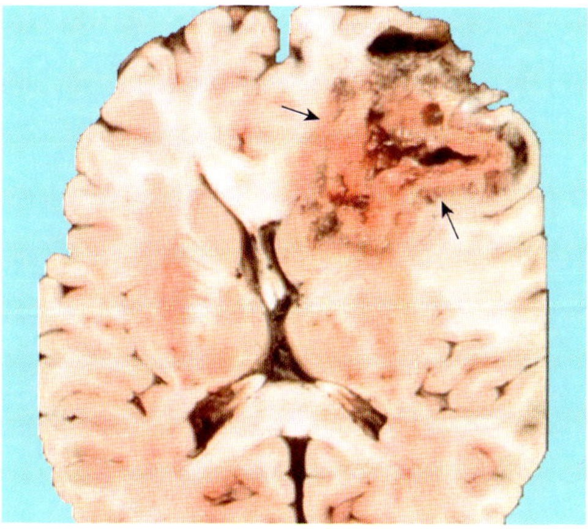

图 25-15　多形性胶质母细胞瘤

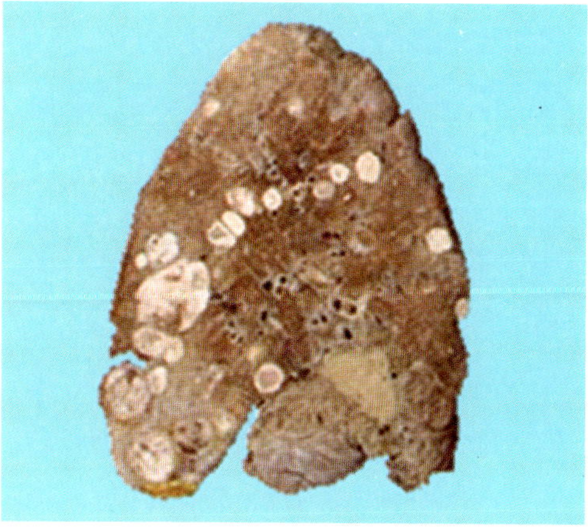

图 25-16　肺转移癌

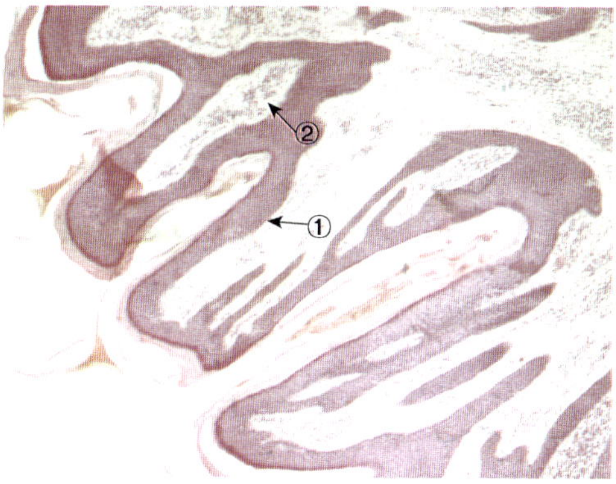

图 25-17　乳头状瘤（低倍镜）

①鳞状上皮来源的肿瘤细胞；②肿瘤间质

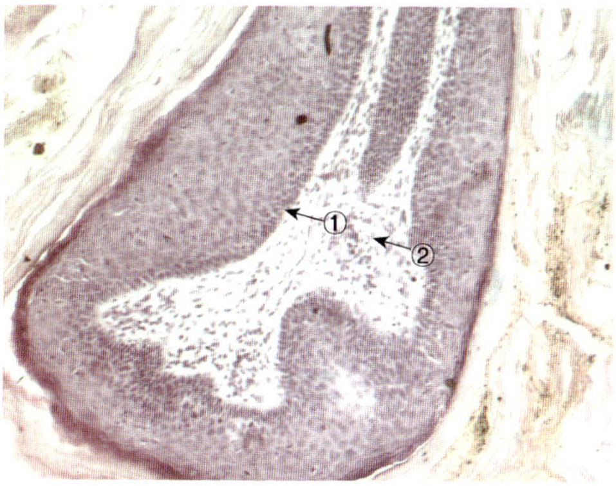

图 25-18　乳头状瘤（高倍镜）

①鳞状上皮来源的肿瘤细胞；②肿瘤间质

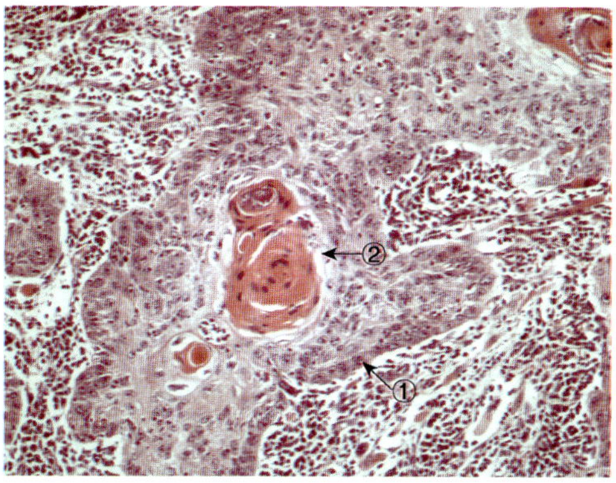

图 25-19　鳞状细胞癌（低倍镜）

①鳞状细胞癌癌巢；②角化珠

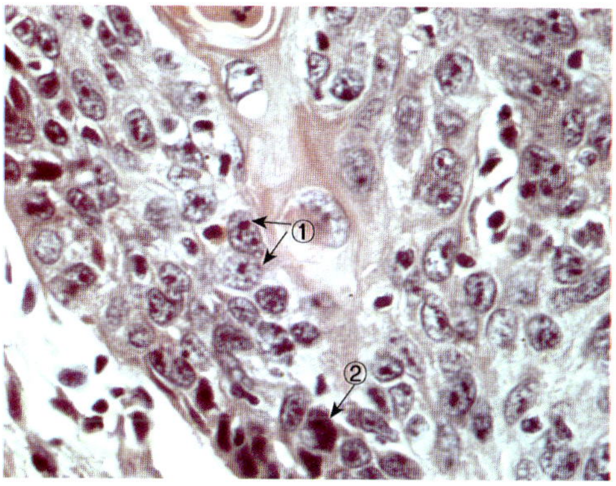

图 25-20　鳞状细胞癌（高倍镜）

①高分化癌细胞；②病理性核分裂象

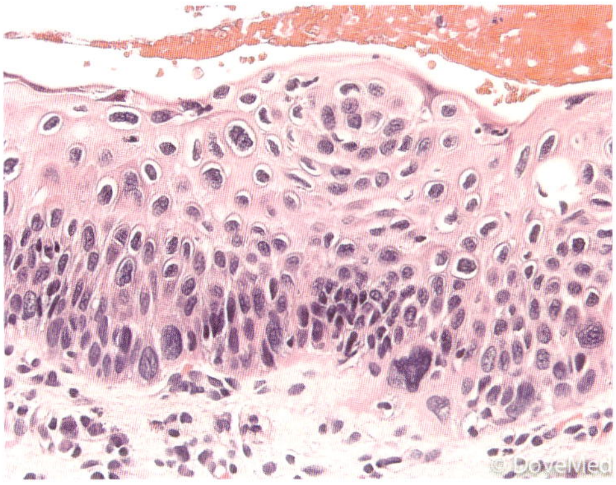

图 25-21　原位癌（高倍镜）

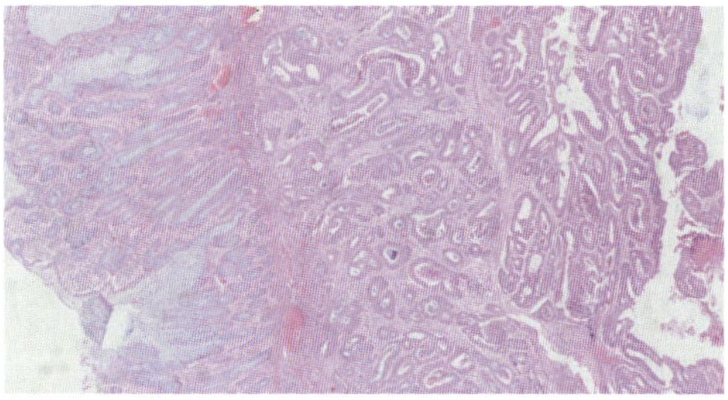

图 25-22　结肠腺癌（低倍镜）

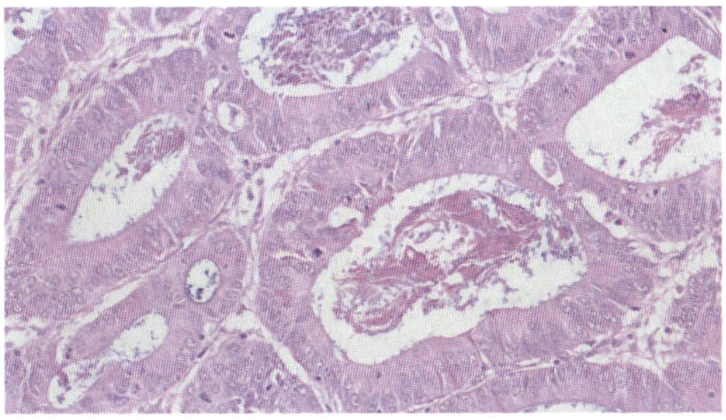

图 25-23　结肠腺癌（高倍镜）

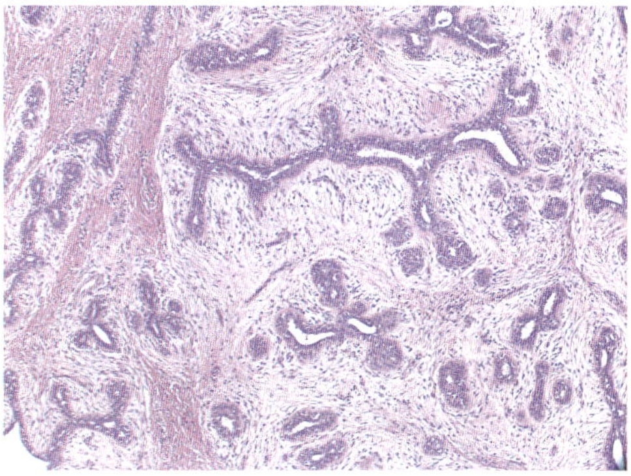

图 25-24　乳腺纤维腺瘤

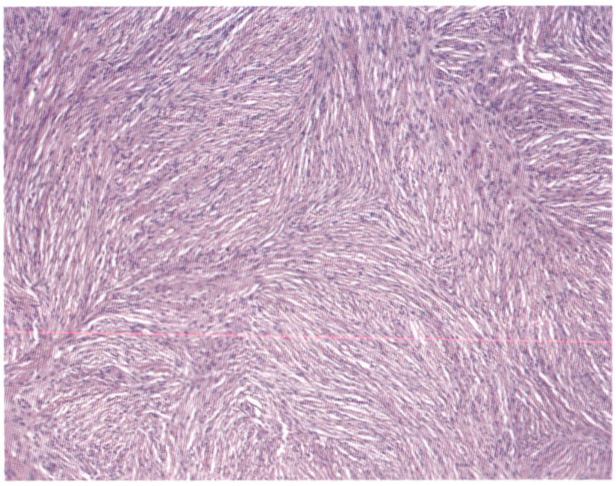

图 25-25　纤维瘤（低倍镜）

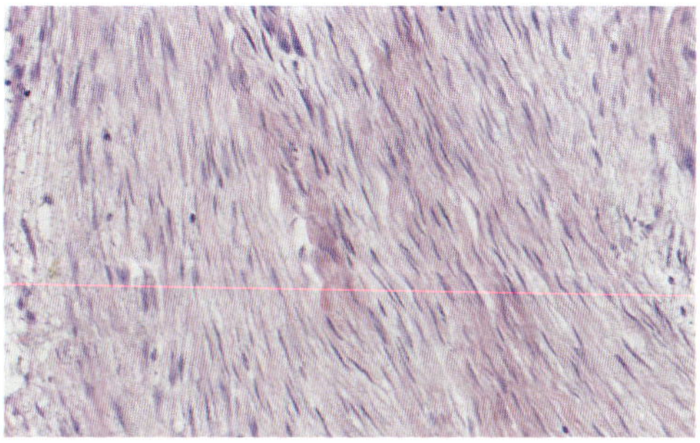

图 25-26　纤维瘤（高倍镜）

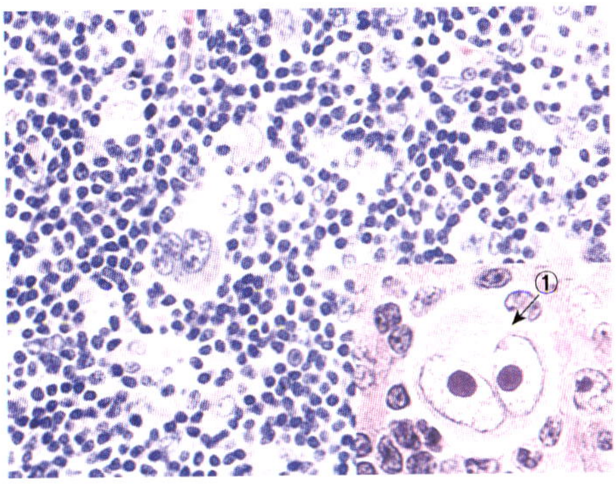

图 25-27　霍奇金病

① R-S 细胞

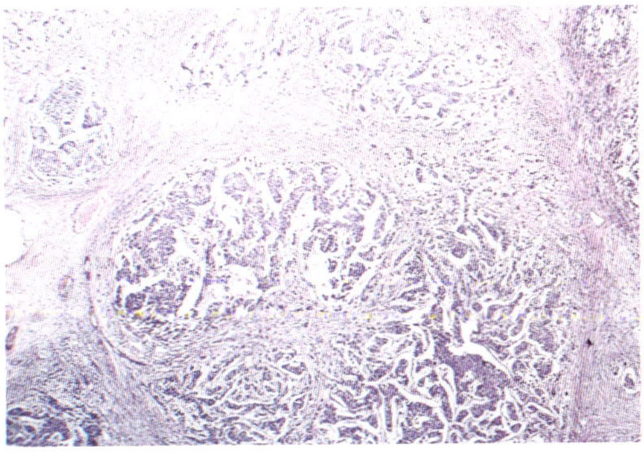

图 25-28　淋巴结转移癌

第二十六章

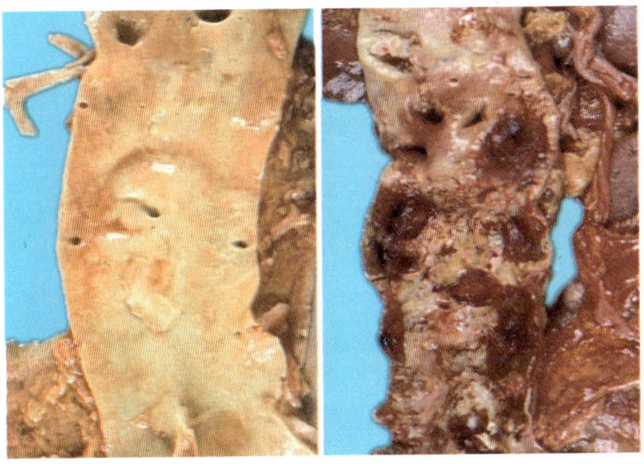

图 26-1　主动脉粥样硬化

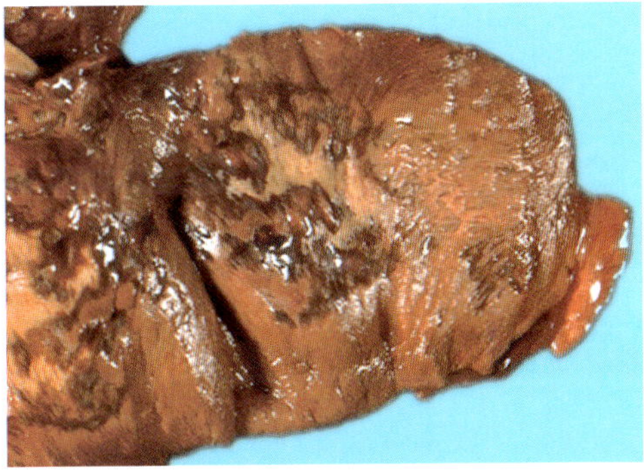

图 26-2　心肌梗死

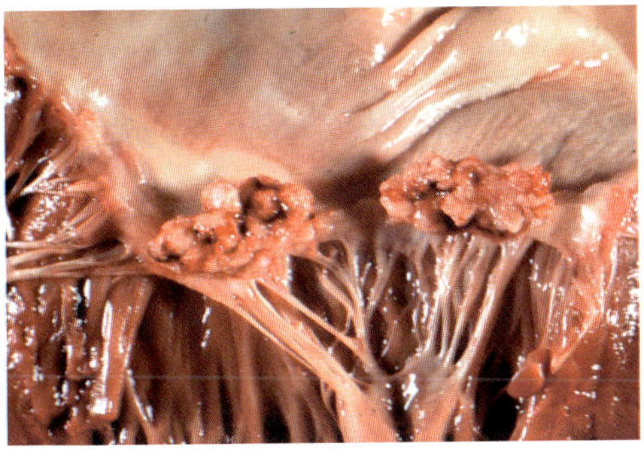

图 26-3　风湿性心内膜炎

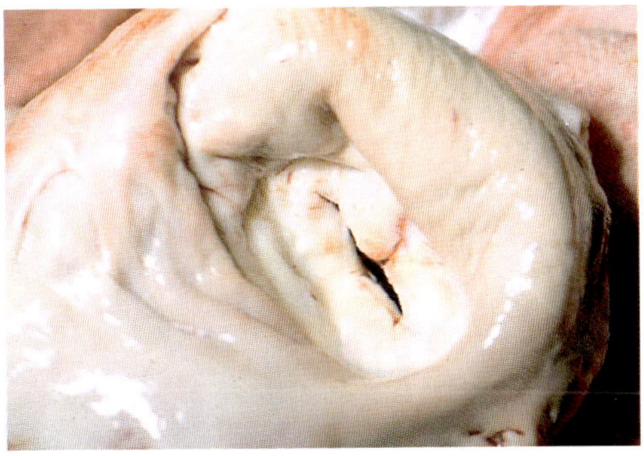

图 26-4　二尖瓣狭窄及关闭不全

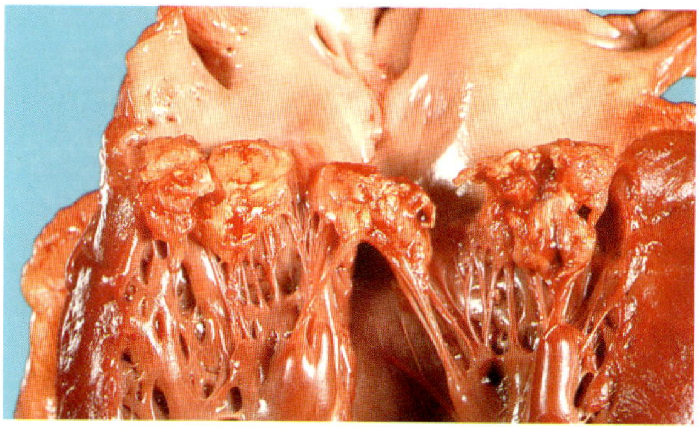

图 **26-5** 亚急性细菌性心内膜炎

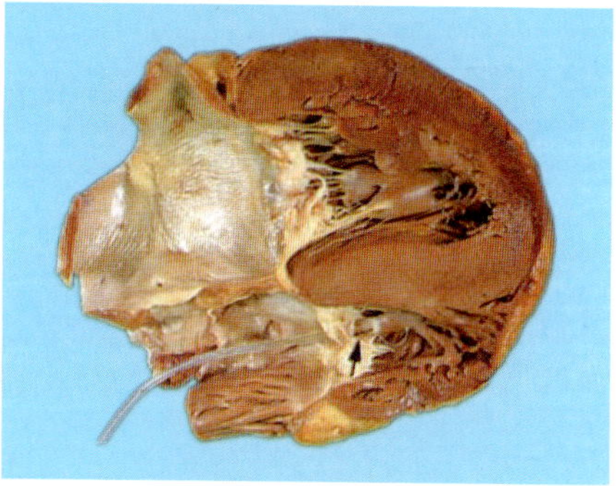

图 **26-6** 高血压心脏病

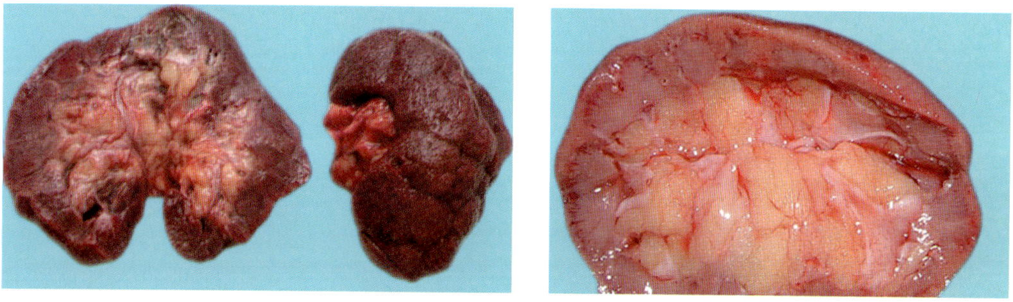

图 **26-7** 原发性颗粒性固缩肾

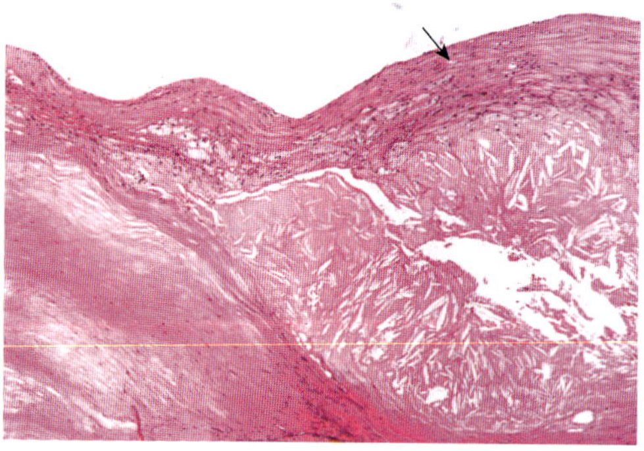

图 **26-8** 主动脉粥样硬化（低倍镜）
↑纤维帽

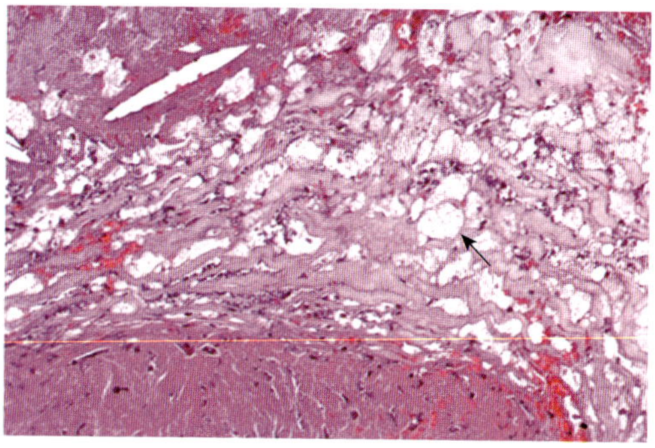

图 **26-9** 主动脉粥样硬化（高倍镜）
↑泡沫细胞

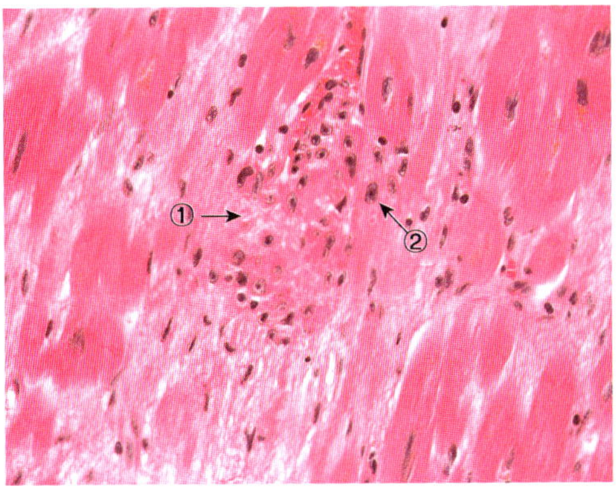

图 **26-10**　风湿性心肌炎（低倍镜）

①纤维素样坏死；②风湿细胞

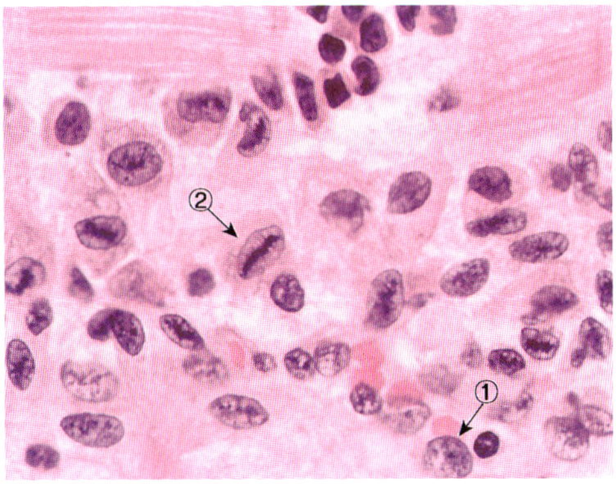

图 **26-11**　风湿性心肌炎（高倍镜）

①枭眼状；②毛虫状

第二十七章

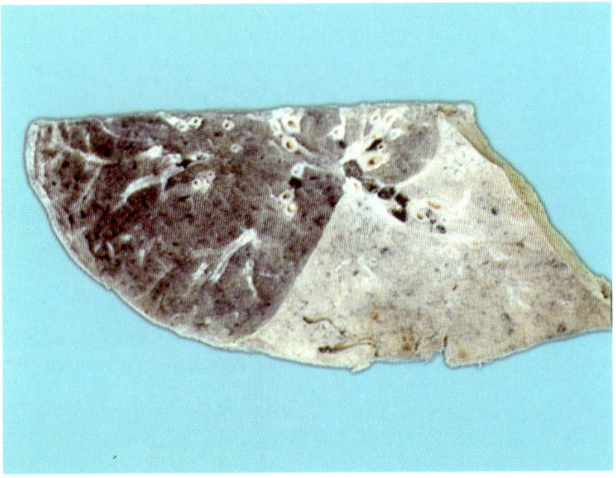

图 **27-1**　大叶性肺炎（灰色肝样变期）

图 **27-2**　小叶性肺炎

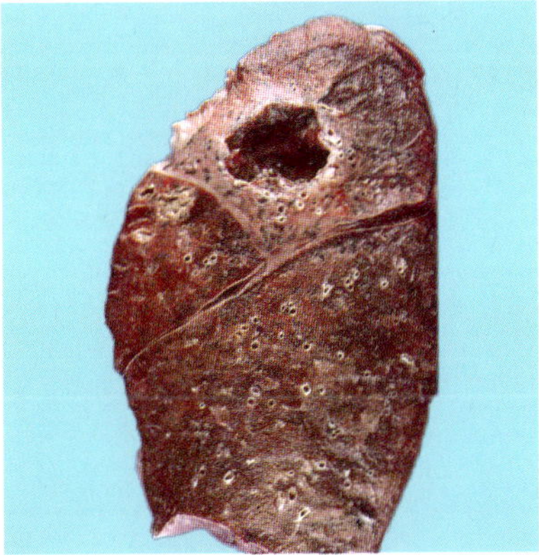

图 **27-3**　肺脓肿

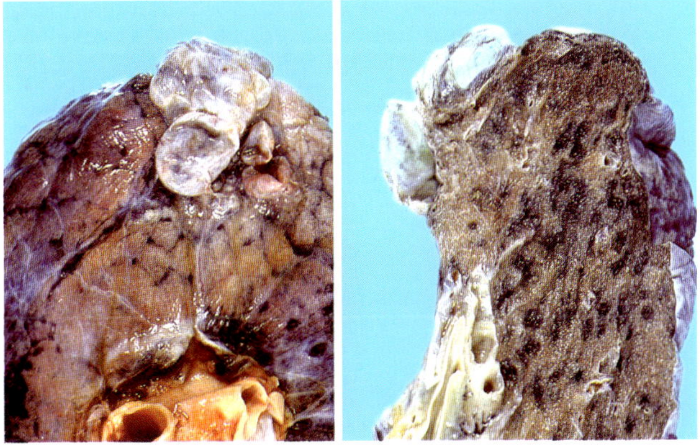

图 **27-4**　肺气肿

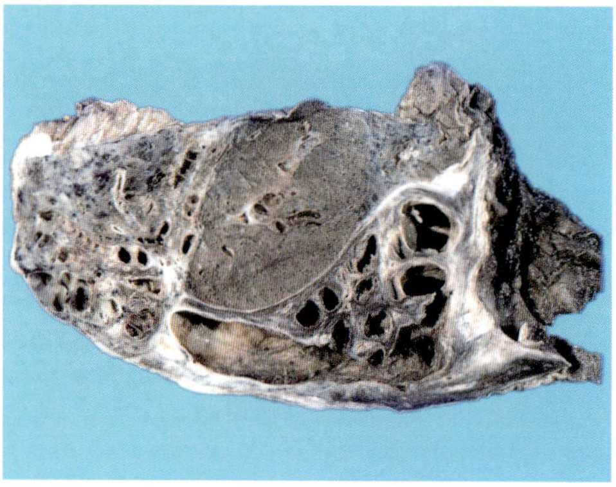

图 27-5　支气管扩张

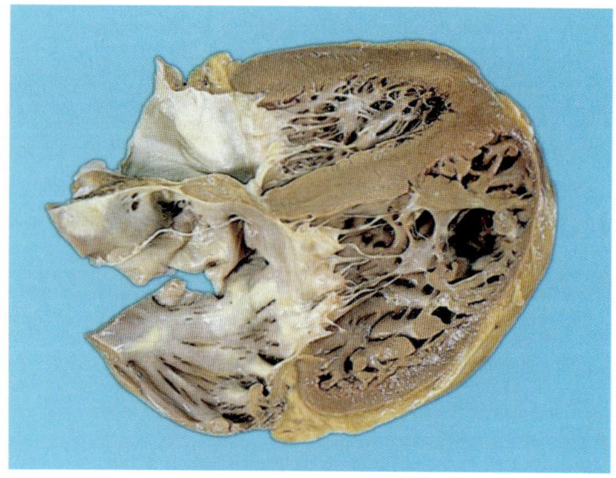

图 27-6　肺源性心脏病

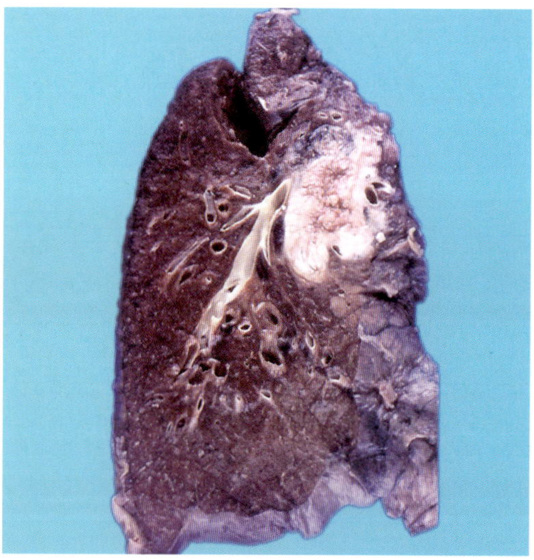

图 27-7　中央型肺癌

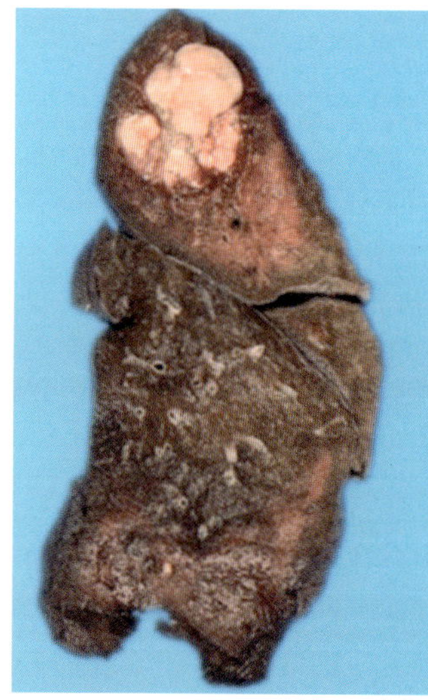

图 27-8　周围型肺癌

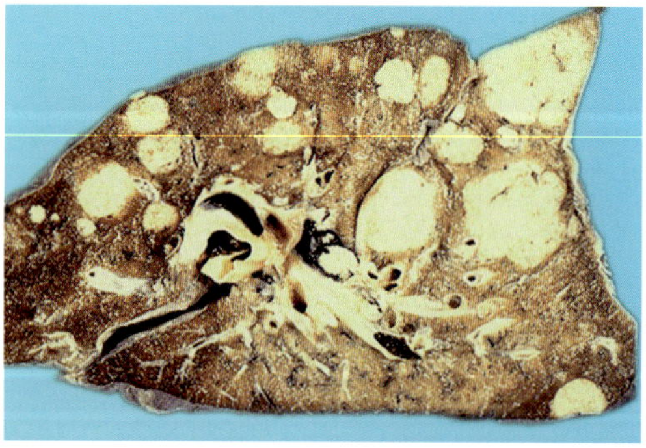

图 27-9　弥漫型肺癌

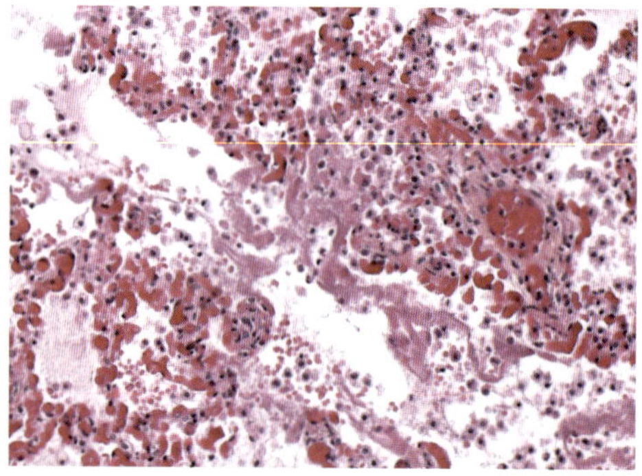

图 27-10　大叶性肺炎（红色肝样变期）

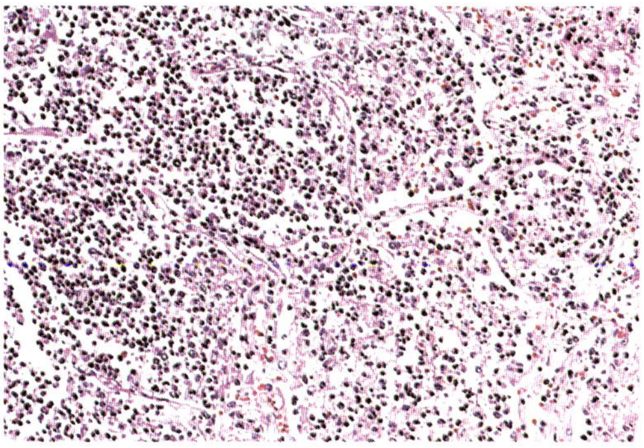

图 **27-11** 大叶性肺炎（灰色肝样变期 低倍镜）

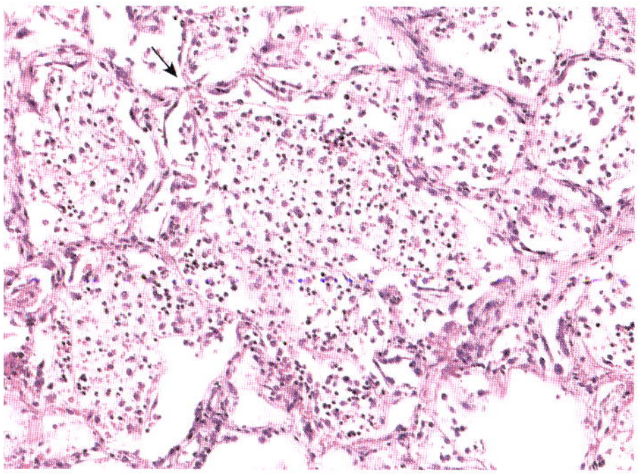

图 **27-12** 大叶性肺炎（灰色肝样变期 高倍镜）

↑纤维素穿越肺泡间孔

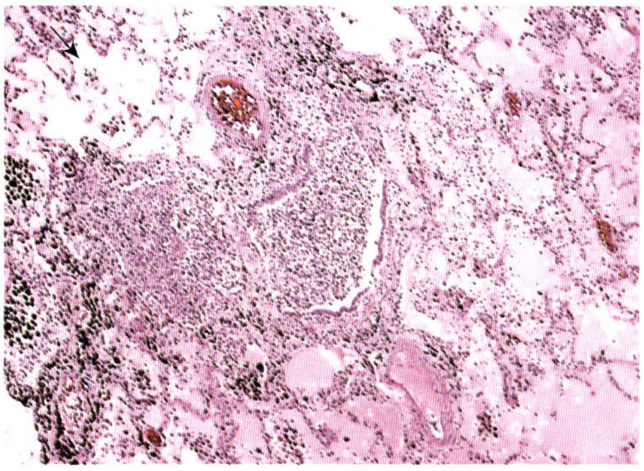

图 **27-13** 小叶性肺炎（低倍镜）

↑肺泡代偿性扩张

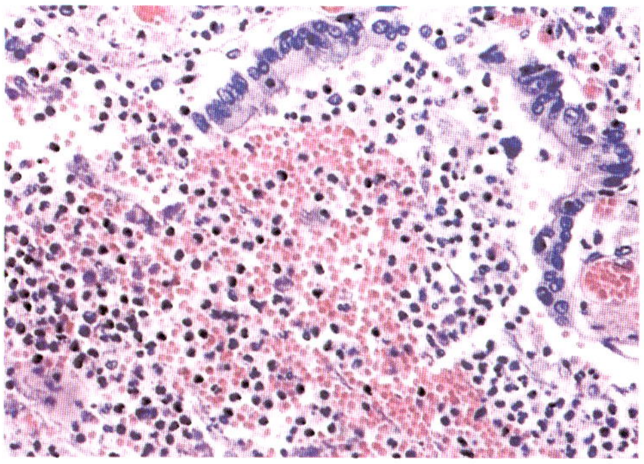

图 **27-14** 小叶性肺炎（高倍镜）

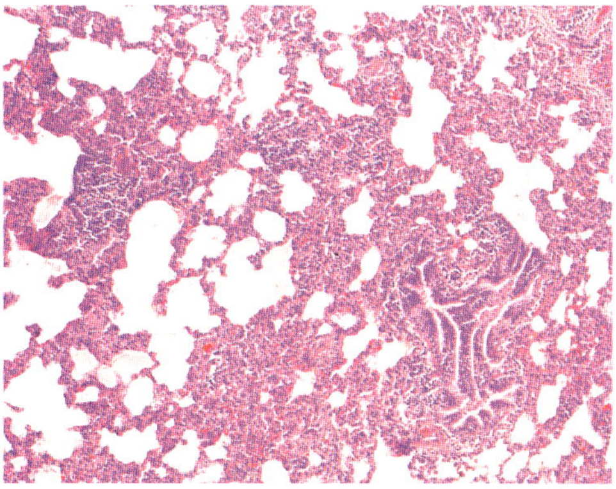

图 **27-15** 间质性肺炎

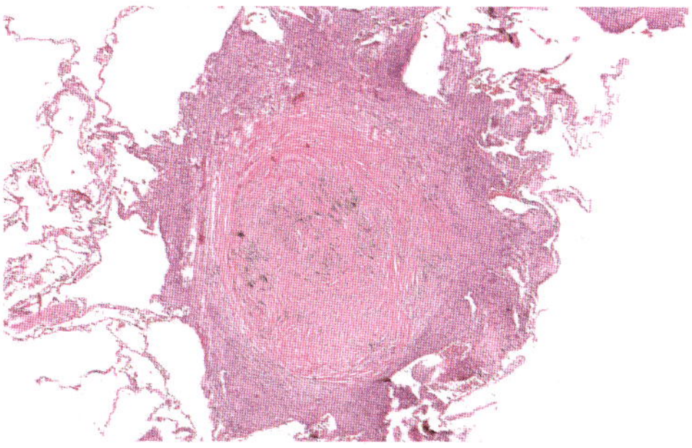

图 **27-16** 硅沉着病

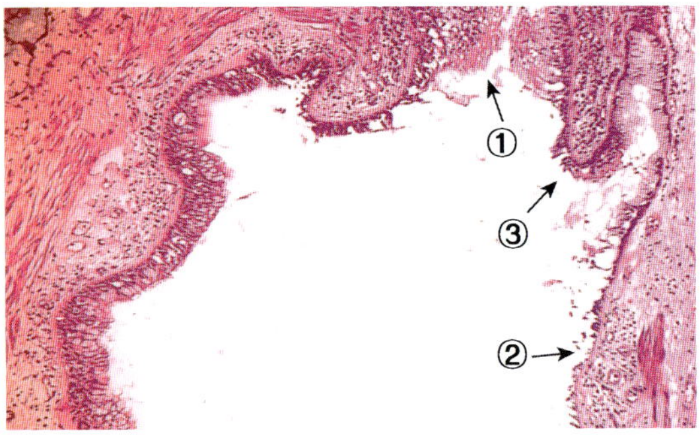

图 27-17　支气管扩张

①小溃疡灶；②上皮脱落；③上皮乳头状增生

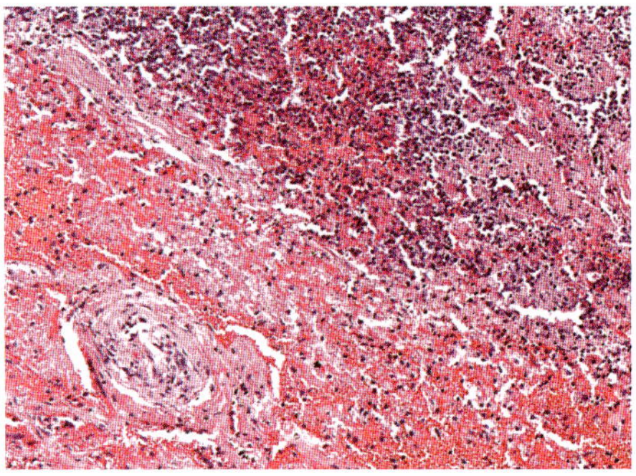

图 27-18　肺脓肿

第二十八章

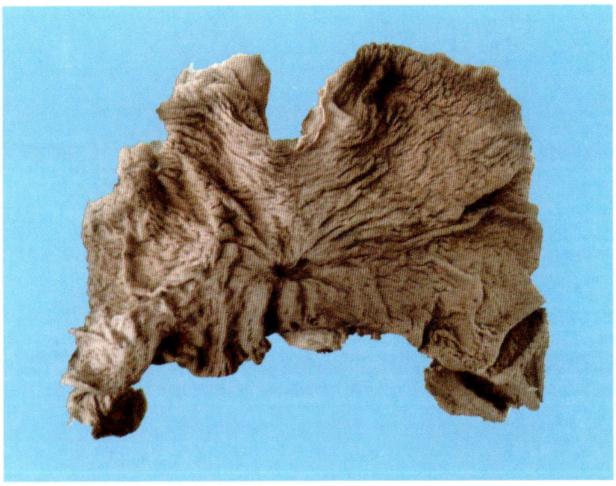

图 28-1　慢性胃溃疡

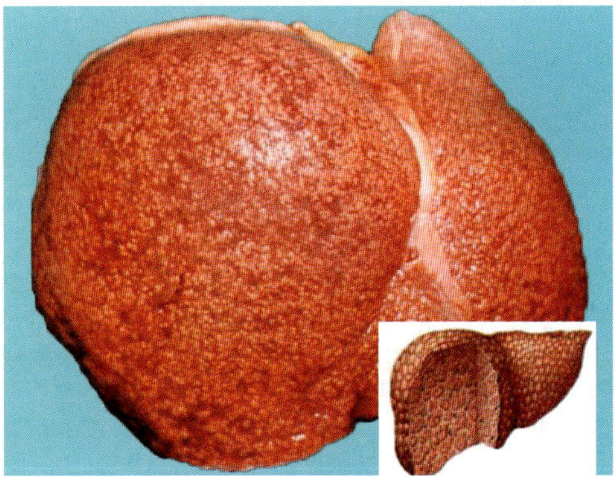

图 28-2　门脉性肝硬化

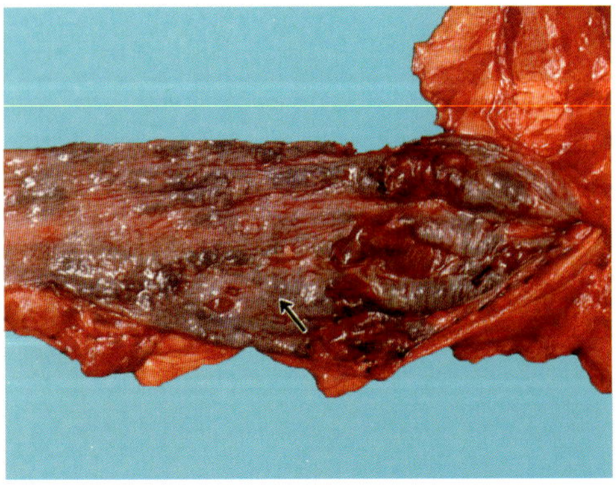

图 28-3　食管静脉曲张

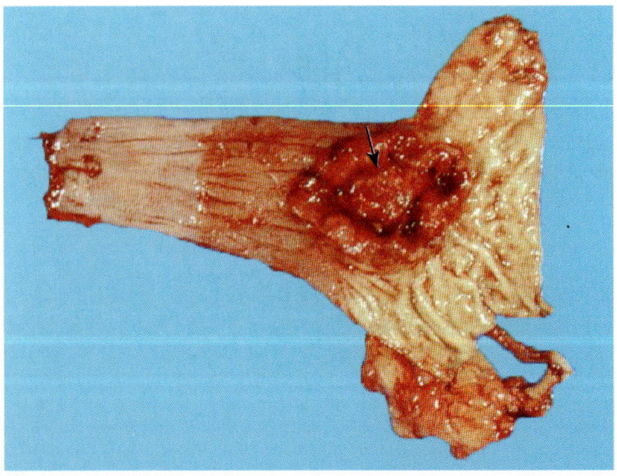

图 28-4　食管癌（溃疡型）

↑溃疡型食管癌

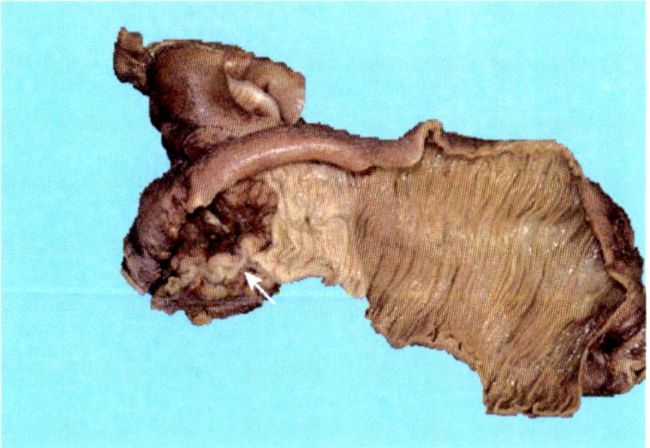

图 28-5 结肠癌

↑溃疡型结肠癌

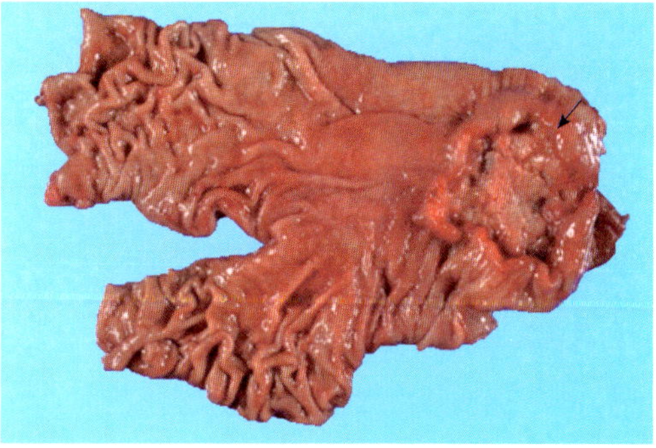

图 28-6 胃癌

↑溃疡型胃癌

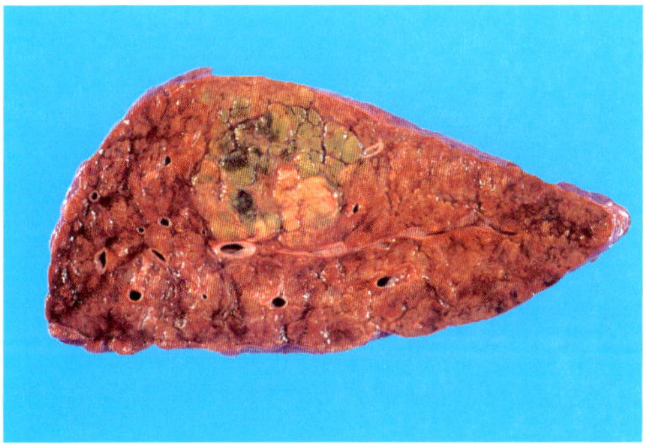

图 28-7 原发性肝癌——结节融合巨块型

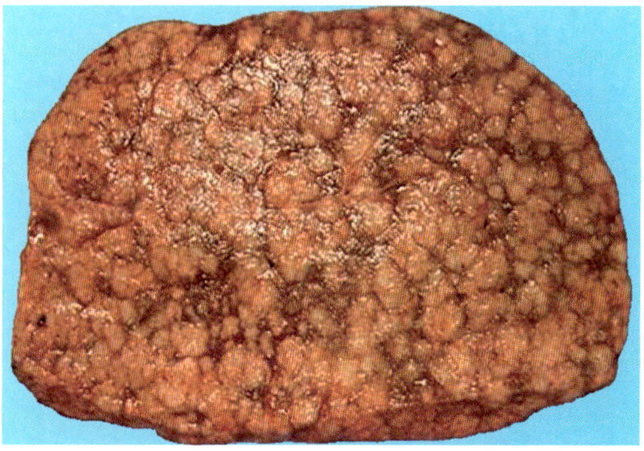

图 28-8 原发性肝癌——弥漫型

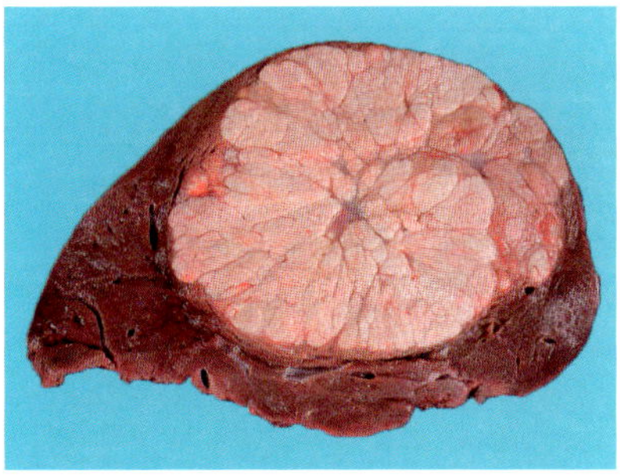

图 28-9 原发性肝癌——巨块型

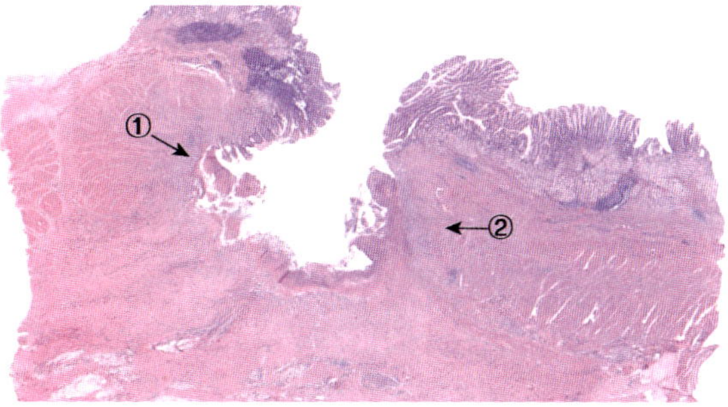

图 28-10 胃溃疡（低倍镜）

①溃疡贲门侧；②溃疡幽门侧

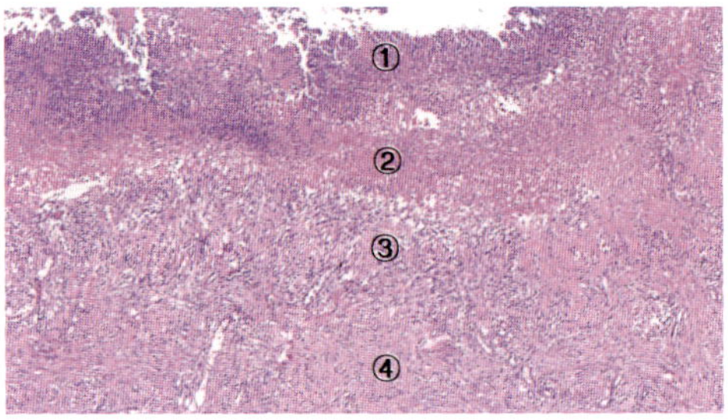

图 28-11　胃溃疡（低倍镜）

①渗出层；②坏死层；③肉芽组织层；④瘢痕组织层

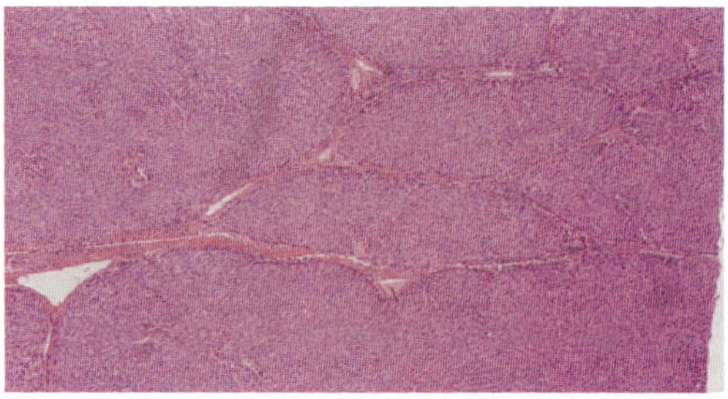

图 28-12　门脉性肝硬化（低倍镜）

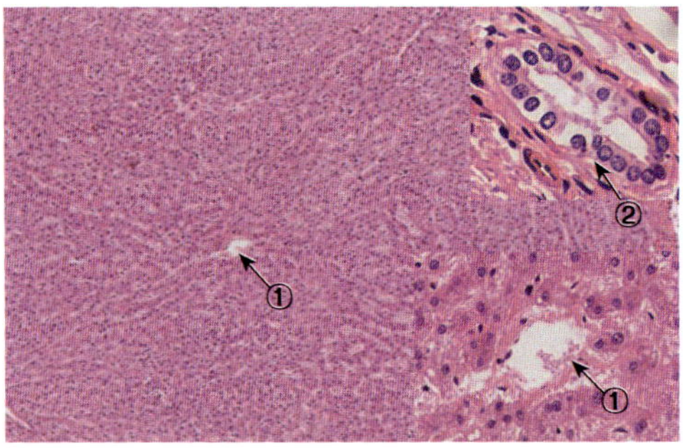

图 28-13　门脉性肝硬化（高倍镜）

①小叶中央静脉；②新生小胆管

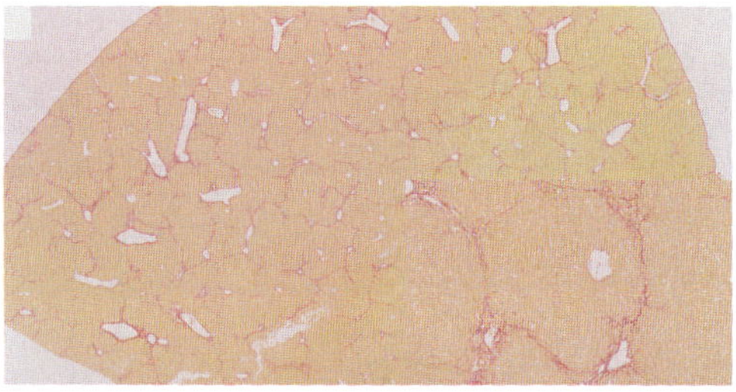

图 28-14　门脉性肝硬化（天狼猩红染色）

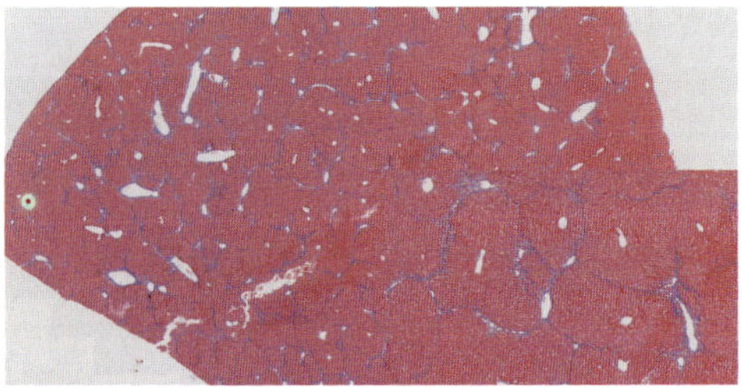

图 28-15　门脉性肝硬化（Masson 染色）

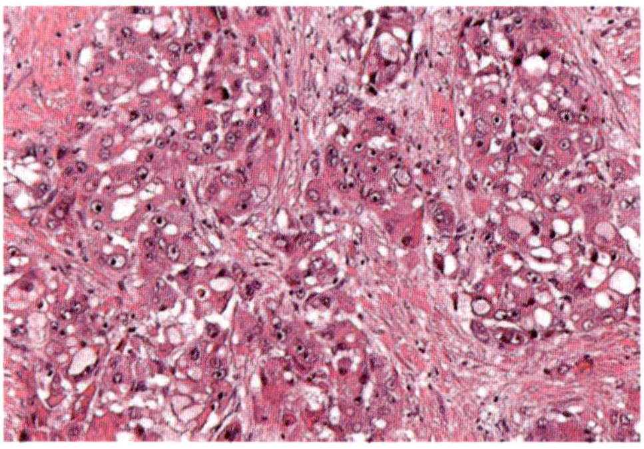

图 28-16　肝细胞癌——低分化

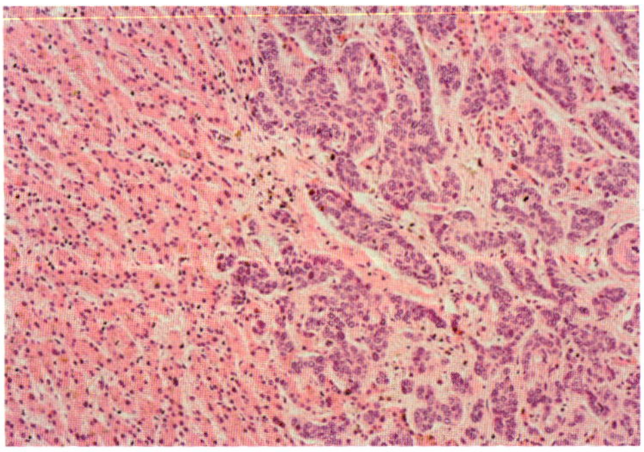

图 28-17　肝细胞癌——高分化

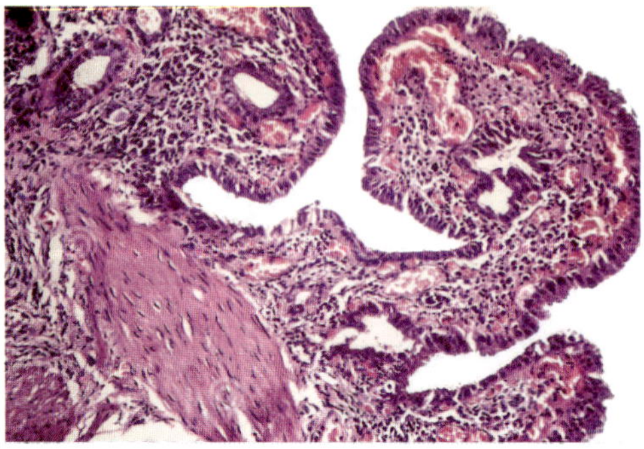

图 28-18　慢性胆囊炎

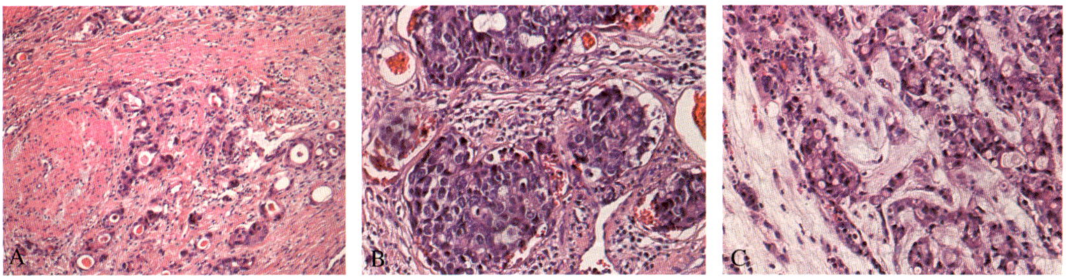

图 28-19 光学显微镜下形态特点

第二十九章

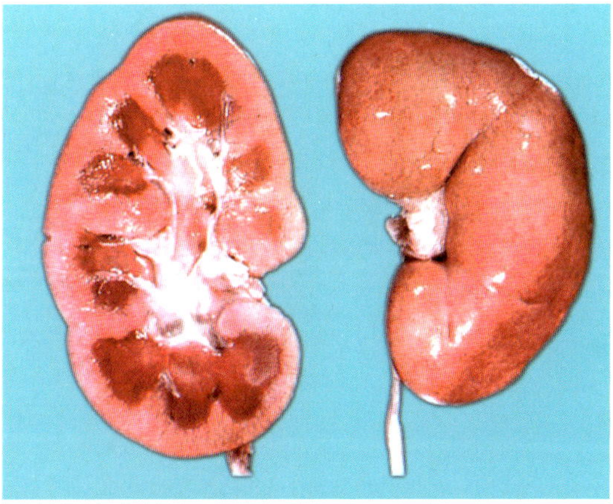

图 29-1 急性弥漫性增生性肾小球肾炎

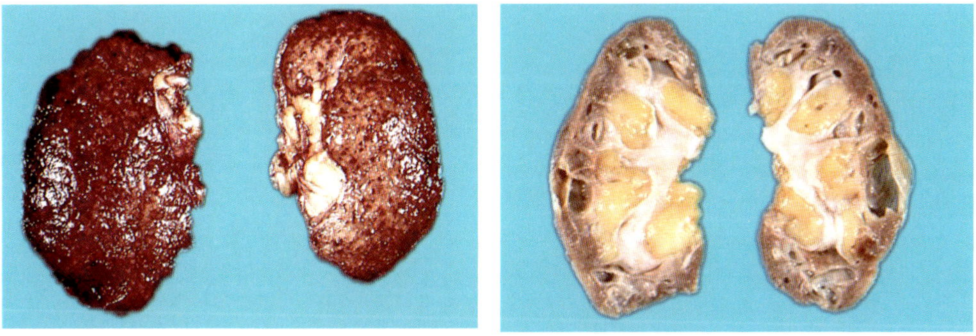

图 29-2 慢性硬化性肾小球肾炎

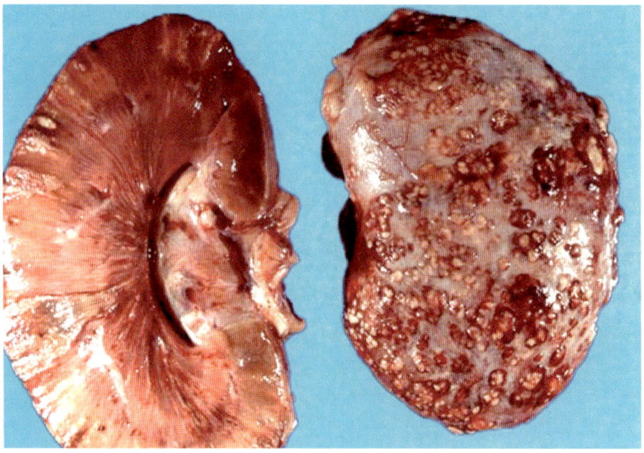

图 29-3　急性肾盂肾炎

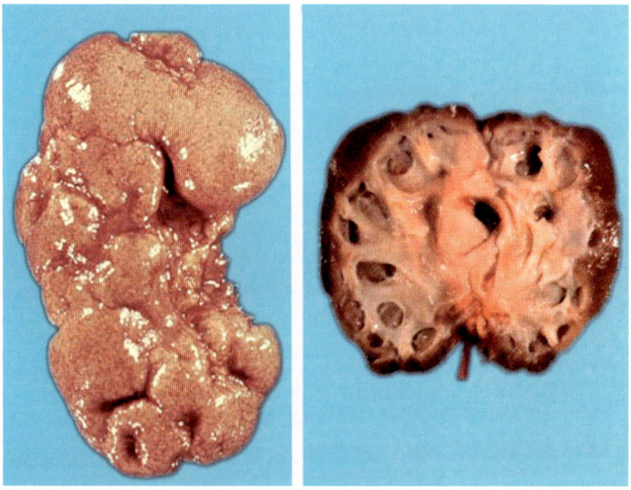

图 29-4　慢性肾盂肾炎

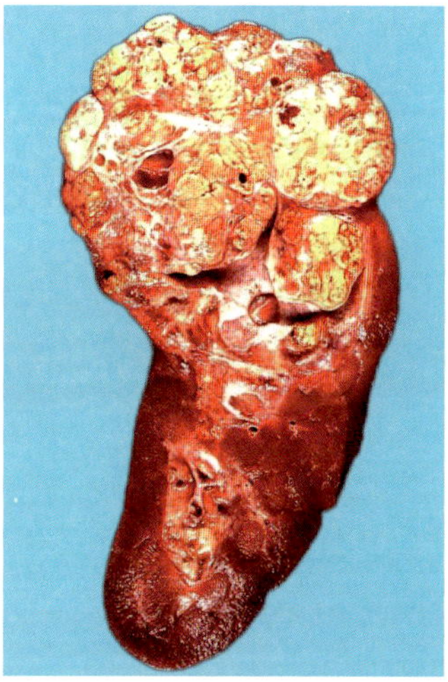

图 29-5　肾细胞癌

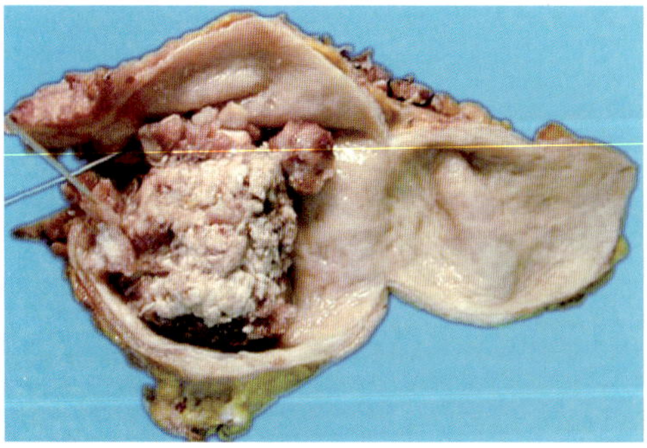

图 29-6　膀胱尿路上皮癌

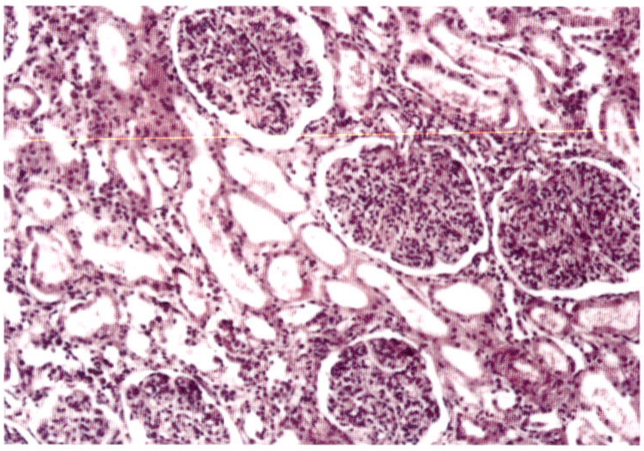

图 29-7　急性弥漫性增生性肾小球肾炎（低倍镜）

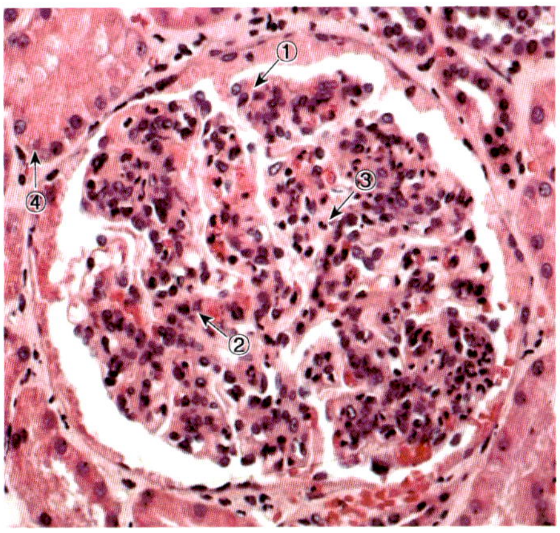

图 29-8 急性弥漫性增生性肾小球肾炎（高倍镜）

①毛细血管丛内皮细胞；②系膜细胞；③中性粒细胞；④近曲小管上皮细胞水肿

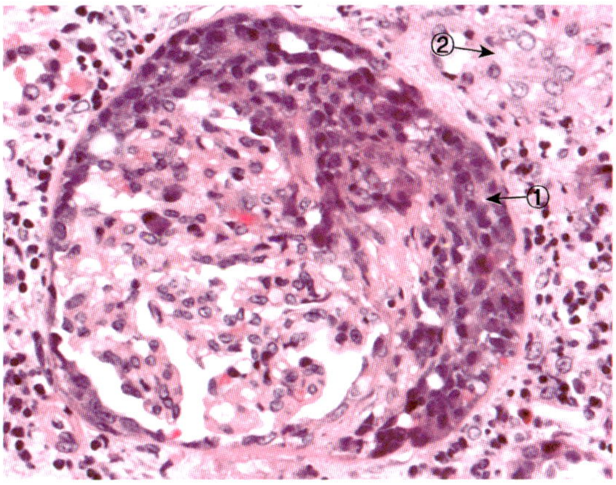

图 29-9 急进性肾小球肾炎

①新月体；②肾小管上皮细胞水肿

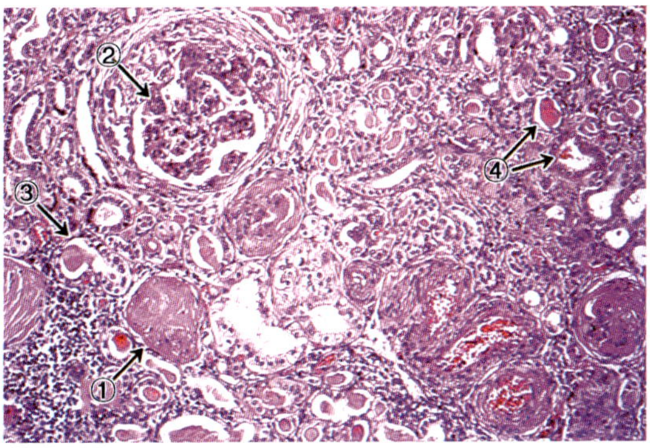

图 29-10 慢性硬化性肾小球肾炎

①肾小球硬化；②肾小球代偿性肥大；③肾小管扩张；④透明管型

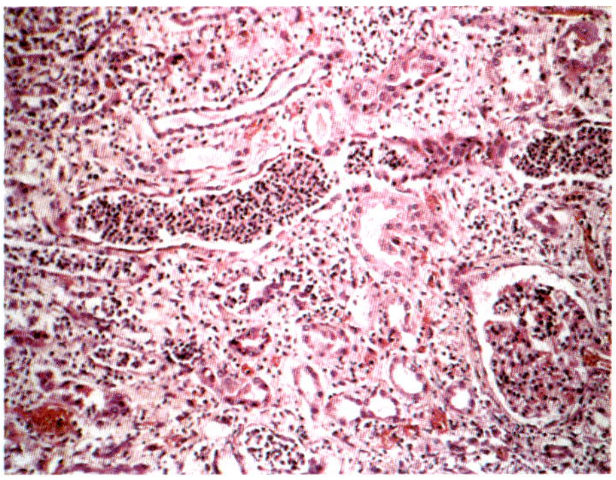

图 29-11 急性肾盂肾炎

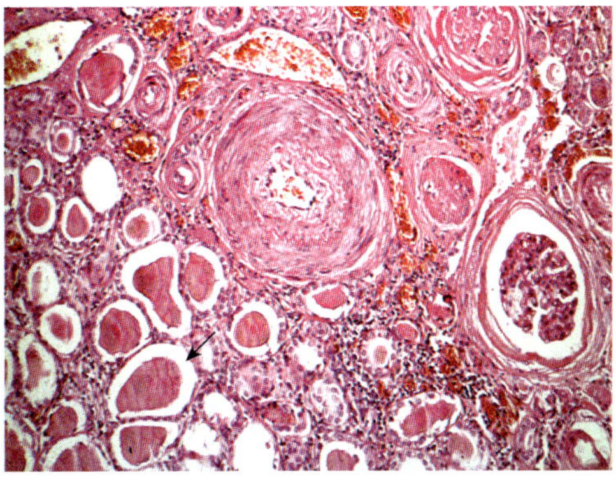

图 29-12 慢性肾盂肾炎

↑肾小管甲状腺样外观

第三十章

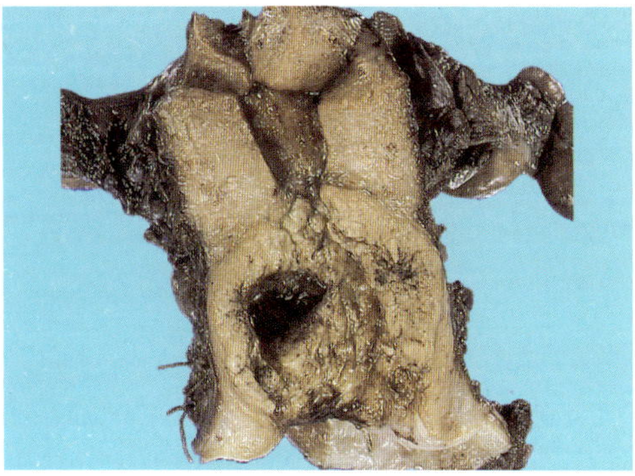

图 30-1　宫颈癌

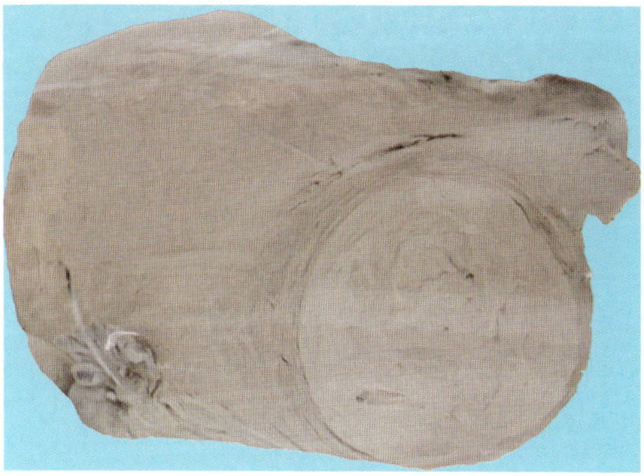

图 30-2　子宫平滑肌瘤

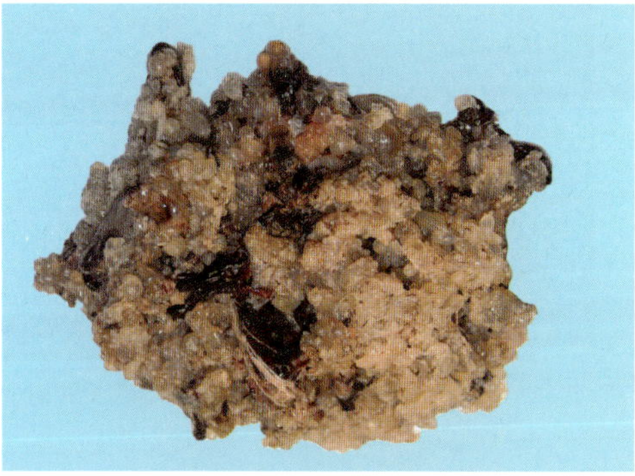

图 30-3　完全性葡萄胎

图 30-4　部分性葡萄胎

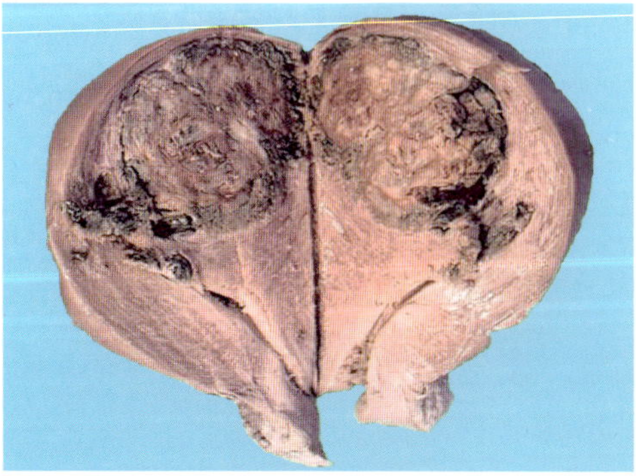

图 30-5　绒毛膜癌

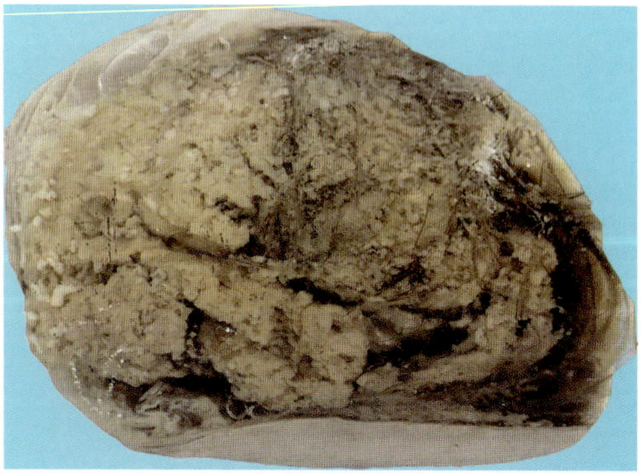

图 30-6　畸胎瘤

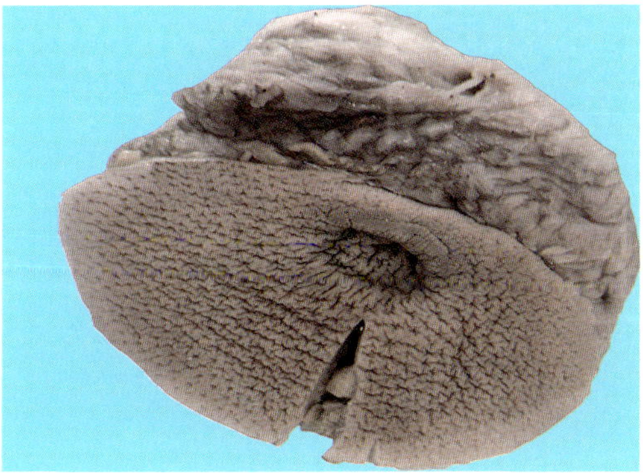

图 30-7　乳腺癌

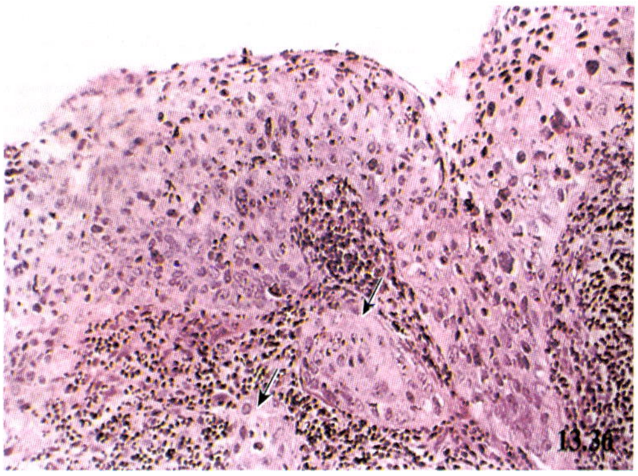

图 30-8　宫颈癌（鳞状细胞癌）

↑宫颈早期浸润癌

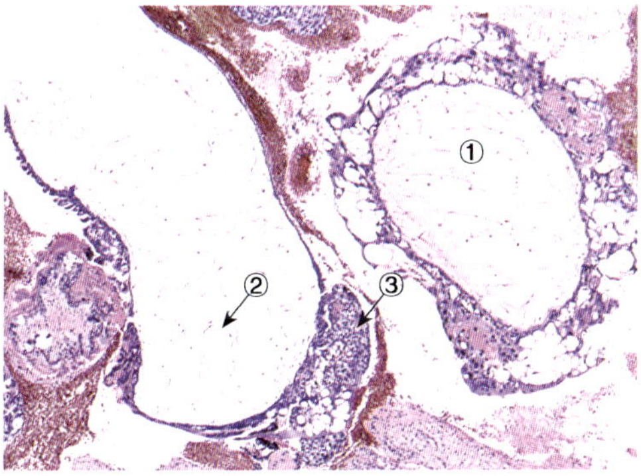

图 30-9　葡萄胎

①间质高度水肿；②无功能的血管；③滋养细胞增生伴轻度异型性

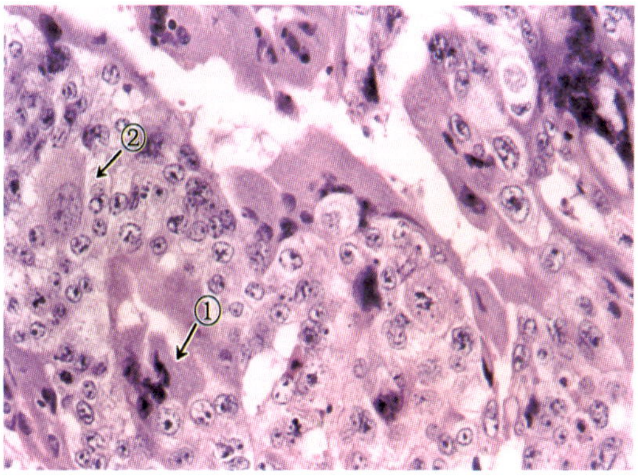

图 30-10　绒毛膜癌

①形似合体滋养层细胞的癌细胞；②形似细胞滋养层细胞的癌细胞

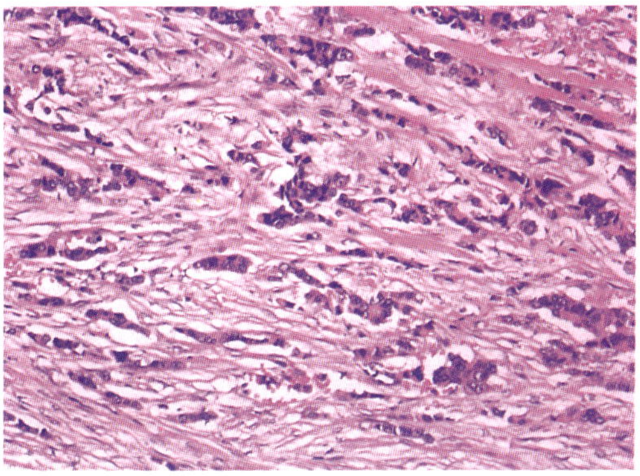

图 30-11　乳腺癌

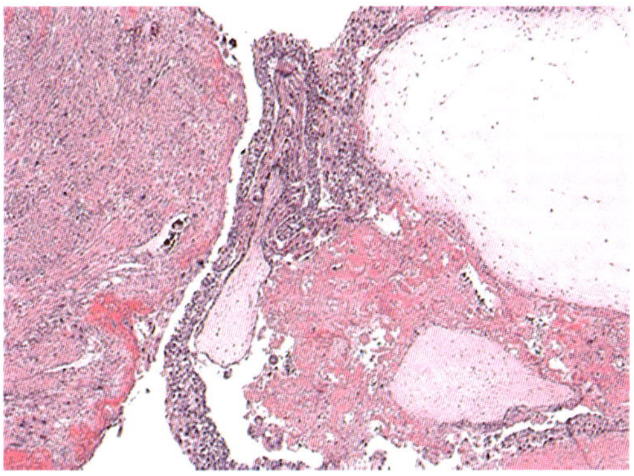

图 30-12　低倍镜表现

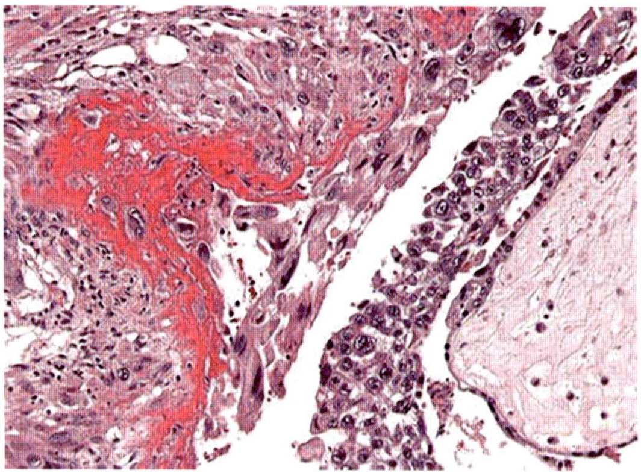

图 30-13　高倍镜表现

第三十一章

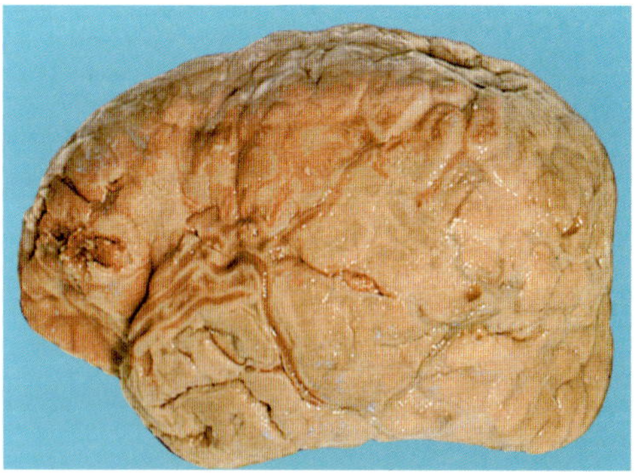

图 31-1　流行性脑脊髓膜炎

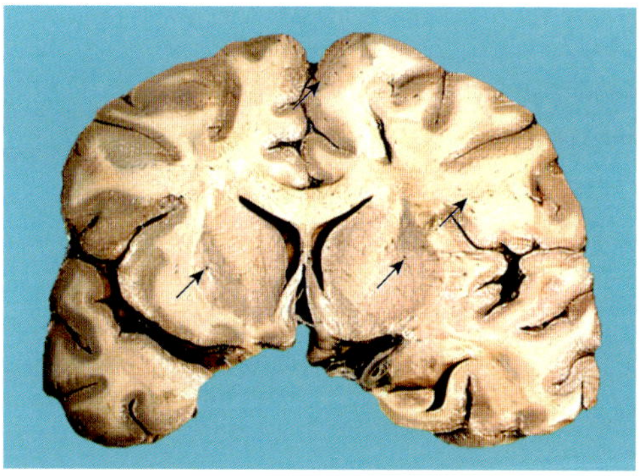

图 31-2　流行性乙型脑炎

↑针尖大小的半透明软化灶

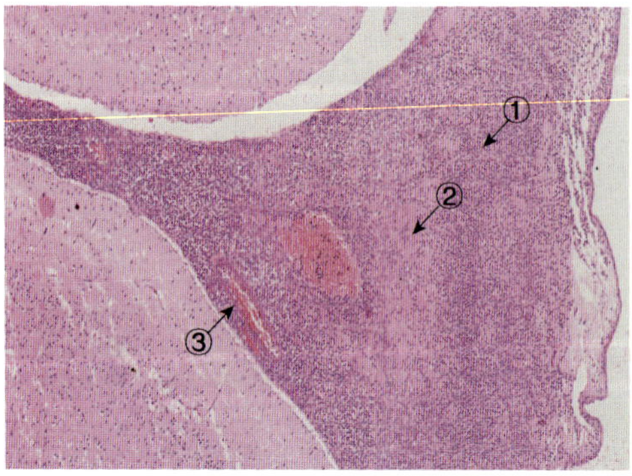

图 31-3　流行性脑脊髓膜炎

①炎细胞浸润；②纤维素渗出；③脑膜血管扩张充血

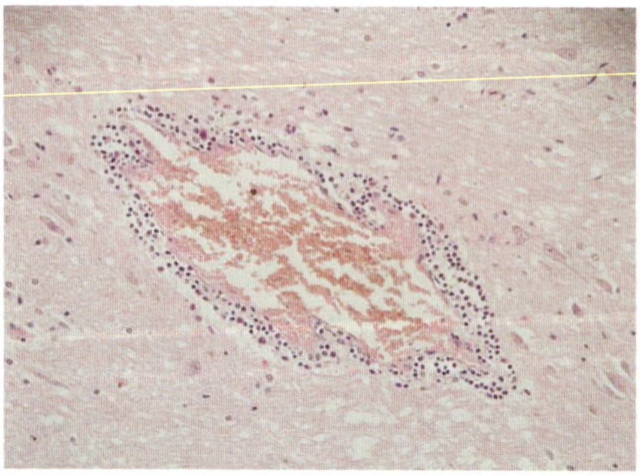

图 31-4　血管套现象

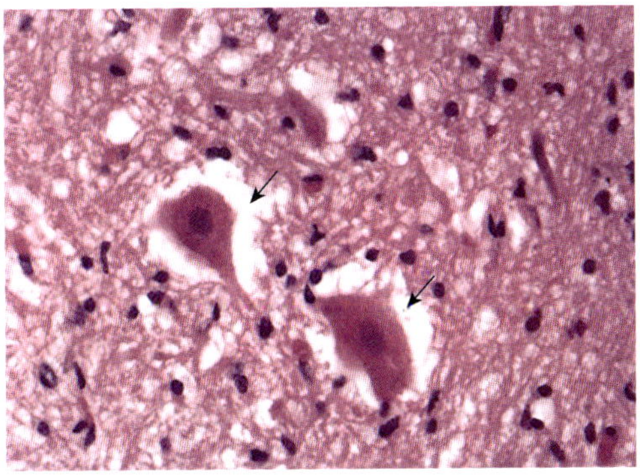

图 31-5　红色神经元

↑红色神经元

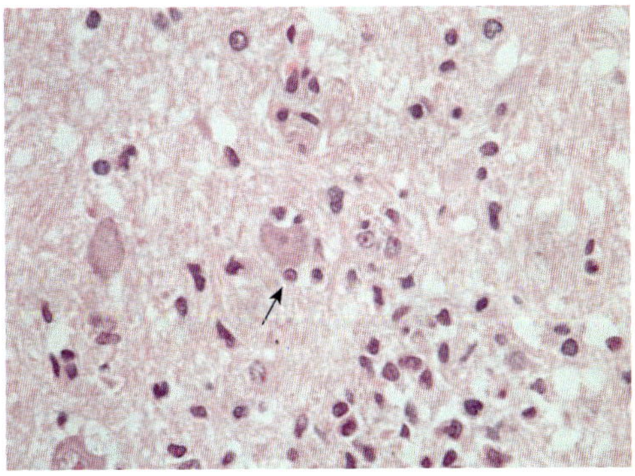

图 31-6　噬神经细胞现象

↑小胶质细胞噬神经现象

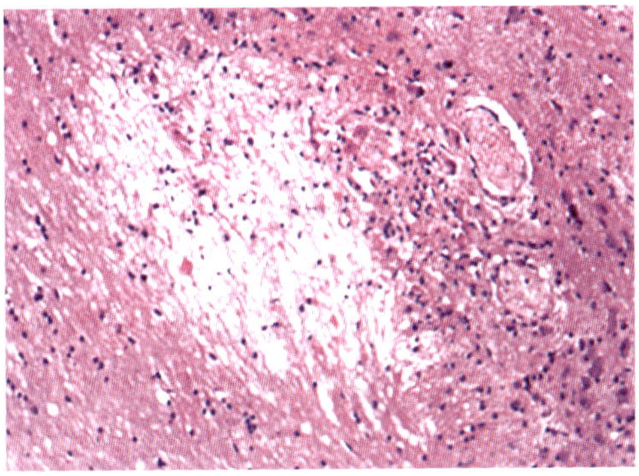

图 31-7　脑软化灶

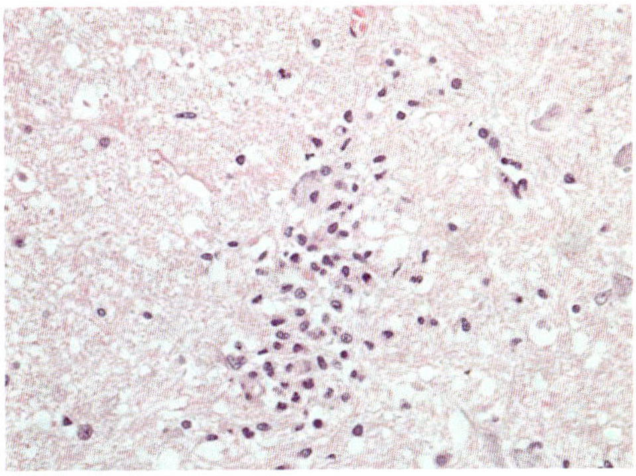

图 31-8　小胶质细胞结节

第三十二章

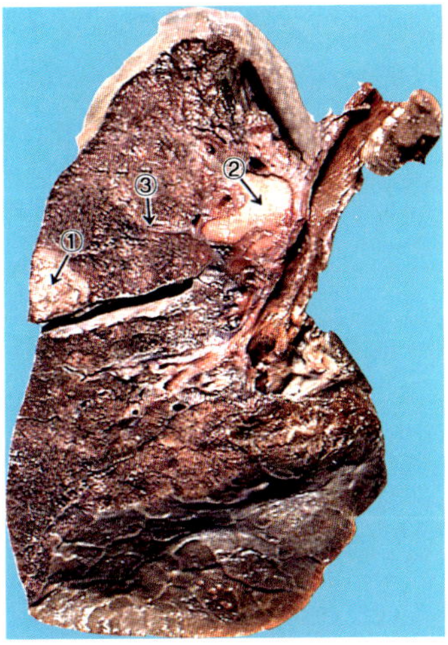

图 32-1　原发性肺结核

①肺原发灶；②肺门淋巴结结核；③结核性淋巴管炎

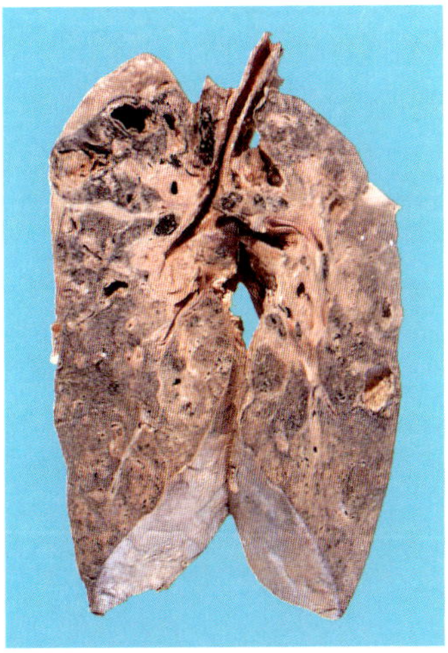

图 32-2　慢性纤维空洞性肺结核

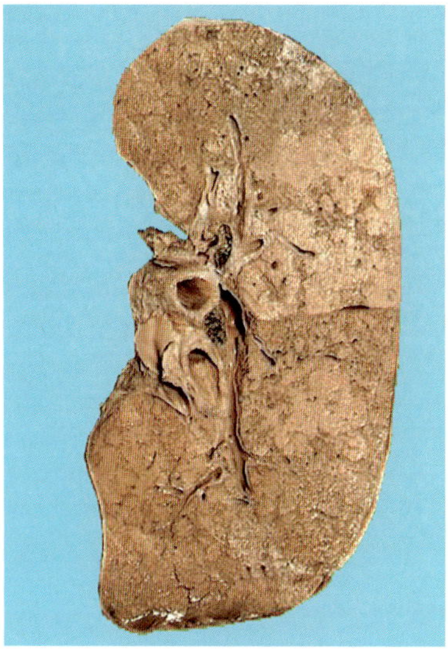

图 32-3　干酪样肺炎

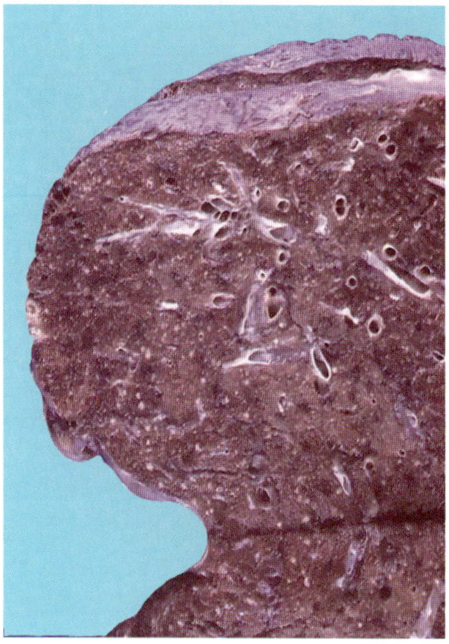

图 32-4　急性粟粒性肺结核

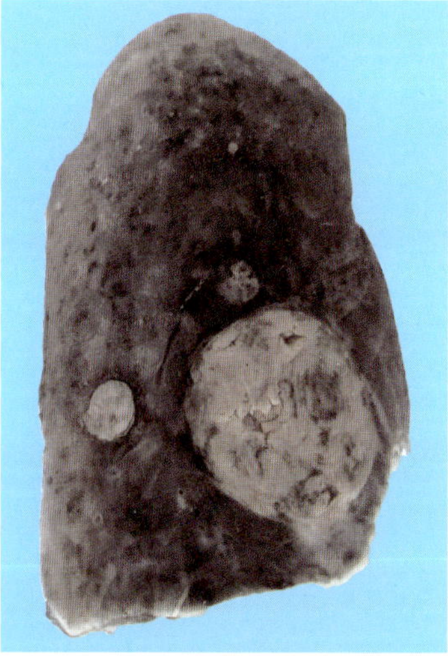

图 32-5　结核球

图 32-6　肠结核

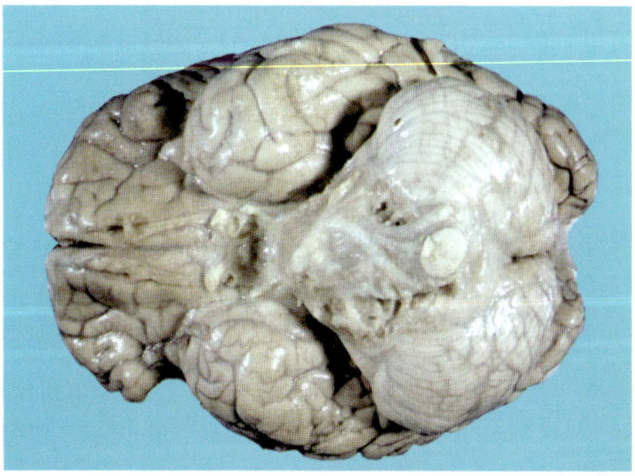

图 32-7　结核性脑膜炎

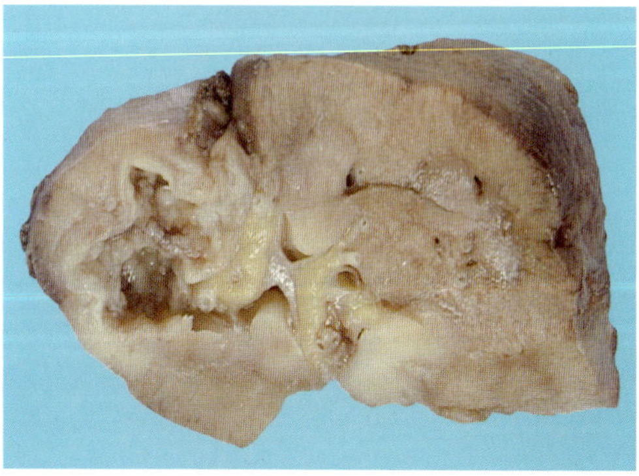

图 32-8　肾结核

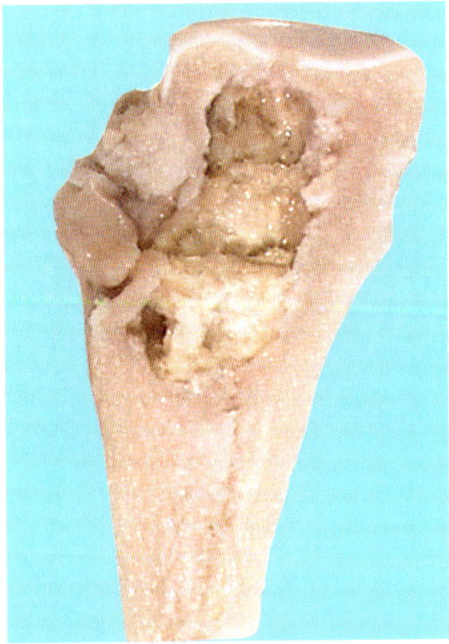

图 32-9 骨与关节结核

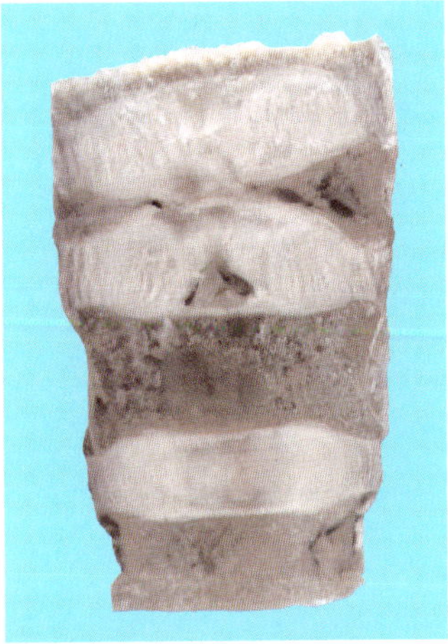

图 32-10 脊椎结核

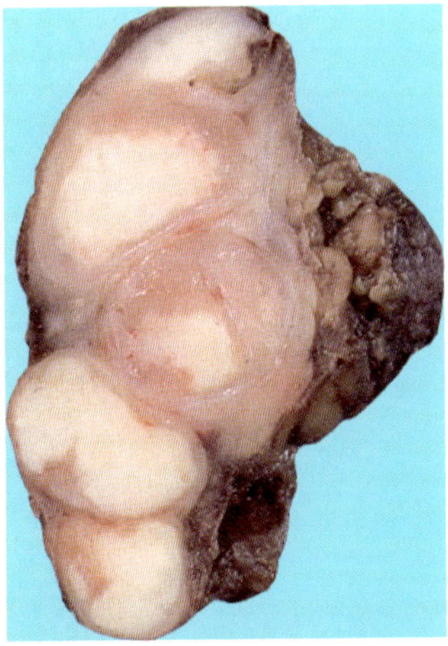

图 32-11 淋巴结结核

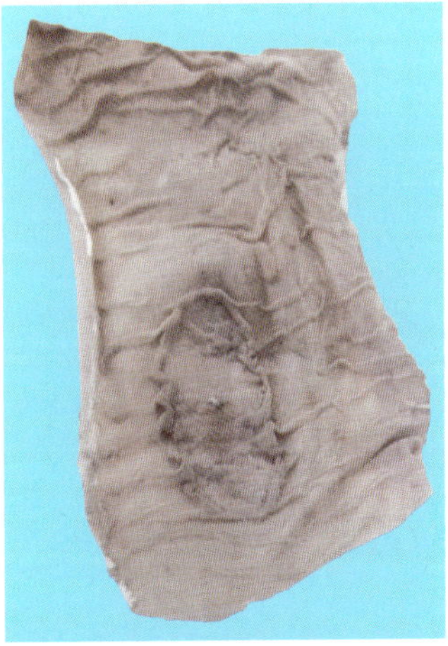

图 32-12 肠伤寒

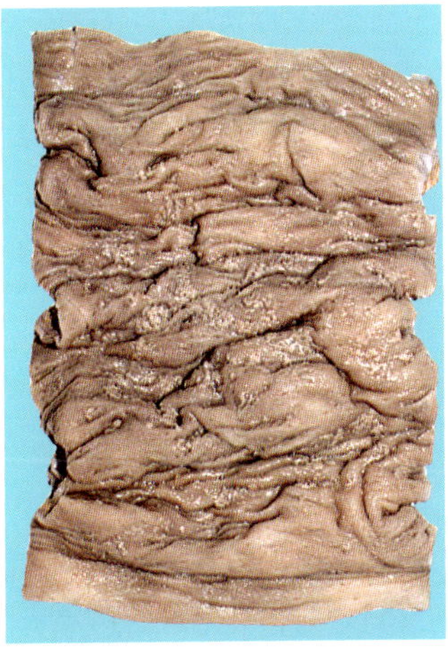

图 32-13 急性细菌性痢疾

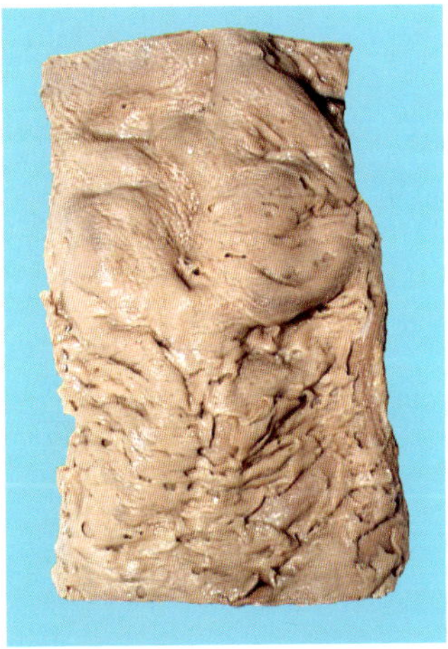

图 32-14 阿米巴痢疾

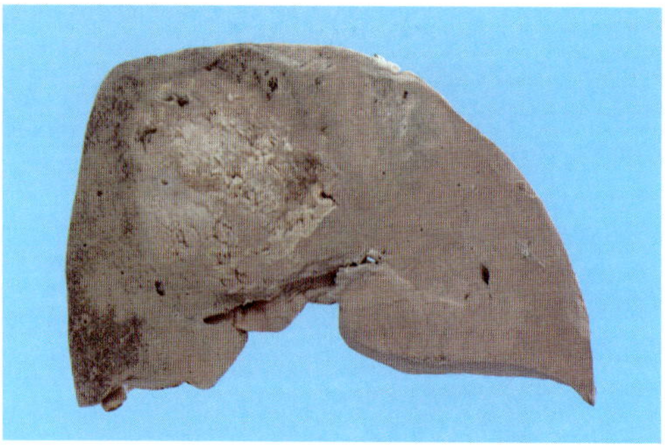

图 32-15　阿米巴性肝脓肿

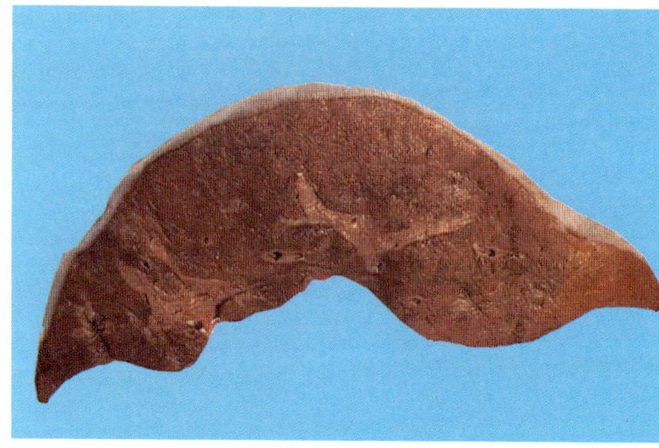

图 32-16　急性重型病毒性肝炎

图 32-17　亚急性重型病毒性肝炎

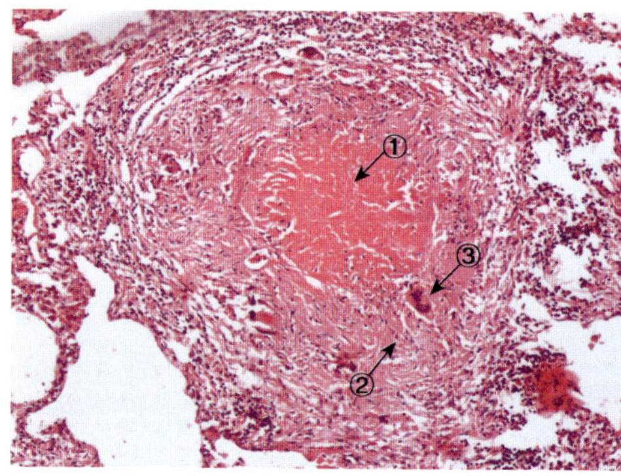

图 32-18　急性粟粒性肺结核

①干酪样坏死；②上皮样细胞；③朗汉斯巨细胞

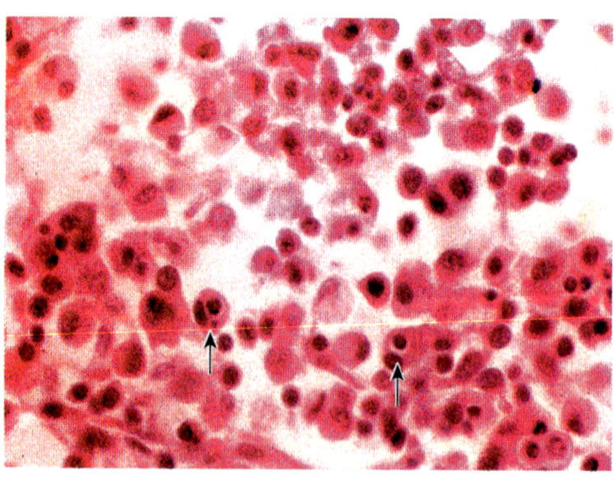

图 32-19　伤寒小结

↑伤寒细胞

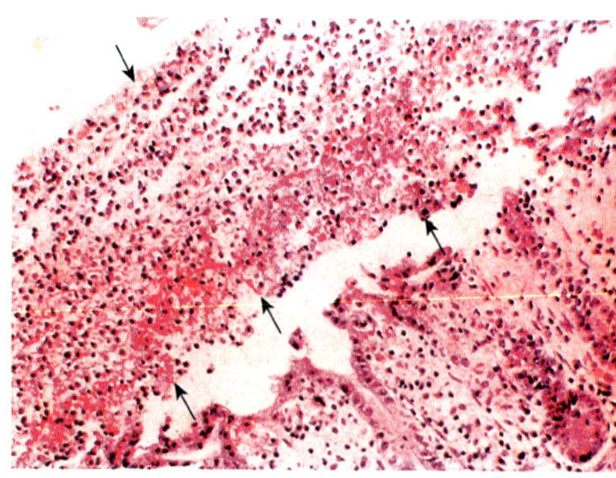

图 32-20　急性细菌性痢疾

↑假膜

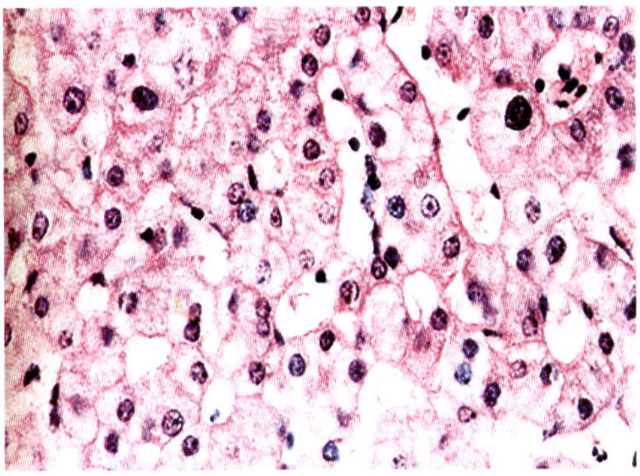

图 **32-21**　肝细胞水肿

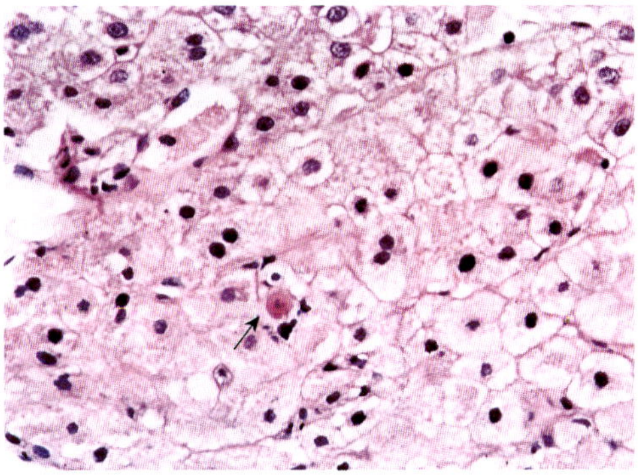

图 **32-22**　肝细胞凋亡

↑凋亡小体

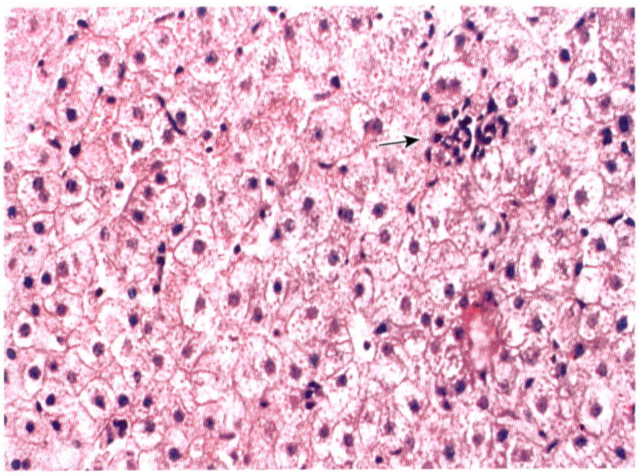

图 **32-23**　肝细胞点灶状坏死

↑肝细胞点灶状坏死

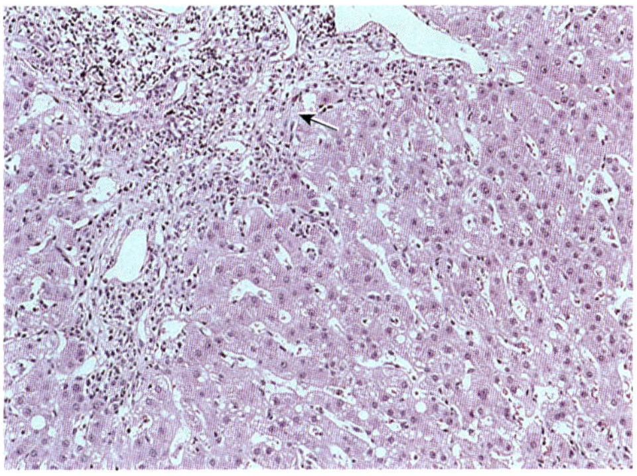

图 **32-24**　肝细胞碎片状坏死

↑肝细胞碎片状坏死

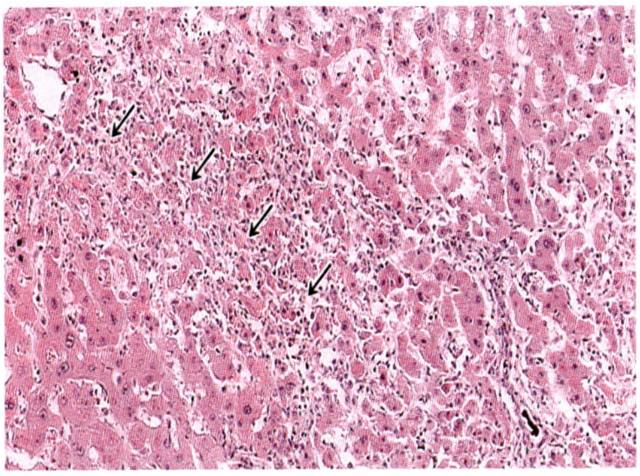

图 **32-25**　肝细胞桥接坏死

↑肝细胞桥接坏死

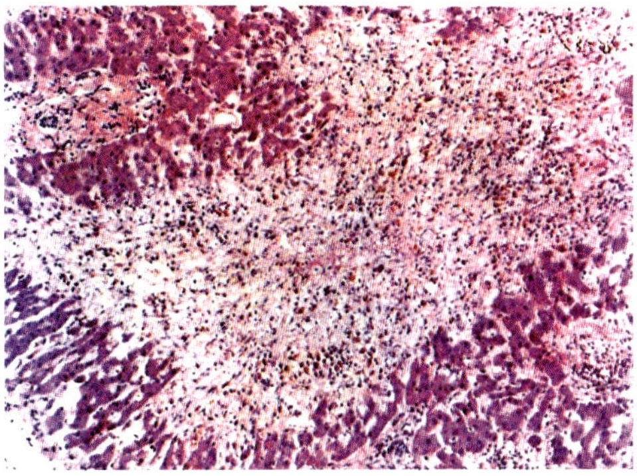

图 **32-26**　肝细胞亚大块坏死